2025年春 受験用 解答集

広島県 ノートルダム清心中学校

2020～2014年度の7年分

本書は，実物をなるべくそのままに，プリント形式で年度ごとに収録しています。
問題用紙を教科別に分けて使うことができるので，本番さながらの演習ができます。

■ 収録内容

・解答集（この冊子です）

　　書籍ID番号，この問題集の使い方，リアル過去問の活用，解答例と解説，
　　ご使用にあたってのお願い・ご注意，お問い合わせ

・2020(令和2)年度 ～ 2014(平成26)年度　学力検査問題

JN132135

○は収録あり 年度	'20	'19	'18	'17	'16	'15	'14
■ 問題収録	○	○	○	○	○	○	○
■ 解答用紙(算数①は書き込み式)	○	○	○	○	○	○	○
■ 解答	○	○	○	○	○	○	○
■ 解説	○	○	○	○	○	○	○
■ 配点							

☆問題文等の非掲載はありません

もっと過去問！シリーズ

K 教英出版

■ 書籍ID番号

入試に役立つダウンロード付録や学校情報などを随時更新して掲載しています。
教英出版ウェブサイトの「ご購入者様のページ」画面で，書籍ID番号を入力してご利用ください。

書籍ID番号 **179032**

（有効期限：2025年9月30日まで）

【入試に役立つダウンロード付録】
「中学合格への道」

■ この問題集の使い方

　　年度ごとにプリント形式で収録しています。針を外して教科ごとに分けて使用します。①片側，②中央
のどちらかでとじてありますので，下図を参考に，問題用紙と解答用紙に分けて準備をしましょう（解答
用紙がない場合もあります）。

　　針を外すときは，けがをしないように十分注意してください。また，針を外すと紛失しやすくなります
ので気をつけましょう。

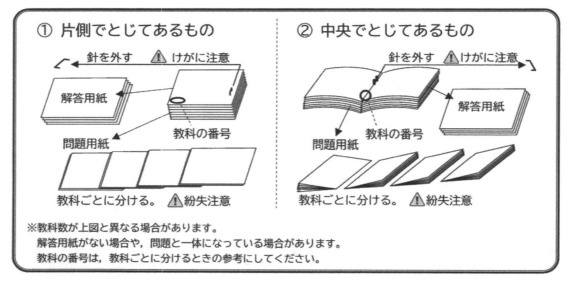

リアル過去問の活用

～リアル過去問なら入試本番で力を発揮することができる～

❀ 本番を体験しよう！

問題用紙の形式（縦向き／横向き），問題の配置や余白など，実物に近い紙面構成なので本番の臨場感が味わえます。まずはパラパラとめくって眺めてみてください。「これが志望校の入試問題なんだ！」と思えば入試に向けて気持ちが高まることでしょう。

❀ 入試を知ろう！

同じ教科の過去数年分の問題紙面を並べて，見比べてみましょう。

① 問題の量

毎年同じ大問数か，年によって違うのか，また全体の問題量はどのくらいか知っておきましょう。どのくらいのスピードで解けば時間内に終わるのか，大問ひとつにかけられる時間を計算してみましょう。

② 出題分野

よく出題されている分野とそうでない分野を見つけましょう。同じような問題が過去にも出題されていることに気がつくはずです。

③ 出題順序

得意な分野が毎年同じ大問番号で出題されていると分かれば，本番で取りこぼさないように先回りして解答することができるでしょう。

④ 解答方法

記述式か選択式か（マークシートか），見ておきましょう。記述式なら，単位まで書く必要があるかどうか，文字数はどのくらいかなど，細かいところまでチェックしておきましょう。計算過程を書く必要があるかどうかも重要です。

⑤ 問題の難易度

必ず正解したい基本問題，条件や指示の読み間違いといったケアレスミスに気をつけたい問題，後回しにしたほうがいい問題などをチェックしておきましょう。

❀ 問題を解こう！

志望校の入試傾向をつかんだら，問題を何度も解いていきましょう。ほかにも問題文の独特な言いまわしや，その学校独自の答え方を発見できることもあるでしょう。オリンピックや環境問題など，話題になった出来事を毎年出題する学校だと分かれば，日頃のニュースの見かたも変わってきます。

こうして志望校の入試傾向を知り対策を立てることこそが，過去問を解く最大の理由なのです。

❀ 実力を知ろう！

過去問を解くにあたって，得点はそれほど重要ではありません。大切なのは，志望校の過去問演習を通して，苦手な教科，苦手な分野を知ることです。苦手な教科，分野が分かったら，教科書や参考書に戻って重点的に学習する時間をつくりましょう。今の自分の実力を知れば，入試本番までの勉強の道すじが見えてきます。

❀ 試験に慣れよう！

入試では時間配分も重要です。本番で時間が足りなくなってあわてないように，リアル過去問で実戦演習をして，時間配分や出題パターンに慣れておきましょう。教科ごとに気持ちを切り替える練習もしておきましょう。

❀ 心を整えよう！

入試は誰でも緊張するものです。入試前日になったら，演習をやり尽くしたリアル過去問の表紙を眺めてみましょう。問題の内容を見る必要はもうありません。どんな形式だったかな？受験番号や氏名はどこに書くのかな？…ほんの少し見ておくだけでも，志望校の入試に向けて心の準備が整うことでしょう。

そして入試本番では，見慣れた問題紙面が緊張した心を落ち着かせてくれるはずです。

※まれに入試形式を変更する学校もありますが，条件はほかの受験生も同じです。心を整えてあせらずに問題に取りかかりましょう。

算　数

令和 ② 年度　解答例・解説

《解答例》

その①

1 (1)58.85　　(2)$1\frac{1}{12}$

2 23

3 5.2

4 27

5 146

6 48

7 3, 18

8 136

9 29.46

その②

1 (1)式…$1-\frac{1}{7}=\frac{6}{7}$　$\frac{6}{7}\times(1-\frac{3}{10})=\frac{3}{5}$　$48\div\frac{3}{5}=80$　答…80dL〔別解〕8000 ㎤

　(2)式…$20\times25=500$　$8000\div500=16$　答…16 ㎝

　(3)式…$80-48=32$　$32\times100=3200$　$3200\div25=128$　$128\times2\div20=12.8$　$16-12.8=3.2$　答…3.2 ㎝

　(4)式…$(3.2+16)\times20\div2=192$　$(16+20+3.2)\times25=980$　$192\times2+980=1364$　答…1364 ㎠

2 (1)分速 60m　　(2)4050m

　(3)式…$60\times21=1260$　$3220-1260=1960$　$270-60=210$　$1960\div210=\frac{28}{3}$　$270\times\frac{28}{3}=2520$　答…2520m

3 (1)式…$390+2500+2500\times0.05=3015$　$1590\times0.02=31.8$　$3015-1590+31=1456$　答…1456 円

　(2)式…$46\div0.02=2300$　$47\div0.02=2350$　$2300\div3=766.6\cdots$　$2350\div3=783.3\cdots$　答…767 円以上 783 円以下

《解　説》

その①

1 (1) 与式$=65.3-2.58\div0.4=65.3-6.45=58.85$

　(2) 与式$=(\frac{13}{3}+\frac{8}{5})\times\frac{1}{5}\div\frac{89}{100}-\frac{1}{4}=(\frac{65}{15}+\frac{24}{15})\times\frac{1}{5}\times\frac{100}{89}-\frac{1}{4}=\frac{89}{15}\times\frac{20}{89}-\frac{1}{4}=\frac{4}{3}-\frac{1}{4}=\frac{16}{12}-\frac{3}{12}=\frac{13}{12}=1\frac{1}{12}$

2 1 人に対して配るみかんの数を 1 個増やすと，配るみかんの数は $2+5=7$（個）増えるので，配る人数は 7 人である。よって，みかんの個数は，$4\times7-5=23$（個）である。

3 5 回の合計点は，$77\times3+90\times2=411$（点）なので，5 回の平均点は，$411\div5=82.2$（点）である。よって，最初の 3 回の平均点より $82.2-77=5.2$（点）高い。

4 2 つの数の和は $84\div2=42$，2 つの数の差は $84\div7=12$ である。よって，大きい方の数の 2 倍は，$42+12=54$ なので，大きい方の数は $54\div2=27$ である。

5 2 ｔ＝2000 ㎏，800 ｇ＝0.8 ㎏である。A を 1400 個積むと，荷物はあと $2000-0.8\times1400=880$（㎏）まで積むこと

ができる。よって，880÷6＝146 余り 4 より，Bは 146 個まで積むことができる。

6 赤色のひもともとの長さを，6と4の最小公倍数である⑫とすると，青色のひもともとの長さは⑫×$\frac{5}{6}$＝⑩である。切り取ったあとの赤色のひもの長さは，⑫×$\left(1-\frac{1}{4}\right)$＝⑨であり，青色のひもともとの長さはこれより 4 cm 長い。よって，⑩－⑨＝①は，4 cm なので，赤色のひもともとの長さは，4×12＝48（cm）である。

7 次に正しい時刻を表すのは，時計が正しい時刻より，12 時間＝720 分早く進んだときである。1 時間で 8 分早く進むので，720÷8＝90（時間）で 720 分早く進む。よって，次に正しい時刻を表すのは，90÷24＝3 余り 18 より，3 日と 18 時間後である。

8 右図のように記号をおく。三角形の内角の和は 180 度なので，三角形 E F C について，角 F E C＝180－（60＋31）＝89（度）である。三角形の 1 つの外角は，これととなりあわない 2 つの内角の和に等しいから，三角形 A D G について，角 A G D＝107－60＝47（度），三角形 E G H について，角ア＝89＋47＝136（度）である。

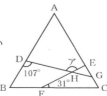

9 （斜線部分の面積）＝（1 辺の長さが 8 cm の正方形の面積）－（斜線部分以外の面積）で求める。斜線部分以外の面積は，半径が 3 cm と 2 cm の円の面積の和から，2 つの円の重なっている部分の面積を引けばよいので，3×3×3.14＋2×2×3.14－6.28＝9×3.14＋4×3.14－2×3.14＝（9＋4－2）×3.14＝34.54（cm²）したがって，斜線部分の面積は，8×8－34.54＝29.46（cm²）である。

その②

1 (1) 1 回目に残った容器の水は，容器の容積の 1－$\frac{1}{7}$＝$\frac{6}{7}$なので，2 回目に残った容器の水は，容器の容積の $\frac{6}{7}$×$\left(1-\frac{3}{10}\right)$＝$\frac{3}{5}$である。したがって，容器の容積は 48÷$\frac{3}{5}$＝80（dL）である。また，80dL＝（80×100）cm³＝8000 cm³

(2) 容器の底面積は 20×25＝500（cm²）なので，容器の高さは，8000÷500＝16（cm）である。

(3) 右図のように記号をおく。三角柱 A B I － D C J の体積は，2 回目までに出した水の体積である 80－48＝32（dL），つまり 3200 cm³ に等しい。底面 A B I の面積は 3200÷25＝128（cm²）なので，A I＝128×2÷20＝12.8（cm）である。よって，⑦の長さは，16－12.8＝3.2（cm）である。

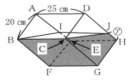

(4) (3)の図を参照する。水にふれている部分の面積は，ア台形 I B F E と台形 J C G H と イ四角形 B F G C と四角形 E F G H と四角形 I E H J の面積の和である。アの面積は，ともに（3.2＋16）×20÷2＝192（cm²）である。イの面積の和は，16×25＋20×25＋3.2×25＝（16＋20＋3.2）×25＝980（cm²）である。したがって，求める面積は，192×2＋980＝1364（cm²）である。

2 (1) 分速（1800÷30）m＝分速 60m

(2) 清子さんの自転車の速さは分速（60×4.5）m＝分速 270m なので，自転車コースの道のりは，270×15＝4050（m）

(3) かかった時間 21 分のうち，歩きの時間が 21 分，自転車で移動した時間が 0 分だったとき，道のりは 60×21＝1260（m）となり，実際より 3220－1260＝1960（m）短くなる。歩きの時間 1 分を自転車で移動した時間 1 分に置きかえると，道のりは 270－60＝210（m）長くなるので，自転車で移動した時間は，1960÷210＝$\frac{28}{3}$（分）である。よって，自転車で移動した道のりは，270×$\frac{28}{3}$＝2520（m）である。

3 (1) チャージ後のカードの残金は 390＋2500＋2500×0.05＝3015（円）である。1590 円の商品を買うときにチャージされる金額は，1590×0.02＝31.8 より 31 円なので，求めるカードの残金は，3015－1590＋31＝1456（円）である。

(2) 商品 3 個の値段の合計の 2％は，46 円以上 47 円未満なので，商品 3 個の値段は，46÷0.02＝2300（円）以上 47÷0.02＝2350（円）未満である。よって，商品は 1 個あたり 2300÷3＝766.6…（円）以上，2350÷3＝783.3…（円）未満だから，767 円以上 783 円以下である。

《解答例》

その①

[1] (1)33.88　(2)$1\frac{1}{8}$

[2] 1, 15

[3] 17

[4] 25

[5] 84

[6] 最も大きいもの…③　最も小さいもの…⑤

[7] 22, 4

[8] 87.92

[9] 74

その②

1 (1)式…$⑪×\frac{5}{11}=⑤$　$⑪×\frac{6}{11}=⑥$　$(2×⑤+1×⑥)÷2=⑧$　$⑧:⑪=8:11$

　　答…8 : 11

(2)式…$(⑧-52)÷2=④-26$　$2×(④-26)+3×(④-26)+3×52=⑳-130+156=⑳+26$　$⑪×2-⑳=②$

$26÷2=13$　$13×11=143$

　　答…143 人

2 (1)28 cm

(2)式…$60-28=32$　$13-5=8$　$32÷8=4$　$(40+80)×90×4=43200$　$43200÷1000=43.2$

　　答…毎分 43.2 L

(3)式…$\frac{43200×3}{80×90}=18$

　　答…18 cm

(4)式…$5-3=2$　$28-18=10$　$\frac{43200×2}{10}=8640$　$(40+80)×90-8640=2160$　$2160÷40=54$　$90-54=36$

　　答…36 cm

3 (1)式…$2×8=16$　$2×7=14$　$16+14=30$

　　答…30 個

(2)式…$10×10-2×2=96$　$100-8×8=36$　$30+96+36=162$　$162+1=163$

　　答…163 番目

(3)式…$162+96+36=294$　$300-294=6$

　　答…513

その①

1 (1) 与式＝37.12－3.24＝33.88

(2) 与式＝$\dfrac{224}{100}\times\dfrac{25}{16}\times(\dfrac{4}{7}-\dfrac{25}{100})=\dfrac{56}{25}\times\dfrac{25}{16}\times(\dfrac{4}{7}-\dfrac{1}{4})=\dfrac{7}{2}\times(\dfrac{16}{28}-\dfrac{7}{28})=\dfrac{7}{2}\times\dfrac{9}{28}=\dfrac{9}{8}=1\dfrac{1}{8}$

2 21 km＝(21×1000) m＝21000mだから，21000÷280＝75(分)かかる。75÷60＝1余り15より，75分＝1時間15分

3 代金は3000－360＝2640(円)である。みかんを25個買うと75×25＝1875(円)となり，実際より2640－1875＝765(円)安くなる。みかん1個をりんご1個におきかえると，代金は120－75＝45(円)高くなるから，りんごを買った個数は，765÷45＝17(個)

4 兄が100m走ったとき弟は100－20＝80(m)走っていたから，同じ時間に走る道のりの比は，100：80＝5：4である。したがって，弟が100m走るとき兄は100×$\dfrac{5}{4}$＝125(m)走るから，兄がスタートラインより125－100＝25(m)後ろからスタートすると，同時にゴールする。

5 しきつめられるタイルの1辺の長さは462と792の公約数である。タイルの枚数をできるだけ少なくするためには，タイルの1辺の長さをできるだけ長くすればよいので，462と792の最大公約数にすればよい。最大公約数を求めるときは，右の筆算のように割り切れる数で次々に割っていき，割った数をすべてかけあわせればよい。したがって，462と792の最大公約数は，2×3×11＝66

```
2) 462 792
3) 231 396
11) 77 132
    7   12
```

よって，タイルの1辺を66 cmにすればよいので，縦に7枚，横に12枚並び，全部で7×12＝84(枚)となる。

6 すべての式で$\dfrac{35}{24}$に対して計算をしている。①，②，⑤をすべてかけ算になおすと，①$\dfrac{35}{24}\times\dfrac{8}{5}$，②$\dfrac{35}{24}\times\dfrac{16}{9}$，⑤$\dfrac{35}{24}\times\dfrac{7}{15}$となる。$\dfrac{8}{5}=\dfrac{72}{45}$と$\dfrac{16}{9}=\dfrac{80}{45}$と$\dfrac{7}{15}$のうち最大の数は$\dfrac{16}{9}$，最小の数は$\dfrac{7}{15}$(これだけ1より小さい)だから，①，②，⑤のうち計算結果が最も大きいのは②$\dfrac{35}{24}\times\dfrac{16}{9}=\dfrac{70}{27}$…⑦，最も小さいのは⑤$\dfrac{35}{24}\times\dfrac{7}{15}=\dfrac{49}{72}$…④である。

③，④のうち計算結果が大きいのは③$\dfrac{35}{24}+\dfrac{3}{2}=\dfrac{35}{24}+\dfrac{36}{24}=\dfrac{71}{24}$…⑦，小さいのは④$\dfrac{35}{24}-\dfrac{3}{8}=\dfrac{35}{24}-\dfrac{9}{24}=\dfrac{13}{12}$…⑪である。

⑦と⑦のうち大きいのは，$\dfrac{70}{27}=\dfrac{560}{216}$，$\dfrac{71}{24}=\dfrac{639}{216}$より，⑦だから，計算結果が最も大きいのは③である。

④と⑪のうち小さいのは，1より小さい数である④だから，計算結果が最も小さいのは⑤である。

7 輪の内側の円の直径は26－4×2＝18(mm)である。輪を2個つなげたときの2個目の輪を上から見ると右図のようになり，1個目の輪の右端から(18－4)＋4＝18(mm)長くなったとわかる。つまり，1個目の輪の長さは26 mmで，それに1個輪をつなげるたびに長さが18 mm長くなるから，12個つないだときの長さは，26＋18×(12－1)＝224(mm)である。224÷10＝22余り4より，224 mm＝22 cm4 mm

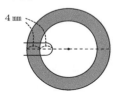

8 円柱の底面の半径は下から順に，6÷2＝3(cm)，4÷2＝2(cm)，2÷2＝1(cm)である。したがって，円柱の体積は下から順に，3×3×3.14×2＝18×3.14(cm³)，2×2×3.14×2＝8×3.14(cm³)，1×1×3.14×2＝2×3.14(cm³)だから，この立体の体積は，18×3.14＋8×3.14＋2×3.14＝(18＋8＋2)×3.14＝28×3.14＝87.92(cm³)

9 右図のように記号をおく。ADとFCが平行で，平行線の錯角は等しいから，角ADF＝角DFC＝29度である。三角形ADEと三角形ABEはACについて線対称だから，角ABE＝角ADE＝29度である。これより，角EBC＝90－29＝61(度)である。角ACB＝90÷2＝45(度)だから，三角形EBCにおいて，内角の和より，角ア＝180－61－45＝74(度)

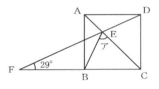

その②

1 (1)　6年生が⑪人いるとすると，2本もらった人が$⑪×\dfrac{5}{11}=⑤$(人)，1本もらった人が$⑪×\dfrac{6}{11}=⑥$(人)だから，えんぴつは全部で，$2×⑤+1×⑥=⑯$(本)ある。したがって，5年生は$⑯÷2=⑧$(人)いるので，5年生と6年生の人数の比は，⑧：⑪＝8：11

(2)　5年生が⑧人，6年生が⑪人いるとする。また，5年生を右図のように分けて考える。5年生から52人を除くと$x×2$(人)になるから，x人は$(⑧-52)÷2=④-26$(人)である。

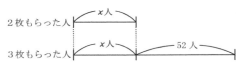

したがって，ブックカバーは全部で，$2×(④-26)+3×(④-26)+3×52=(2+3)×(④-26)+156=$
$5×(④-26)+156=⑳-130+156=⑳+26$(枚)ある。6年生の人数から，ブックカバーの枚数は$⑪×2=㉒$(枚)と表すこともできるので，㉒-⑳=②(枚)と26枚が等しく，①＝$26÷2=13$とわかる。

よって，5年生は$13×8=104$(人)，6年生は$13×11=143$(人)とわかる。

2 (1)　グラフが折れているところは水が入る部分の底面積が変わったところだから，右図のことが読み取れる。よって，⑦＝28cm

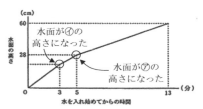

(2)　⑦より上の部分の高さが$60-28=32$(cm)で，$13-5=8$(分)でこの部分が満水になったのだから，1分あたり$32÷8=4$(cm)水面が上がったとわかる。したがって，1分間に$(40+80)×90×4=43200$(cm³)の水が入ったことになる。1L＝10cm×10cm×10cm＝1000cm³だから，求める割合は，毎分$\dfrac{43200}{1000}$L＝毎分43.2L

(3)　水面が①の高さになったのは3分後であり，それまでに入った水は，$43200×3$(cm³)である。水面が①の高さになるまでに水が入る部分の底面積は$80×90$(cm²)だから，①の高さは，$\dfrac{43200×3}{80×90}=18$(cm)

(4)　右図の色つき部分に注目する。色つき部分が満水になるのにかかる時間は$5-3=2$(分)であり，その間に入った水は，$43200×2$(cm³)である。色つき部分の高さは$28-18=10$(cm)だから，底面積は，$\dfrac{43200×2}{10}=8640$(cm²)である。

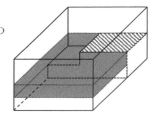

水そうの底面積が$(40+80)×90=10800$(cm²)だから，斜線部分の面積は，$10800-8640=2160$(cm²)である。よって，斜線部分の横の長さが$2160÷40=54$(cm)だから，⑦＝$90-54=36$(cm)

3 (1)　2けたの数のうち，十の位が1または3(2通り)で，一の位が1と3以外の数(0，2，4，5，6，7，8，9の8通り)となっているのは，$2×8=16$(個)ある。

2けたの数のうち，一の位が1または3(2通り)で，十の位が1と3以外の数(2，4，5，6，7，8，9の7通り)となっているのは，$2×7=14$(個)ある。

よって，求める個数は，$16+14=30$(個)

(2)　1，3のいずれかが入っている整数の列をグループA，1と3だけを用いた整数の列をグループB，AからBを除いた整数の列をグループCとする。

グループCには1けたの数はなく，2けたの数は(1)より30個ある。

百の位が1でグループAにふくまれる数は，十の位が0～9の10通り，一の位が0～9の10通りだから，$10×10=100$(個)ある。百の位が1でグループBにふくまれる数は，十の位が1か3の2通り，一の位が1か3の2通りだから，$2×2=4$(個)ある。

したがって，百の位が1でグループCにふくまれる数は，$100-4=96$(個)ある。

百の位が2でグループCにふくまれる数の個数を求めるために，百の位が2のすべての整数の個数から，1と3

がまったく用いられていない数の個数を引く。百の位が2のすべての整数は，200～299の299－200＋1＝
100(個)ある。そのうち1と3がまったく用いられていない数が，十の位，一の位がともに1と3以外の8通りだ
から，8×8＝64(個)ある。したがって，百の位が2でグループCにふくまれる数は，100－64＝36(個)ある。
よって，百の位が2の数まででグループCには30＋96＋36＝162(個)の数が並ぶ。300はこの次の数だから，163
番目の数である。

(3) (2)の解説をふまえる。百の位が3でグループCにふくまれる数は，百の位が1のときと同様に96個ある。
百の位が4でグループCにふくまれる数は，百の位が2のときと同様に36個ある。
したがって，百の位が4の数まででグループCには162＋96＋36＝294(個)の数が並ぶ。よって，300番目の数は，
百の位が5の数のうち300－294＝6(番目)の数だから，501，503，510，511，512，513，…より，513である。

━━━━━━━━━━━━━━━━━━━━━《解答例》━━━━━━━━━━━━━━━━━━━━

その①

1. (1)25.6　(2)$9\frac{3}{5}$
2. 98.1
3. 1875
4. $2\frac{4}{7}$
5. 135
6. 94
7. 526
8. ②，④，⑤
9. 28.26

その②

1　(1)Cの方が9冊多い

　(2)「Aが4冊，Bが17冊，Cが13冊，Dが3冊」「Aが5冊，Bが16冊，Cが14冊，Dが2冊」

2　(1)式…(96＋21)÷(14－8)＝19.5　19.5×8＋96＝252

　　答…252m

　(2)式…252÷(27－13)＝18　18×13＝234

　　答…234m

　(3)式…時速86.4km＝秒速(86.4×1000×$\frac{1}{60}$×$\frac{1}{60}$)m＝秒速24m　1分31秒＝(60＋31)秒＝91秒　(24－18)×91＝
546　546－234＝312

　　答…312m

3　(1)式…(8＋5)×12÷2－(5×6÷2＋8×6÷2)＝78－(15＋24)＝39

　　答…39㎠

　(2)式…BF：FC＝(5×2)：8＝5：4　BF：BC＝5：(5＋4)＝5：9　15×$\frac{5}{9}$＝$\frac{25}{3}$＝$8\frac{1}{3}$

　　答…$8\frac{1}{3}$㎝

　(3)式…55.5×2÷6＝18.5　18.5－8＝10.5

　　答…10.5㎝

その①

1 (1) 与式＝10.08÷0.7＋11.2＝14.4＋11.2＝25.6

(2) 与式＝$\frac{5}{4}$÷($\frac{15}{8}$－$\frac{20}{9}$×$\frac{3}{4}$)×$\frac{16}{10}$＝$\frac{5}{4}$×$\frac{8}{5}$÷($\frac{15}{8}$－$\frac{5}{3}$)＝2÷($\frac{45}{24}$－$\frac{40}{24}$)＝2÷$\frac{5}{24}$＝2×$\frac{24}{5}$＝$\frac{48}{5}$＝$9\frac{3}{5}$

2 1 L＝1000 cm³＝10 cm×10 cm×10 cm＝0.1m×0.1m×0.1m＝0.001 m³なので，0.1 m³＝100 L である。

10dL＝1 L なので，19dL＝(19×$\frac{1}{10}$) L＝1.9L である。よって，100－1.9＝98.1（L）となる。

3 定価は仕入れ値より，仕入れ値の 24％高くなっているので，仕入れ値は，2325÷(1＋0.24)＝1875（円）である。

4 1 人が 1 時間にする仕事を 1 とすると，この仕事全体は 1×36×6＝216 とわかる。よって，84 人でこの仕事をすると，216÷84＝$2\frac{4}{7}$（時間）かかる。

5 1 日目は全体の$\frac{2}{5}$を読み，2 日目は 1 日目の$\frac{1}{3}$を読んだので，全体の$\frac{2}{5}$×$\frac{1}{3}$＝$\frac{2}{15}$を読んだことになる。1 日目と 2 日目で，全体の$\frac{2}{5}$＋$\frac{2}{15}$＝$\frac{8}{15}$を読み，3 日目には，全体の 1－$\frac{8}{15}$＝$\frac{7}{15}$を読んだ。全体の$\frac{7}{15}$が 63 ページなので，この本は全部で，63÷$\frac{7}{15}$＝135（ページ）ある。

6 6 個の整数の平均である 579÷6＝96.5 は，6 個の整数の真ん中の 2 個の数の平均と等しいから，真ん中の 2 個の数は 96，97 である。よって，6 個の整数は，94，95，96，97，98，99 とわかる。したがって，一番小さい数は 94 である。

7 前日と同じ人数分の入館料の合計は，1 人あたり 150－120＝30（円）下がったことで，㋐30×（前日の人数）（円）下がる。㋑前日より多かった 179 人の分の入館料の合計から下線部㋐の金額を引くと，5700 円になる。

下線部㋑は 120×179＝21480（円）だから，下線部㋐は 21480－5700＝15780（円）である。

よって，前日の入館者数は 15780÷30＝526（人）である。

8 展開図の①と③を組み立てると，右図の色付き部分が重なってしまうので，①，③は立方体にならないとわかる。

9 展開図を組み立てたとき，右図のような円柱となる。底面の円周の長さが 9.42 cmなので，円の直径は 9.42÷3.14＝3（cm），半径は 3÷2＝$\frac{3}{2}$（cm）である。よって，円柱の体積は，$\frac{3}{2}$×$\frac{3}{2}$×3.14×4＝9×3.14＝28.26（cm³）である。

その②

1 (1) Aが借りた冊数を a 冊，Bが借りた冊数を b 冊，Cが借りた冊数を c 冊，Dが借りた冊数を d 冊とする。AとBの話から，a＋b＝21（冊），b＋c＝30（冊）とわかる。このとき b は同じなので，AよりCの方が多く借りているとわかる。このとき，(b＋c)－(a＋b)をすると，a と c の差が 30－21＝9（冊）とわかる。よって，Cの方が 9 冊多く借りた。

(2) Cの話から，c＋a は 15 冊より多いので，c＋a は 16 冊以上である。(1)より，c と a とでは，c の方が 9 冊多い。c＋a が偶数（冊）のとき，a と c の差が 9 冊にならないので，c＋a は奇数（冊）とわかる。c＋a が 17 冊のとき，a＝(17－9)÷2＝4（冊），c＝4＋9＝13（冊）とわかる。このとき b＝21－4＝17（冊），d＝7－4＝3（冊）とわかる。AとDの話から，a と d はそれぞれ 1 以上 6 以下であり，a，b，c，d はすべて異なるので，この組み合わせはあっているとわかる。同じように c＋a が 19 冊のとき，a＝(19－9)÷2＝5（冊），c＝5＋9＝14（冊），b＝21－5＝16（冊），d＝7－5＝2（冊）とわかる。これも条件にあう。同じように，c＋a が 21 冊のとき，a＝(21－9)÷2＝6（冊），c＝6＋9＝15（冊），b＝21－6＝15（冊），d＝7－6＝1（冊）とわかる。これは，c と b が同じになるので，違うとわかる。c＋a が 23 冊のとき，a＝(23－9)÷2＝7（冊）で d が

０冊になってしまうので，Ｄの話から違うとわかる。よって，組み合わせは解答例の２通りとなる。

2 (1)　8両編成の列車と14両編成の列車の長さの差は，96＋21＝117(m)である。この差は14－8＝6 (両)の長さなので，この列車の１両は117÷6＝19.5(m)である。よって，ホームの長さは，19.5×8＋96＝252(m)である。

(2)　列車はホームと列車の長さの和の道のりを27秒で通過し，列車の長さの道のりを13秒で通過した。よって，ホームの長さの道のりを27－13＝14(秒)で通過した。よって，列車の速さは，秒速(252÷14)m＝秒速18mである。

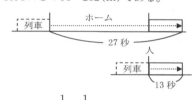

よって，列車の長さは18×13＝234(m)とわかる。

(3)　1 km＝1000m，1時間＝60分，1分＝60秒なので，時速86.4 km＝秒速(86.4×1000×$\frac{1}{60}$×$\frac{1}{60}$) m＝秒速24m，1分31秒＝(60＋31)秒＝91秒である。列車Ｂは列車Ａより１秒間に24－18＝6 (m)多く進む。追い越し始めてから追い越し終わるまでに，列車Ｂの最後尾が列車Ａの最後尾よりも多く進んだ分は，２つの列車の長さの和にあたる。

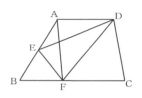

これが6×91＝546(m)だから，列車Ｂの長さは546－234＝312(m)である。

3 (1)　台形ＡＢＦＤの面積から，三角形ＥＢＦと三角形ＡＥＤの面積をひけばよい。
(8＋5)×12÷2－(5×6÷2＋8×6÷2)＝78－(15＋24)＝39(cm²)である。

(2)　右図のように三角形ＡＢＦをつくる。三角形ＡＢＦと三角形ＥＢＦは，底辺をそれぞれＡＢ，ＥＢとしたときの高さが等しいから，面積の比はＡＢ：ＥＢ＝2：1と等しくなるので，三角形ＡＢＦと三角形ＤＦＣの面積比は，(5×2)：8＝5：4である。三角形ＡＢＦと三角形ＤＦＣは，底辺をそれぞれＢＦ，ＦＣとしたときの高さが等しいから，ＢＦ：ＦＣは面積比と等しく，5：4である。

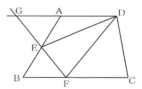

したがって，ＢＦ：ＢＣ＝5：(5＋4)＝5：9だから，ＢＦ＝ＢＣ×$\frac{5}{9}$＝15×$\frac{5}{9}$＝$\frac{25}{3}$＝$8\frac{1}{3}$(cm)である。

(3)　右図のようにＥＦとＡＤを延長し，交わる点をＧとおく。ＧＤとＢＣが平行で，ＡＥ＝ＢＥなので，三角形ＥＡＧと三角形ＥＢＦは合同である。このため，三角形ＥＢＦと三角形ＥＡＤの面積の和は，三角形ＥＧＤの面積と同じになる。三角形ＥＧＤと三角形ＦＧＤは辺ＧＤが共通なので，底辺をＧＤとしたときの高さの比が面積の比となるから，(三角形ＥＧＤの面積)：(三角形ＦＧＤの面積)＝6：12＝1：2である。

したがって，(三角形ＥＧＤの面積)：(三角形ＤＥＦの面積)＝1：(2－1)＝1：1である。
よって，三角形ＥＧＤの面積は55.5 cm²であり，底辺をＧＤとしたときの高さは6 cmなので，ＧＤ＝55.5×2÷6＝18.5(cm)とわかる。したがって，ＡＧ＝18.5－8＝10.5(cm)，ＡＧ＝ＢＦなので，ＢＦ＝10.5(cm)である。

平成 **29** 年度　解答例・解説

《解答例》

その①

1　(1)1.23　(2)$2\frac{1}{6}$

2　9.74

3　260

$\boxed{4}$ 51

$\boxed{5}$ 4899

$\boxed{6}$ 44

$\boxed{7}$ 9

$\boxed{8}$ 875

$\boxed{9}$ 27.84

その②

1 (1)式…$1 : 1.8 = 5 : 9$ $15 \times \dfrac{5}{9} = \dfrac{25}{3} = 8\dfrac{1}{3}$ $60 \times \dfrac{1}{3} = 20$

　　　答…8分20秒

　　(2)式…$(15 - 9) \times \dfrac{5}{9} = \dfrac{10}{3} = 3\dfrac{1}{3}$ $9 + 3\dfrac{1}{3} = 12\dfrac{1}{3}$ $60 \times \dfrac{1}{3} = 20$

　　　答…12分20秒

　　(3)式…$15 \times \dfrac{3}{10} = \dfrac{9}{2}$ $(15 - \dfrac{9}{2}) \times \dfrac{5}{9} = \dfrac{21}{2} \times \dfrac{5}{9} = \dfrac{35}{6}$ $\dfrac{9}{2} + \dfrac{35}{6} = \dfrac{62}{6} = \dfrac{31}{3} = 10\dfrac{1}{3}$ $60 \times \dfrac{1}{3} = 20$

　　　答…10分20秒

　　(4)式…$1 - \dfrac{5}{9} = \dfrac{4}{9}$ $(15 - 10) \div \dfrac{4}{9} = \dfrac{45}{4}$ $\dfrac{45}{4} \times \dfrac{5}{9} = \dfrac{25}{4} = 6\dfrac{1}{4}$ $60 \times \dfrac{1}{4} = 15$

　　　答…6分15秒

2 (1)式…$2.5 : 1 = 5 : 2$ $64680 \times \dfrac{5}{5 + 2} = 46200$

　　　答…46200円

　　(2)式…$(5 \div 15) : (2 \div 14) = \dfrac{1}{3} : \dfrac{1}{7} = 7 : 3$ $40 \times \dfrac{7}{7 + 3} = 28$

　　　答…28人

　　(3)式…②＋⑦＝1650　⑦＝1650－②　②＋①＋②＋110＝1650　①＋②＋110＝1650－②　⑦＝①＋②＋110

　　　　①＝⑤－110　(⑤－110)×2＋⑦＝1650　⑩－220＋⑦＝1650　⑰＝1650＋220＝1870　①＝1870÷17＝110

　　　　110×7＝770

　　　答…770円

3 (1) 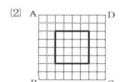　　(2)

《解　説》

その①

$\boxed{1}$ (1) 与式＝$21.39 \div 2.3 - 8.07 = 9.3 - 8.07 = 1.23$

　　(2) 与式＝$1\dfrac{3}{4} + 1\dfrac{2}{9} \div (\dfrac{13}{3} - \dfrac{7}{5}) = \dfrac{7}{4} + \dfrac{11}{9} \div (\dfrac{65}{15} - \dfrac{21}{15}) = \dfrac{7}{4} + \dfrac{11}{9} \div \dfrac{44}{15} = \dfrac{7}{4} + \dfrac{11}{9} \times \dfrac{15}{44} = \dfrac{7}{4} + \dfrac{5}{12} = \dfrac{21}{12} + \dfrac{5}{12} = \dfrac{26}{12} = \dfrac{13}{6} = 2\dfrac{1}{6}$

$\boxed{2}$ 与式より，$5.2 \times (\square - 3.2 \times 0.7) = 39$　　$\square - 3.2 \times 0.7 = 39 \div 5.2$　　$\square = 7.5 + 2.24 = 9.74$

$\boxed{3}$ たての長さと横の長さの和は $72 \div 2 = 36$（cm）である。たての長さは $36 \times \dfrac{5}{5 + 13} = 36 \times \dfrac{5}{18} = 10$（cm），横の長さは

　　$36 - 10 = 26$（cm）だから，求める面積は，$10 \times 26 = 260$（cm²）

$\boxed{4}$ 満水のときの水の量は $30 \times 50 \times 40 = 60000$（cm³）であり，$1$ L $= 1000$ cm³だから，$60000 \div 1000 = 60$（L）である。

　　60 L の 8 割 5 分は，$60 \times 0.85 = 51$（L）

5. 四捨五入して百の位までのがい数にすると 6800 になる最大の整数である 6849 から，四捨五入して百のがい数にすると 2000 になる最小の整数である 1950 を引く。よって，求める値は，6849－1950＝4899

6. 65 枚がすべて 82 円の切手とすると，代金は 82×65＝5330（円）となり，実際よりも 5330－4010＝1320（円）高くなる。82 円の切手 1 枚を 52 円のはがきにかえると 82－52＝30（円）安くなる。よって，求める枚数は，1320÷30＝44（枚）

7. えんぴつ 7 本とノート 3 冊から，えんぴつを 7－2＝5（本）減らし，ノートを 6－3＝3（冊）増やしても，値段は同じだから，えんぴつ 5 本とノート 3 冊の値段は同じであるとわかる。えんぴつの本数を 5 本から 15÷5＝3（倍）したときの値段とノートの冊数を 3 冊から 3 倍したときの値段も同じだから，求める冊数は 3×3＝9（冊）である。

8. 6 年生の女子 63 人は，全校児童の $\frac{60}{100}×\frac{12}{100}＝0.072$（倍）である。よって，求める人数は，63÷0.072＝875（人）

9. 右図のように作図し，曲線ＡＢと辺ＢＣと曲線ＣＡの長さの和を求める。
三角形ＡＢＣは，3 辺がすべて正方形の 1 辺の長さと等しいから正三角形である。
角ＡＢＣ＝角ＡＣＢ＝60 度だから，曲線ＡＢと曲線ＣＡの長さはともに半径 9 ㎝で中心角が 60 度のおうぎ形の曲線の長さと等しく，$9×2×3.14×\frac{60}{360}＝3×3.14$（㎝）とわかる。
よって，求める長さは，（3×3.14）×2＋9＝6×3.14＋9＝27.84（㎝）

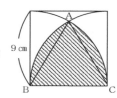
9 ㎝

その②

1. 同じ道のりを進むとき，かかる時間の比は速さの比の逆比となる。歩く速さと走る速さの比は 1：1.8＝5：9 だから，同じ道のりを進んだときにかかる時間の比は，5：9 の逆比の 9：5 になる。

(1) かかる時間が $\frac{5}{9}$ 倍になるから，$15×\frac{5}{9}＝\frac{25}{3}＝8\frac{1}{3}$（分），つまり，8 分（$60×\frac{1}{3}$）秒＝8 分 20 秒

(2) 歩くと 15－9＝6（分）かかる道のりを，走ることで $6×\frac{5}{9}＝3\frac{1}{3}$（分），つまり 3 分（$60×\frac{1}{3}$）秒＝3 分 20 秒で進んだから，求める時間は，9 分＋3 分 20 秒＝12 分 20 秒

(3) 歩いた時間は $15×\frac{3}{10}＝\frac{9}{2}$（分）だから，歩くと $15－\frac{9}{2}＝\frac{21}{2}$（分）かかる道のりを，走ることで $\frac{21}{2}×\frac{5}{9}＝\frac{35}{6}$（分）で進んだ。よって，求める時間は，$\frac{9}{2}+\frac{35}{6}＝10\frac{1}{3}$（分），つまり，10 分（$60×\frac{1}{3}$）秒＝10 分 20 秒

(4) 歩くと 1 分かかる道のりを走ると $\frac{5}{9}$ 分かかるから，1 分走るごとに $1－\frac{5}{9}＝\frac{4}{9}$（分）だけかかる時間を縮めることができる。時間を 15－10＝5（分）縮めるためには，歩くと $1×(5÷\frac{4}{9})＝\frac{45}{4}$（分）かかる道のりを走るとよい。このとき走る時間は $\frac{45}{4}×\frac{5}{9}＝6\frac{1}{4}$（分）だから，求める時間は，$6\frac{1}{4}$ 分＝6 分（$60×\frac{1}{4}$）秒＝6 分 15 秒
また，以下のように解くこともできる。

1 分間に歩く道のりを⑤とすると，1 分間に走る道のりは⑨，駅から学校までの道のりは⑤×15＝㊵と表せる。10 分間歩くと⑤×10＝㊿進み，学校に着くまでにあと㊁－㊿＝㉕足りない。1 分を歩く時間から走る時間にすると，進む道のりは⑨－⑤＝④増える。したがって，少なくとも $㉕÷④＝\frac{25}{4}＝6\frac{1}{4}$（分）走る必要がある。
よって，求める時間は，$6\frac{1}{4}$ 分＝6 分（$60×\frac{1}{4}$）秒＝6 分 15 秒

2. (1) 水族館に行ったグループ全員の費用と博物館に行ったグループ全員の費用の比は 2.5：1＝5：2 である。したがって，求める費用は，$64680×\frac{5}{5＋2}＝46200$（円）

(2) (1)の解説をふまえる。水族館と博物館それぞれのグループで，⑦グループ全員の費用の比が 5：2，④1 人あたりにかかった費用の比が 15：14 である。④の比に人数の比をかけあわせると⑦の比になるので，人数の比は，⑦の比を④の比で割って求めることができ，$(5÷15)：(2÷14)＝\frac{1}{3}：\frac{1}{7}＝7：3$ となる。
したがって，求める人数は，$40×\frac{7}{7＋3}＝28$（人）
また，以下のように解くこともできる。

(1)の解説より，博物館に行ったグループ全員の費用は，$46200×\frac{2}{5}＝18480$（円）である。博物館の 1 人あたりの費用

(10)

を，水族館の1人あたりの費用と同じ金額まで上げると，博物館に行ったグループ全員の費用が $18480 \times \dfrac{15-14}{14} =$ 1320（円）高くなるので，40人全員の費用の合計は 64680＋1320＝66000（円）となる。この場合，40人それぞれの費用は水族館の1人あたりの費用と同じ金額だから，水族館の1人あたりの費用は 66000÷40＝1650（円）である。

よって，水族館に行った人数は，46200÷1650＝28（人）

(3) (1)(2)より，水族館の1人あたりの費用は 46200÷28＝1650（円）
だから，博物館の1人あたりの費用は $1650 \times \dfrac{14}{15} =$ 1540（円）

1人あたりの入館料を，水族館が⑦，博物館が②とし，
1人あたりの交通費を，水族館が②，博物館が③とすると，
右の線分図のようにまとめることができる。

	1人あたりの入館料(円)	1人あたりの交通費(円)	1人あたりの費用の合計(円)
水族館	⑦	②	1650
博物館	②	③	1540

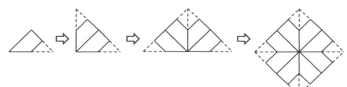

線分図より，⑦と，①＋②＋110が等しいとわかる
から，⑦－②＝⑤と，①＋110が等しい。

⑤＝①＋110より，①＝⑤－110だから，
水族館の線分図より，(⑤－110)×2＋⑦＝1650

⑩－220＋⑦＝1650　　⑰＝1650＋220＝1870　　①＝1870÷17＝110（円）

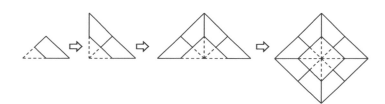

よって，水族館の1人あたりの入館料は，110×7＝770（円）

3 (1) 切った後，図3の状態から広げていくと，右図のようになる。

(2) 切った後，図4の状態から広げていくと，右図のようになる。

平成 28 年度　解答例・解説

《解答例》

その①

1　(1)10.28　　(2)$\dfrac{31}{60}$

2　$7\dfrac{1}{2}$

3　22.5

4　1.4

5　1125

6　160

7　1位…C　2位…A　3位…E　4位…D　5位…B

8　右図

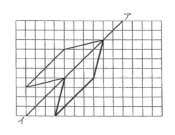

$\boxed{9}$ $\dfrac{5}{24}$

その②

$\boxed{1}$ (1)26 人　　※(2)3.45 点　　※(3)⑦ 6　　⑦13

※$\boxed{2}$ (1)18 秒　　(2)10 時 2 分 24 秒　　(3)469 人

※$\boxed{3}$ (1)874.4 ㎤　　(2)1.25 ㎝　　(3)739.52 ㎤

※の式は解説を参照してください。

《 解　説 》

その①

$\boxed{1}$ (1) 　与式$=\dfrac{3213}{100}\div\dfrac{9}{2}+\dfrac{157}{20}\times\dfrac{7}{5}\div\dfrac{7}{2}=\dfrac{3213}{100}\times\dfrac{2}{9}+\dfrac{157}{20}\times\dfrac{7}{5}\times\dfrac{2}{7}=\dfrac{357}{50}+\dfrac{157}{50}=\dfrac{514}{50}=10.28$

(2) 　与式$=\left(\dfrac{35}{60}-\dfrac{8}{60}\right)\div\dfrac{3}{4}-\dfrac{7}{20}\div\dfrac{21}{5}=\dfrac{9}{20}\times\dfrac{4}{3}-\dfrac{7}{20}\times\dfrac{5}{21}=\dfrac{3}{5}-\dfrac{1}{12}=\dfrac{36}{60}-\dfrac{5}{60}=\dfrac{31}{60}$

$\boxed{2}$ 　与式より，$\dfrac{10}{3}\div\left(\square-\dfrac{5}{4}\right)=\dfrac{6}{5}-\dfrac{2}{3}$　　$\dfrac{10}{3}\div\left(\square-\dfrac{5}{4}\right)=\dfrac{8}{15}$　　$\square-\dfrac{5}{4}=\dfrac{10}{3}\div\dfrac{8}{15}$　　$\square-\dfrac{5}{4}=\dfrac{25}{4}$

$\square=\dfrac{25}{4}+\dfrac{5}{4}=\dfrac{30}{4}=\dfrac{15}{2}=7\dfrac{1}{2}$

$\boxed{3}$ 　$100\text{m}=\dfrac{100}{1000}\text{km}=0.1\text{ km}$，$16$ 秒$=\dfrac{16}{60\times60}$時間$=\dfrac{1}{225}$時間だから，$0.1\div\dfrac{1}{225}=22.5$ より，**時速 22.5 km**である。

$\boxed{4}$ 　同じ道のりを進むときにかかる時間の比は，速さの逆比に等しい。したがって，時速 6 km と時速 4 km で進んだ
ときにかかる時間の比は，$6:4=3:2$ の逆比の $2:3$ である。家から学校までの道のりを進んだときは，
かかった時間の比 $2:3$ の $3-2=1$ が 7 分にあたるから，時速 6 km で進んだときにかかった時間は，$7\times2=$
14(分)，つまり$\dfrac{14}{60}$時間$=\dfrac{7}{30}$時間である。よって，求める道のりは，$6\times\dfrac{7}{30}=$**1.4**(km)

$\boxed{5}$ 　清子さんの持っているお金の $\dfrac{1}{3}$ を①とすると，清子さんの持っているお金は①$\div\dfrac{1}{3}=$③，愛子さんの持っている
お金は①$\div\dfrac{1}{5}=$⑤となる。したがって，清子さんと愛子さんの持っているお金の比は③：⑤$=3:5$ だから，
(清子さんの持っているお金)：(2 人のお金の合計)は，$3:(3+5)=3:8$ である。
よって，清子さんの持っているお金は，$3000\times\dfrac{3}{8}=$**1125**(円)

$\boxed{6}$ 　全体の重さは，容器の重さと水の重さの合計であることに注意する。容器いっぱいの水の重さの $\dfrac{4}{5}-\dfrac{1}{3}=\dfrac{7}{15}$ が
$520-310=210$(g)だから，容器いっぱいの水の重さは $210\div\dfrac{7}{15}=450$(g)である。その $\dfrac{1}{3}$ の水の重さは，
$450\times\dfrac{1}{3}=150$(g)だから，容器の重さは，$310-150=$**160**(g)

$\boxed{7}$ 　全員のウソを真実に言いかえると，以下のようになる。
A「私は 1 位です。」→「私は 2～5 位です。」…①
B「私は 5 位ではありません。」→「私は 5 位です。」…②
C「私は 2 位か 3 位です。」→「私は 1 位か 4 位か 5 位です。」…③
D「私は 4 位でも 5 位でもありません」→「私は 4 位か 5 位です」…④
E「私は A より速かったです。」→「私は A より遅かったです。」…⑤
②，④より，4 位は D，5 位は B である。さらに③より，1 位は C である。残る順位は 2 位と 3 位で，A と E が
わかっていないが，⑤より，2 位が A，3 位が E である。以上より，1 位から順に，**C，A，E，D，B**である。

⁸ 線対称な図形では，対応する頂点(対称の軸で折ったときに重なる頂点)
を結んだ直線は対称の軸と垂直に交わり，対称の軸によって二等分される。
したがって，右図の頂点AとBに対応する頂点は，それぞれ点CとDにな
る。あとは線対称な図形が完成するように直線で各頂点を結べばよい。

⁹ 三角形ＡＢＣの面積を①とし，点Aと点Dを結ぶ。三角形ＡＢＤと三角形ＡＢＣ
は，底辺をそれぞれＢＤ，ＢＣとみたときの高さが等しいので，面積の比は底辺
の長さの比に等しく，ＢＤ：ＢＣ＝５：(５＋３)＝５：８
したがって，三角形ＡＢＤの面積は，①×$\frac{5}{8}$＝$\boxed{\frac{5}{8}}$
同様に，三角形ＢＤＥと三角形ＡＢＤは，底辺をそれぞれＢＥ，ＢＡとみたとき
の高さが等しいので，面積の比は底辺の長さの比に等しく，ＢＥ：ＢＡ＝２：(２＋４)＝１：３
よって，三角形ＢＤＥの面積は，$\boxed{\frac{5}{8}}$×$\frac{1}{3}$＝$\boxed{\frac{5}{24}}$だから，三角形ＢＤＥの面積は三角形ＡＢＣの面積の$\frac{5}{24}$倍である。

その②

1　(1)　算数が３点の人数の一部は⑦と④になっていてわからないから，３点以外の人数の合計を調べる。
算数が１点の人は，１＋２＋１＋２＝６(人)　　算数が２点の人は，１＋１＋２＋４＋１＝９(人)
算数が４点の人は，３＋１＋３＋10＋４＝21(人)　　算数が５点の人は，４＋４＋５＋５＝18(人)
よって，算数が３点以外の人は６＋９＋21＋18＝54(人)いるから，算数が３点の人は，80－54＝**26(人)**

(2)　(1)の解説より，算数の合計点を求めると，１×６＋２×９＋３×26＋４×21＋５×18＝276(点)
生徒数は80人だから，平均点は，276÷80＝**3.45(点)**

(3)　算数と国語の合計点は，7.1×80＝568(点)
(2)の解説より，算数の合計点は276点だから，国語の合計点は，568－276＝292(点)
表から計算すると，国語が１点の人は６人，国語が２点の人は９人，国語が３点の人は⑦＋11(人)，国語が４点の
人は23人，国語が５点の人は④＋12(人)とわかる。したがって，⑦と④にふくまれる人の国語の点数の合計は，
292－１×６－２×９－３×11－４×23－５×12＝83(点)である。また，算数が３点の人が26人だから，表から
⑦と④の人数の合計は26－(１＋３＋３)＝19(人)とわかる。
⑦が０，④が19だとすると，⑦と④にふくまれる人の国語の点数の合計は５×19＝95(点)となり，実際より
95－83＝12(点)高くなる。⑦を１増やして④を１減らすごとに，点数の合計は５－３＝２(点)低くなるから，
⑦は12÷２＝**6**，④は19－６＝**13**である。

2　(1)　ある場所の周囲に等しい間隔で物を配置すると，物と物の間の数は物の数と等しくなる。
したがって，ゴンドラとゴンドラの間は40か所ある。12分＝(60×12)秒＝720秒でゴンドラは１周するから，
ゴンドラは720÷40＝**18(秒)** ごとに通過する。

(2)　ゴンドラとゴンドラの間は40か所あるから，40÷２＝20より，６番のゴンドラのちょうど反対側には
６＋20＝26(番)のゴンドラが常にある。したがって，26番のゴンドラが乗り場を通過する時刻を求めればよい。
26番は18番の８番あとだから，10時の18×８＝144(秒後)に乗り場を通過する。
144÷60＝２余り24より，144秒＝２分24秒だから，求める時刻は，**10時２分24秒**

(3)　40分＝(60×40)秒＝2400秒であり，18秒ごとにゴンドラは乗り場を通過する。2400÷18＝133余り６より，
10時ちょうどの18番をふくめると，10時40分までに１＋133＝134(台)のゴンドラが乗り場を通過する。
このうち，偶数と奇数のゴンドラは134÷２＝67(台)ずつだから，乗る客の人数は，４×67＋３×67＝**469(人)**

3 (1) 立方体の体積は，10×10×10＝1000（cm³）である。くりぬいた部分は，底面の半径

が2cmで，高さが10cmの円柱だから，その体積は，（2×2×3.14）×10＝125.6（cm³）

よって，立体Aの体積は，1000−125.6＝**874.4（cm³）**

(2) 1回目にくりぬいた部分を⑦とし，⑦をくりぬかなかった場合に2回目

のくりぬき方でくりぬいた部分を④，⑦と④で重なっている部分を⑨とする。

右図aは図4に補助線をひいて記号をおいたものである。この図で四角形

CDEFは⑦を，四角形GHIJは④を，四角形KLIJは⑨を表す。

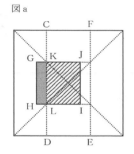

図a

できた立体の体積が20cm³小さくなったということは，左にずれたために

よぶんにくりぬかれた，四角形GHLKの部分にあたる直方体の体積が

20cm³ということであり，これは，右図bの色つき部分にあたる。

この直方体は，たてが4cm，高さが4cmだから，横の長さは，

20÷（4×4）＝1.25（cm）である。

この長さが左にずれた長さだから，求める長さは**1.25cm**である。

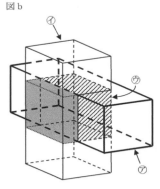

図b

(3) 1回目にくりぬいた円柱の部分を⑰とし，⑰をくりぬかなかった場合

に2回目のくりぬき方でくりぬいた部分を⑯，⑰と⑯で重なっている部分

を⑰とする。最後にできた立体の体積は，

<u>（立方体の体積）−（⑰の体積）</u>−（⑯の体積）＋（⑰の体積）の計算で求められる。

また，下線部分は(1)で求めた立体Aの体積である。

右図cは図5に補助線をひいて記号をおいたものである。この図の四角形

MNPQは⑰を，四角形RSTUは⑯を，四角形VWTUは⑰を表す。

右図dは立体Aを正面から見た図であり，線の長さは図のようになるから，

⑰は，底面の半径が2cmで，高さが4cmの円柱をちょうど半分にした柱体で，

その体積は，｛（2×2×3.14）×4｝÷2＝25.12（cm³）

(1)で求めた立体Aの体積は874.4cm³，⑯の体積は4×4×10＝160（cm³）だから，

求める体積は，874.4−160＋25.12＝**739.52（cm³）**

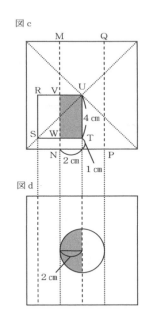

図c

図d

━━━━━━━━━━━━━━━━ 《解答例》 ━━━━━━━━━━━━━━━━

その①

1　(1)$\frac{6}{35}$　　(2)0.628

2　2.4

3　28

4　148.3

5　7，35

6　135

7　320

8　75

その②

※1　(1)1680m　　(2)4分40秒　　(3)5分50秒後

※2　(1)56.52 ㎤　　(2)552.64 ㎤

※3　(1)91 回　　(2)75 回　　(3)176 個

※1～3の式は解説を参照してください。

━━━━━━━━━━━━━━━━ 《解　説》 ━━━━━━━━━━━━━━━━

その①

1　(1)　与式＝$\frac{17}{5}\times\frac{3}{17}-\frac{13}{5}\div(\frac{16}{5}-\frac{1}{6})\times\frac{1}{2}=\frac{3}{5}-\frac{13}{5}\div(\frac{96}{30}-\frac{5}{30})\times\frac{1}{2}=\frac{3}{5}-\frac{13}{5}\times\frac{30}{91}\times\frac{1}{2}=\frac{3}{5}-\frac{3}{7}=\frac{21}{35}-\frac{15}{35}=\frac{6}{35}$

　　(2)　与式＝15.7－15.7×2×0.3×1.6＝15.7×（1－0.96）＝15.7×0.04＝**0.628**

2　9.6 cm÷$\frac{1}{25000}$＝240000 cm＝（240000×$\frac{1}{100\times1000}$）km＝**2.4 km**

3　お母さんが21－12＝9（分）で行うそうじを，清子さんは12分で行うので，お母さんが12分で行うそうじを，
　清子さんは12×$\frac{12}{9}$＝16（分）で行う。よって，清子さんだけでそうじをすると，12＋16＝**28（分）**かかる。

4　男子2人と女子3人の身長の合計は150.7×5＝753.5（cm），男子2人の身長の合計は154.3×2＝308.6（cm）
　だから，女子3人の身長の合計は，753.5－308.6＝444.9（cm）
　よって，女子3人の身長の平均は，444.9÷3＝**148.3（cm）**

5　条件にあう整数は，181－6＝175と146－6＝140の公約数のうち6より大きい数である。
　175＝$\underline{5}\times5\times\underline{7}$，140＝4×$\underline{5}\times\underline{7}$より，175と140の最大公約数は5×7＝35だから，175と140の公約数は，
　35の約数の1，5，7，35である。よって，条件にあう整数は，**7と35**である。

6　たてと横を1列ずつ増やすことで14＋9＝23（個）のご石が必要になる並べかたを探せばよい。
　たてと横1列の個数をx個にすると，ご石は$x\times x$（個）必要になる。11×11＝121，12×12＝144，144－121＝23
　より，たてと横に11個ずつ並べたとき14個余るとわかるから，ご石の数は，121＋14＝**135（個）**

7　りんご6個の代金が2880×0.4＝1152（円）だから，りんご1個の代金は1152÷6＝192（円）である。
　りんご1個の代金はもも1個の代金の1－0.4＝0.6（倍）だから，もも1個の代金は，192÷0.6＝**320（円）**

8 　ＡＢとＥＤの交わる点をＦとする。角ＥＡＤ＝60＋90＝150（度），三角形ＡＥＤは

　　ＡＥ＝ＡＤの二等辺三角形だから，角ＡＥＦ＝（180－150）÷2＝15（度）

　　三角形の1つの外角はとなり合わない2つの内角の和に等しいので，

　　角ア＝60＋15＝**75**（度）

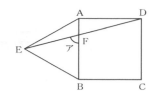

その②

1 　(1)　清子さんと愛子さんが出会うまでに歩いた道のりは，愛子さんの方が120×2＝240（m）長い。同じ時間に進
む道のりの比は速さの比に等しいから，清子さんと愛子さんが歩いた道のりの比は45：60＝3：4である。この
比の数の差の4－3＝1が240mにあたるから，学校から図書館までの道のりは240×（3＋4）＝**1680**（m）である。

　　(2)　清子さんは公園まで行くのに（1680÷2）÷45＝$\frac{56}{3}$＝$18\frac{2}{3}$（分）かかる。愛子さんは公園まで行くのに840÷60＝

　　14（分）かかる。よって，清子さんは愛子さんより$18\frac{2}{3}$－14＝$4\frac{2}{3}$（分），つまり，**4分40秒**早く出発すればよい。

　　(3)　(2)の解説より，愛子さんが公園につくまでにかかった時間は，清子さんと同じ$\frac{56}{3}$分である。図書館にもどっ
た愛子さんが，図書館を再び出発してから公園に着くまでの時間は840÷90＝$\frac{28}{3}$（分）だから，最初に図書館を出発
してから図書館にもどるまでの時間は，$\frac{56}{3}$－$\frac{28}{3}$＝$\frac{28}{3}$（分）である。同じ道のりを進むのにかかる時間の比は，速さ
の逆比に等しいから，愛子さんが引き返すまでに歩いた時間と，そこから図書館にもどるまでにかかった時間の
比は，$\frac{1}{60}$：$\frac{1}{100}$＝5：3である。よって，愛子さんは図書館を出発してから，$\frac{28}{3}$×$\frac{5}{5＋3}$＝$\frac{35}{6}$＝$5\frac{5}{6}$（分），

　　つまり，**5分50秒後**に引き返したとわかる。

2 　(1)　図1の水の形を2つ合わせると，底面の半径が3cm，高さが4cmの円柱ができるから，水の体積は，

　　（3×3×3.14×4）÷2＝18×3.14＝**56.52**（cm³）

　　(2)　図2より，容器Bの中で水が入っていない部分の容積は，4×4×3.14×6＝96×3.14（cm³）

　　図3より，容器Bの中の水の体積は，4×4×3.14×5＝80×3.14（cm³）

　　よって，容器Bの容積は，96×3.14＋80×3.14＝（96＋80）×3.14＝**552.64**（cm³）

3 　(1)　アの操作だけをしてもボールの合計は360＋220＝580（個）で変わらない。個数の比が3：17になったとき，
この比の数の和の3＋17＝20が580個にあたるから，箱Aのボールは580×$\frac{3}{20}$＝87（個）になっている。

　　よって，アの操作を，（360－87）÷3＝**91**（回）くり返したとわかる。

　　(2)　イの操作だけをしてもボールの個数の差は360－220＝140（個）で変わらない。個数の比が3：1になったとき，
この比の数の差の3－1＝2が140個にあたるから，箱Aのボールは140×$\frac{3}{2}$＝210（個）になっている。

　　よって，イの操作を，（360－210）÷2＝**75**（回）くり返したとわかる。

　　(3)　個数の差が変わるのはアの操作だから，まずアの操作の回数を調べる。アの操作だけをして個数の差が4個
になるとき，箱Aのボールの個数は，580÷2＋2＝292（個）か580÷2－2＝288（個）である。箱Aのボールが
292個の場合のアの操作の回数は，（360－292）÷3＝$\frac{68}{3}$（回）となり，割り切れないので，条件にあわない。

　　箱Aのボールが288個の場合のアの操作の回数は，（360－288）÷3＝24（回）となり，条件にあう。

　　したがって，アの操作の回数は24回，イの操作の回数は80－24＝56（回）である。

　　よって，箱Aに残っているボールの個数は，360－3×24－2×56＝**176**（個）

━━━━━━━━━━ 《解答例》 ━━━━━━━━━━

その①

1 (1)27.32　(2)$1\frac{2}{3}$

2 8

3 13

4 1350

5 10

6 7

7 金

8 28.56

その②

※1 (1)450 人　(2)234 人　(3)240 人　(4)2.3%

※2 (1)15 cm　(2)右グラフ　(3)$17\frac{7}{9}$秒後

※3 (1)B，C　(2)164 cm²　(3)130 cm³

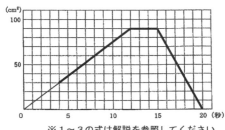

※1～3の式は解説を参照してください。

━━━━━━━━━━ 《解　説》 ━━━━━━━━━━

その①

1 (1) 与式＝27.6－0.28＝**27.32**

(2) 与式＝$\frac{7}{90}÷(\frac{3}{100}×\frac{10}{9})-\frac{1}{3}×2=\frac{7}{90}÷\frac{1}{30}-\frac{2}{3}=\frac{7}{90}×30-\frac{2}{3}=\frac{7}{3}-\frac{2}{3}=\frac{5}{3}=\mathbf{1\frac{2}{3}}$

2 かかる時間は速さに反比例するから，時速 4 km で行くときと時速 45 km で行くときにかかる時間の比は$\frac{1}{4}:\frac{1}{45}=$
45：4 になる。1 時間 30 分は 60＋30＝90(分)だから，求める時間は，$90×\frac{4}{45}=\mathbf{8}$(分)

3 みかんとりんごの代金の合計は 1900－150＝1750(円)である。りんごを 20 個買ったとすると代金の合計は
120×20＝2400(円)になり，実際よりも 2400－1750＝650(円)高くなる。りんご 1 個をみかん 1 個にかえると，
代金の合計は 120－70＝50(円)安くなるから，みかんは 650÷50＝**13**(個)買ったとわかる。

4 最後に残った 180 円は，本を買ったあとの残金の $1-\frac{2}{3}=\frac{1}{3}$ にあたる。したがって，本を買ったあとの残金は
$180÷\frac{1}{3}=180×3=540$(円)であり，これは最初に持っていたおこづかいの $1-\frac{3}{5}=\frac{2}{5}$ にあたるから，求める金額
は，$540÷\frac{2}{5}=540×\frac{5}{2}=\mathbf{1350}$(円)

5 どのさいころも出る目は 1～6 だから，各さいころの出た目を(大，中，小)で表すと，和が 6 になる目の出方は，
(1，1，4)(1，2，3)(1，3，2)(1，4，1)(2，1，3)(2，2，2)(2，3，1)(3，1，2)
(3，2，1)(4，1，1)の**10 通り**ある。

6 現在の子どもの年れいの和の 2 倍は(5＋3)×2＝16(才)であり，現在の父の年れいとの差は 37－16＝21(才)
である。この差は，1 年ごとに(1＋1)×2－1＝3(才)ずつ小さくなるから，求める年数は，21÷3＝**7 (年後)**

7 　9月25日は4月8日の(30−8)＋31＋30＋31＋31＋25＝170(日後)であり，170÷7＝24あまり2より，24週と2日後である。したがって，水曜日の2つあとの**金曜日**である。

8 　1個の円の半径は(8÷2)÷2＝2(cm)だから，右図のように面積を求める部分の一部を移動して考えれば，求める面積は，半径が2cmの半円2個，つまり半径が2cmの円1個の面積と，1辺が2＋2＝4(cm)の正方形の面積の合計に等しいとわかる。

よって，求める面積は，2×2×3.14＋4×4＝**28.56(cm²)**

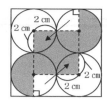

その②

1 (1) 今年の男子の人数は，今年の全校生徒の100−52＝48(%)にあたるから，今年の女子の人数との差の52−48＝4(%)が18人にあたる。よって，今年の全校生徒の人数は，$18 \div \frac{4}{100}$＝**450(人)**

(2) $450 \times \frac{52}{100}$＝**234(人)**

(3) 今年の女子の人数は，昨年の女子の人数の100−2.5＝97.5(%)にあたるから，昨年の女子の人数は，$234 \div \frac{97.5}{100}$＝**240(人)**

(4) 今年の男子の人数は234−18＝216(人)であり，これは昨年の男子の人数の100＋8＝108(%)にあたるから，昨年の男子の人数は$216 \div \frac{108}{100}$＝200(人)である。したがって，今年の全校生徒の人数は昨年に比べて450−(240＋200)＝10(人)増えているから，$\frac{10}{440} \times 100$＝2.27…より，昨年の全校生徒の人数より**2.3%**増えた。

2 (1) 点Pは辺AB上を進むのに12÷1＝12(秒)かかるから，Aを出発してから4秒後のときに点Pは辺AB上にいる。したがって，点PがAを出発してから4秒後の三角形ADPは，底辺がAD，高さがAP＝1×4＝4(cm)の直角三角形であり，グラフよりその面積は30cm²とわかる。よって，辺ADの長さは，30×2÷4＝**15(cm)**

(2) 点PがBに重なるのはAを出発してから12秒後であり，そのときの三角形ADPの面積は15×12÷2＝90(cm²)である。Cに重なるのはAを出発してから12＋6÷2＝15(秒後)であり，四角形ABCDはADとBCが平行な台形だから，三角形ADPの面積は12〜15秒の間は90cm²で変わらない。そのあと，15〜20秒の間は，三角形ADPの面積は一定の割合で減っていき，20秒後のときに0cm²となる。

(3) (2)のグラフより，三角形ADPの面積が1度目に40cm²となるのは，点Pが辺AB上にあるとき，2度目に40cm²となるのは，点Pが辺CD上にあるときである。

15〜20秒の5秒間は，三角形ADPの面積が1秒あたり90÷5＝18(cm²)減っていることに注目する。90−40＝50(cm²)減るのにかかる時間は50÷18＝$\frac{25}{9}$(秒)だから，求める時間は，$15 + \frac{25}{9} = 17\frac{7}{9}$**(秒後)**

3 (1) 記号がついた頂点は，Aと**B**と**C**，DとIとJ，EとFとHがそれぞれ重なる。

(2) 各面の辺の長さを書きこむと，右図のようになる。

よって，求める面積は，

4×4＋4×5＋{(4＋7)×4÷2}×2＋7×5＋4×3÷2＋(7×7−4×3÷2)＝**164(cm²)**

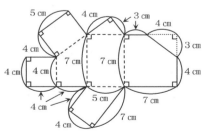

(3) 点線を谷折りにして辺GFが手前になるように組み立てると右図のようになり，この立体は，上底4cm，下底7cm，高さが4cmの台形を底面とする高さが7cmの四角柱から，直角に交わる2辺の長さが4cmと3cmの直角三角形を底面とする高さが4cmの三角柱を除いた立体とわかる。よって，求める体積は，{(4＋7)×4÷2}×7−(4×3÷2)×4＝**130(cm³)**

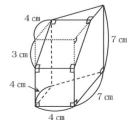

理 科

令和 ② 年度 解答例・解説

― 《解答例》 ―

1　問1．①雲　②晴れ　問2．(1)エ　(2)イ　問3．積乱雲　問4．エ　問5．(1)ウ　(2)台風の進行方向と地上付近の風向きが同じになるため。

2　問1．イ　問2．イ　問3．ウ　問4．気温が低いこと。／昼の時間が短いこと。などから1つ　問5．ウ
　問6．ウ，オ

3　問1．蒸発　問2．①ア　②オ　問3．16.1　問4．6　問5．A，C，D

4　問1．①ウ，キ　②ク　③ア　問2．イ，ウ　問3．右図　問4．3：2

― 《解 説》 ―

1　**問1**　雲の量が0～8のときが晴れ（0と1のときを特に快晴という），9と10のときがくもりである。
　問2(1)　エ○…日本付近の上空には，西から東に向かって強い風（偏西風）がふいている。上空の雲は偏西風の影響を受けて西から東へ移動していくので，B→C→Aの順になる。　(2)　イ○…雲の画像より，広島市では，21日の6時から18時までは雲におおわれていて，22日は晴れたと考えられる。雲におおわれていると日光がさえぎられて気温が上がりにくく，晴れていると昼すぎに気温が最も高くなる。
　問4　エ×…津波は地震によって海底が大きく変動することで起こる。台風の中心付近では激しい上昇気流が生じていて，これによって海水が吸い上げられるようにして海面が高くなる現象を高潮という。
　問5(1)　ウ○…台風の中心は，雲がほとんどなく，雨や風もほとんどない。これを台風の目という。台風の目の周辺で雨や風が最も強くなる。また，進行方向の左側と右側では，右側の方が風速が大きくなる。

2　**問1**　アはヒマワリ，イはホウセンカ，ウはマリーゴールド，エはヘチマの種子である。
　問2　イ○…子葉は丸みをおびていて，本葉はギザギザしている。
　問3　ホウセンカ，ヘチマ，アサガオ，ヒマワリは主に夏に花が咲く。パンジーは秋から春にかけて花が咲く。
　問4　ホウセンカは夏に花が咲き，秋に種子ができ，種子の状態で冬をこし，春になると発芽する。種子ができてすぐに発芽すると，気温が低く，昼の時間が短い時期をすごすことになり，よく成長できない。
　問5　土Aに発芽を促進する成分が含まれていて，その成分が土Aを水洗いした後の液aにも含まれていることを確かめるのだから，その成分がもともと含まれている土Aを利用したアやイは適当ではない。また，その成分が発芽を促進していることが正しいと確認できたのだから，液aでしめらせただっし綿にまいた種子がよく発芽したウが正答となる。
　問6　ア×…どちらも土Aを利用しているので，すぐに発芽する。　イ×…①では土Aを利用し，②では種子をまいた直後に液aを与えたので，どちらもすぐに発芽する。　ウ○…①では土Aを利用しているので，すぐに発芽する。②では土Aを水洗いして発芽を促進する成分をほとんど含まない土Bを利用し，種子をまいた数日後に液aを与えたので，数日後に発芽する。　エ×…①では種子をまいた直後に液aを与え，②では土Aを利用しているので，

どちらもすぐに発芽する。　オ○…①では土Bを利用し，種子をまいた直後に液aを与えたので，すぐに発芽する。②では土Bを利用し，種子をまいた数日後に液aを与えたので，数日後に発芽する。

3　問3　表2では，Cの重さが1g大きくなるごとに水溶液の温度が0.9℃ずつ下がると考えられるので，⑧には17.0より0.9小さい16.1があてはまる。

問4　AとCについて，表2と同じように考える。まず，一方が0gでもう一方が10gのときの水溶液の温度を求めるため，表1に着目する。Aの重さが1g大きくなるごとに水溶液の温度は1.5℃ずつ下がるので，Aが10gのときは5.0℃になる。同様に考えて，Cが10gのときには8.0℃になる。この関係をまとめると，表Iのようになり，Aの重さが0gのときと10gのときで水溶液の温度が8.0－5.0＝3.0(℃)差があるから，Aの重さが1g大きくなるごとに水溶液の温度は

表I

Aの重さ(g)	Cの重さ(g)	水溶液の温度(℃)
0	10	8.0
〜	〜	〜
10	0	5.0

3.0÷10＝0.3(℃)ずつ下がることがわかる。したがって，水溶液の温度が6.2℃になる，つまり，Aが0gのときに比べ8.0－6.2＝1.8(℃)下がるのは，Aを1.8÷0.3＝6(g)加えたときである。

問5　熱はあたたかいものから冷たいものへ伝わる。紙コップを用いると，容器の外に熱が出たり，容器の外から熱が入ったりするから，A，C，Dを加えたときのような水溶液の温度が下がっていく場合では，容器の外から熱が入ってきて，断熱容器を用いたときに比べ，水溶液の温度が高くなる。なお，Bを加えたときのような水溶液の温度が上がっていく場合では，容器の外に熱が出ていき，断熱容器を用いたときに比べ，水溶液の温度が低くなる。

4　問1　ある条件が違うことで結果にどのような影響があるかを調べるときには，その条件以外が全く同じになっているものを比べる。予想①ウ，キ○…表1で，面積が異なり，それ以外の条件が同じBとC，またはDとEの結果を比べる。　予想②ク○…表1で，間隔が異なり，それ以外の条件が同じEとFを比べる。　予想③ア○…表1で，板の形が異なり，それ以外の条件が同じAとDを比べる。

問2　ア×…表2のBとCの結果より，金属の板の面積が2倍になると，ためることができる電気の量は2倍となることがわかる。　イ○…表2のEとFの結果より，正しい。　ウ○…表2のAとBの結果より，正しい。

エ×…表2のAとDの結果より，金属の板の面積と間隔が同じであれば，板の形に影響を受けることなく，ためることができる電気の量は同じであることがわかる。

問3　表3のa〜cの結果より，コンデンサーを直列につなぐとためることができる電気の量が1個のときより少なくなり，コンデンサーを並列につなぐとためることができる電気の量が1個のときより多くなることがわかるから，3個のコンデンサーをすべて並列につなげばよい。

問4　表3の結果をもとに考える。回路1では，左にある直列つなぎのコンデンサーに(音が鳴った時間の長さで)0.5の電気がたまり，右にあるコンデンサーに1の電気がたまるので，合計で1.5の電気がたまると考える。同様に考えて，回路2では，左右にある直列つなぎのコンデンサーのそれぞれに0.5の電気がたまるので，合計で1の電気がたまる。したがって，電子オルゴールの音が鳴った時間の長さの比は，
回路1：回路2＝1.5：1＝3：2である。

=== 《解答例》 ===

1 問1．ア　問2．(1)卵のから　(2)ウ　(3)イ，ウ　(4)成虫より小さく，はねがない。

　問3．しめらせただっし綿　問4．①イ　②ウ　③カ　問5．カ

2 問1．エ　問2．イ　問3．d．イ　f．エ　問4．ウ　問5．イ，エ　問6．ウ　問7．イ

　問8．ア　問9．加える気体…水素　加える体積…14

3 問1．海　問2．(1)オ　(2)ウ　問3．ア　問4．日食…カ　月食…ア　問5．①12　②ウ

　問6．ア，ウ，オ　問7．①D　②17　問8．ウ

4 問1．ⓐ52　ⓑ4　問2．ア，ウ　問3．①ア　②0.2　③ア　問4．54.4　問5．①イ　②エ　③ケ

　問6．ア，ウ

=== 《解　説》 ===

1 **問1**　こん虫は，からだが頭，胸，腹の３つの部分に分かれ，胸に６本のあしがついている。

問2(2)　こん虫のからだはかたいからでおおわれている。このからは大きくならないので，からだを大きくするには，から(皮)をぬぐ必要がある。　　**(3)**　幼虫のとき，モンシロチョウは主に葉の上，ショウリョウバッタは草むら，シオカラトンボは水中で過ごす。　　**(4)**　ショウリョウバッタのように，さなぎにならず，卵→幼虫→成虫の順に育つ不完全変態のこん虫は，幼虫と成虫で姿が似ているものが多い。ショウリョウバッタでは，はねの有無やからだの大きさなどで，幼虫と成虫を区別できる。

問3　Aからは，何かをしめらせただっし綿でつつんだものを通した空気を送りこんでいるから，Bからは，何もつつまずに，しめらせただっし綿を通した空気を送りこんで，カメムシの移動するようすを比べればよい。

問4　A側にもB側にも同じくらいの数のカメムシが移動したaとbには，カメムシは引き寄せられていないことがわかる。cではA側に多くの数のカメムシが移動したから，カメムシはハダニに食べられて傷がついたインゲンマメの葉が出すにおいに引き寄せられていることがわかる。ただし，この実験だけでは，ハダニが食べて傷ついたことが原因であるかどうかまではわからないので，ハダニではないもので傷をつけた葉を用意し，その葉にはカメムシが引き寄せられないことを確かめられれば，立てた予想が正しいことになる。

問5　人間にとって，インゲンマメの葉を食べるハダニは害虫であり，ハダニを食べるカメムシは益虫である。

2 **問1**　a．Aが元せん，Bがコック，Cが空気調節ねじ，Dがガス調節ねじである。b．炎が黄色いときは空気が足りていないので，上から見て反時計回りの向きに回して空気調節ねじを開けばよい。c．火を消すときは，炎に近いものからC→D→B→Aの順番でねじやコックなどを閉じていく。したがって，aとbは正しい。

問2　グラフで温度が一定になっているところでは水がふっとうしている。水がふっとうする温度は，水の量に関わらず100℃だから，アやエのようにはならない。また，水の量が少なければ，ふっとうするまでの時間は短くなるので，イが正答である。

問3　アは水が水蒸気になるのでc，イは水蒸気が水になるのでd，ウは水が氷になるのでb，エは水蒸気が氷になるのでf，オは氷が水蒸気になるのでe，カは氷が水になるのでaである。

問4　アは高いところから落とした水の勢いでタービンを回す。イは太陽光のエネルギーを直接電気に変える。エは風の力で風車(タービン)を回す。

問5　ア．水力発電では，水を高いところから落とす必要があるので，水力発電所は山の上に建設される。ウ．地熱発電は，マグマの熱を利用して水を温め，水蒸気を発生させる。

問6　ア．酸素は無色・無臭である。イ．酸素は水に溶けにくい。また，ＢＴＢ溶液の色の変化では気体を特定できない。ウ．火のついた線香を入れて，線香がはげしく燃えれば酸素である。エ．酸素は石灰水と反応しない。

問7　水素と酸素は一定の割合で反応する。40 ㎤から表の点火後残った気体の体積を引くと，消費された気体の体積が求められる。例えば，①では 40−32.5＝7.5(㎤)である。同様に計算すると，②は 15 ㎤，③は 22.5 ㎤，④は 30 ㎤，⑤は 37.5 ㎤，⑥は 30 ㎤，⑦は 15 ㎤となるから，イが正答である。

問8　問7解説より，①〜⑤までは，水素の体積と消費された気体の体積が比例の関係にあるから，水素がすべて消費されていると考えられる。つまり，①では水素5㎤と酸素 7.5−5 ＝2.5(㎤)が消費されたことになり，水素と酸素が反応するときの体積比が2：1であることがわかる。したがって，②では水素10㎤と酸素5㎤が反応して，酸素が30−5 ＝25(㎤)残り，⑦では水素10㎤と酸素5㎤が反応して，水素が35−10＝25(㎤)残る。

問9　水素と酸素は2：1の体積比で反応するから，水素14㎤と酸素14㎤をチューブの中に入れると，水素14㎤と酸素7㎤が反応して，酸素が14−7 ＝7 (㎤)残る。残った酸素7㎤と反応する水素は14㎤である。

3　問1　この暗い部分は月の海とよばれ，主に玄武岩という黒っぽい岩石でできている。海とよばれているが，水があるわけではない。

問2(1)　満月は右から少しずつ欠けていき，約1週間後には左半分が光って見える下弦の月になる。　(2)　南の空に下弦の月が見えるとき，太陽は月の左の地平線付近にある。南の空を見たとき左手側は東だから，太陽が東の地平線付近にある時刻で，午前6時ごろである。

問3　ｂ．「い」の地球では北極に太陽の光が当たっている。このとき，北極は1日中昼である(白夜)。ｃ．北半球が太陽の方向にかたむいている「い」の地球が夏至の日だから，「う」は秋分の日，「え」は冬至の日の地球である。したがって，地球が「う」から「え」になるにつれて，日本では昼の長さが短くなる。

問4　日食は新月によって太陽が隠される現象，月食は満月が地球の影に入ることで起こる現象である。

問5 ①地球と月の公転周期がそれぞれ365日と29日であることを利用すると，地球は1日で約1度公転するから，月が360度公転する29日間で，地球は29度公転する。このため，新月から次の新月になるまでに月が公転する角度は，360度より29度大きい389度である。したがって，新月から次の新月になるまでの日数は $29 \times \dfrac{389}{360} = 31.3\cdots \to 31$ 日であり，1月1日に新月になったあと，残りの364日で $364 \div 31 = 11.7\cdots \to 11$ 回新月になるから，合計12回である。なお，実際の月の満ち欠けの周期（新月から次の新月になるまでの日数）は約29.5日だから，$365 \div 29.5 = 12.3\cdots$ より，1年で12回の年と13回の年がある。この年のように1月1日が新月である年は13回になる。

問6 夏の正午の南の空にある星座は，冬の真夜中の南の空にある星座と同じである。また，北極星は1年中北の空にある。

問7 図3で，Bの曲線は木星を中心にして左右に等しく振(ふ)れる波形になっている。他の衛星の曲線も同様に考えればよい。例えば，4日目や21日目などの最も左にある点と12日目（または13日目）の最も右にある点は同じ衛星のものだから，これらの点を通るような波形をかく。残りの衛星についても同様に波形をかくと，右図のようになる。振れ幅が最も大きいDが，木星からの距離が最も遠い衛星である。また，その周期は，最も左に大きく振れたのが4日目と21日目だから，17日である。

問8 右図より，23日目を通る点はウのようになる。

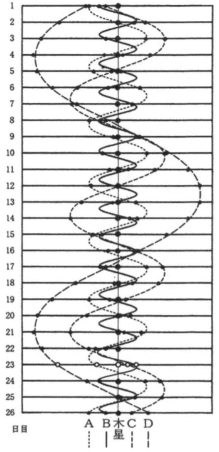

4 問1 ⓐ表1，2より，容器の重さと容器の中に入れたおもりの重さ(g)の合計の値が，容器の体積(cm³)の値と等しくなると，容器全体が水の中に入ることがわかる。したがって，$80 - 28 = 52$(g)があてはまる。ⓑ表3で，てんびんがつり合ったとき，皿にのせたおもりの重さは，容器Aの中に入れたおもりの重さより14g軽くなったことがわかる。したがって，$18 - 14 = 4$(g)があてはまる。

問2 問1ⓐと同様に考えて，重さの合計の値が体積の値より小さければ水面に浮(う)かぶから，ア，ウが正答である。

問3 ①表4より，食塩水の濃さが濃くなると，てんびんがつり合ったときの皿にのせたおもりの重さが小さくなるから，浮力は大きくなることがわかる。②③水100gと5%食塩水104gの結果より，100cm³の液体の重さが $104 - 100 = 4$(g)重くなると，てんびんがつり合ったときの皿にのせたおもりの重さが $79 - 78.2 = 0.8$(g)軽くなるから，浮力が0.8g大きくなったということであり，1gあたりでは $0.8 \div 4 = 0.2$(g)である。

問4 容器Aの中に93gのおもりを入れて，10%食塩水の中に容器全体を入れると，皿にのせたおもりの重さが77.6gのときにてんびんがつり合った。したがって，皿にのせるおもりを $77.6 - 39 = 38.6$(g)軽くすると，てんびんがつり合うときの容器Aに入っているおもりの重さは $93 - 38.6 = 54.4$(g)になる。

問5 ①容器の中の液体の温度が高くなると，重さは変わらず体積が大きくなるので，液体の体積あたりの重さは軽くなる。問3より，液体の体積あたりの重さが軽くなると，浮力は小さくなる。②浮力が小さくなれば，それまで浮いていたものが沈(しず)むことはあるが，それまで沈んでいたものが浮くことはない。③図6の状態が24℃〜26℃の間の温度を示しているから，「う」が沈むのはそれより2℃高い26℃〜28℃の間の温度，さらにそれより2℃高い28℃〜30℃になると「い」が沈む。

問6　ア，イ．球体の重さの差が小さければ，ある球体が沈んだあと，温度が少し上がるだけ(浮力が少し小さくなるだけ)で，次の球体が沈むようになる。ウ，エ．温度が変化したときに体積が変わりやすい液体に変えれば，温度が少し上がったときの体積の増加(浮力の減少)が大きくなるので，浮いている球体が沈みやすくなる。

平成 30 年度　解答例・解説

《解答例》

1　問1．緊急地震速報　　問2．断層　　問3．10　　問4．(1)①ア　②イ　(2)【1】い　【2】お
　　問5．震源の深さが異なるから。　　問6．P波…8　S波…4　発生時刻…14，49，50　　問7．イ

2　問1．(1)A．へそのお　B．羊水　(2)ア→ウ→イ　　問2．(1)カ　(2)見つけられにくい
　　問3．①C　②A　③B　　問4．エ　　問5．ウ，エ　　問6．ア，イ，キ，ク　　問7．血液が混ざらない

3　問1．40　　問2．4　　問3．0.38　　問4．①20　②0.45　③80　④0.40　　問5．48　　問6．75
　　問7．40.5

4　問1．エ　　問2．ク　　問3．イ　　問4．0.3　　問5．③，⑤，⑦　　問6．22.5　　問7．7.5cm低くなる
　　問8．2.5cm高くなる

《解説》

1　問1　地震が起こると，最初の小さなゆれを起こすP波という速さの速い波とあとからくる大きなゆれを起こすS波という速さのおそい波が同時に発生する。震源から近いところにある観測地点でP波を検知して震源や規模を予測し，あとからくる大きなゆれに備えられるように出される予報及び警報を緊急地震速報という。
　　問2　大地を横から押す力や，横に引っ張る力がはたらいたためにできた地層のずれを断層という。
　　問3　震度は0，1，2，3，4，5弱，5強，6弱，6強，7の10段階で表される。
　　問4(2)　震源に近い地点ほど震度が大きくなる傾向がある。【1】では，震源に近い順にA，B，Cとなるから，「い」が震源である。【2】では，震源に近い順にB，C，Aとなるから，「お」が震源である。
　　問5　震央は震源の真上の地表の地点をさしている。マグニチュードと震央が同じでも，震源が浅いほうが，震源が深いときよりも，震央の震源からの距離は近くなり，震度が大きくなる。
　　問6　観測地点DからEまでの 224－120＝104(km)をP波は 18－5＝13(秒)，S波は 46－20＝26(秒)で伝わっているから，P波の伝わる速さは 104÷13＝(秒速) 8 (km)，S波の伝わる速さは 104÷26＝(秒速) 4 (km)である。また，P波は地震発生から 120÷8＝15(秒)で観測地点Dに到着したので，地震発生時刻は観測地点DにP波が到着した 14時50分5秒の15秒前の 14時49分50秒である。
　　問7　初期微動のゆれが続く時間はP波とS波の到着時刻の差だから，震源から遠くなるほど長くなる。

2　問1(1)　Aはへそのお，Bは羊水である。胎児(生まれる前の子ども)と母親はたいばんとへそのおでつながっている。母親はたいばんを通して酸素や栄養分を胎児に送り，胎児はへそのおを通してそれらを受け取る。また，胎児はいらなくなったもの(老廃物や二酸化炭素)をへそのおからたいばんに送り母親にもどす。羊水は子宮を満たしている液体である。胎児は羊水によって外からのしょうげきから守られている。
　　問2(1)　メダカの産卵時期は春から秋にかけてで，あたたかくなり日照時間が長くなると卵を産み始める。よって，水の温度は25℃，明るさは明るい方がよい。また，卵を生むには栄養が必要だが，えさの食べ残しが多いと水が汚れてしまうので食べ残しがない程度にえさをあげるのがよい。よって，カが正答である。　　(2)　卵を体の中でふ

化させてから産むグッピーやノコギリザメが一生に産む卵の数は少ないが，海中にそのまま産むマンボウやヒラメの一生に産む卵の数は非常に多い。水草につけるメダカや川底の砂の中に産むサケのように卵を守る工夫が見られる魚の卵の数は両者の中間である。ほかの生物に見つけられにくい場所で卵を産むほうが大人に成長する子どもの割合が高くなるので，一生に産む卵の数が少なくなると考えられる。

問3　ヒトもメダカも精子と卵子が結びつく受精によって子どもができる。ヒトは親と似た姿で出てきて，母親の母乳で育つ。メダカは卵からかえってしばらくは腹の下についている養分によって育ち，養分がなくなるころには自分でえさを食べるようになる。よって，①はC，②はA，③はBが正答である。

問4　じん臓では，血液中の不要物がこし出されて 尿 がつくられる。尿はぼうこうに送られて排 出 される。

問5　表2より，かたまりができたのは，A型とB型で，異なる血液型の赤血球と血しょうを組み合わせたときだけである。異なる血液型でも，赤血球どうし，血しょうどうしではかたまりはできない。よって，かたまりができるのは，ウ（赤血球中の物質aと血しょう中の物質Y），エ（赤血球中の物質bと血しょう中の物質X）の組み合わせである。

問6　表3より，AB型の赤血球はA型，B型のどちらの血しょうともかたまりができたから，AB型の赤血球にはaもbも含まれている。AB型の血しょうはA型，B型のどちらの赤血球ともかたまりはできなかったから，AB型の血しょうにはXもYも含まれていない。O型の赤血球はA型，B型のどちらの血しょうともかたまりができなかったから，O型の赤血球にはaもbも含まれていない。O型の血しょうはA型，B型のどちらの赤血球ともかたまりができたから，O型の血しょうにはXもYも含まれている。

問7　異なる血液型どうしを混ぜるとかたまりができて命の危険があるが，たいばんを通じてやりとりすることで，胎児と母親の血液が混ざり合うことなく，胎児と母親の間で物質のやりとりができるようになっている。

3　問1　表1で，はね返った高さは，すべて落とした高さの0.8倍になっているから，$50 \times 0.8 = 40$（cm）である。

問2　1回はね返るたびに，高さは0.8倍になるから，3回で元の高さの$0.8 \times 0.8 \times 0.8 = 0.512$（倍），4回で$0.512 \times 0.8 = 0.4096$（倍）になる。よって，落とした高さの半分以下になるのは，床に4回あたった後である。

問3　図2より，20cmの高さから落としたボールが床にあたるまでの時間は0.20秒，図3より，16cmの高さになるのにかかる時間は0.18秒だから，$0.20 + 0.18 = 0.38$（秒）かかる。

問4　①図5より，台からの距離は0.1秒ごとに20cmずつ大きくなっている。②図5より，台からの距離が約90cmのときに床からの高さが0cmになっているので，$90 \div 200 = 0.45$（秒後）である。③④図5より，台からの距離が約170cmのときにはね返った高さが80cmになっている。これは，ボールが飛び出してから$170 \div 200 = 0.85$（秒後）なので，はね返った時間は$0.85 - 0.45 = 0.40$（秒）である。

問5　図2より，50cmの高さのボールが床にあたるのは0.32秒後だから，台から$150 \times 0.32 = 48$（cm）のところである。

問6　はね返った高さと1段の高さの和が，台の高さ（ボールが飛び出したときの高さ）と等しくなればよい。はね返った高さは台の高さの0.8倍だから，15cmが台の高さの$1 - 0.8 = 0.2$（倍）にあたる。よって，台の高さは$15 \div 0.2 = 75$（cm）である。

問7　図3より，はね返った高さが$75 \times 0.8 = 60$（cm）のときのはね返った時間は0.35秒で，図2より，落とした高さが75cmのときの床にあたるまでの時間は約0.39秒である。この間にボールは水平方向に30cm進むから，ボールの速さは，$\frac{30}{0.35 + 0.39} = \frac{30}{0.74} = 40.54 \cdots \rightarrow$秒速40.5cmである。

4　問1　c．中和反応が起こり，水と食塩ができるが食塩は水に溶けるので白くにごらない。

問2　実験から，うすい方から濃いほうへ，水だけが移動していることがわかる。

問3　薬包紙にも重さがあるので，左右両方の皿に薬包紙をのせてはかる。

問5　水はうすい砂糖水から濃い砂糖水へ移動するから，Aのほうがβよりも濃い③，⑤，⑦が正答である。

問6　表2より，濃さの差が等しいと液面の高さの差も等しいことがわかる。④の濃さの差は0.05－0.02＝0.03（％）で，濃さの差は⑤（0.04－0.01＝0.03）と同じだから，⑧には⑤と同じ22.5があてはまる。

問7　うすいAから濃いBへ水が移動するので，Aの液面の高さは低くなる。表2より，濃さの差が等しいと液面の高さの差も等しい。濃さの差は②と同じ0.04－0.02＝0.02（％）だから，AとBの液面の高さの差は15㎝である。Aが低くなるのと同じだけBが高くなるから，Aの液面は15÷2＝7.5（cm）低くなる。

問8　EはDより7.5㎝高く，CはDより15㎝低くなる。Dが最初の液面より□㎝高くなったとすると，右図のように，Cの水（15－□）㎝分が，Dに□㎝分，Eに（□＋7.5）㎝分移動したと考えられるから，15－□＝□＋□＋7.5　より，□＝2.5（cm）である。よって，Dは最初の液面より2.5㎝高くなる。

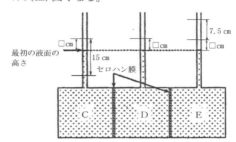

最初の液面の高さ
15 cm
セロハン膜
7.5 cm
□cm
□cm
C　　D　　E

平成 29 年度　解答例・解説

《解答例》

1　問1．(あ)エ　(う)ア　　問2．①速い　②しん食　③広く　④たい積　⑤三角州　　問3．ウ，オ　　問4．ク
　問5．中央のEの水の流れの速さが，岸に近いDやFの水の流れの速さよりも速い。　　問6．①1000　②10

2　問1．しぼう　　問2．(1)子葉　(2)イ　　問3．X．×／記号…ア，オ　Y．○／記号…イ，ウ
　問4．葉に日光が当たりやすくなるという利点。　　問5．(1)①112　②イ　(2)ウ

3　問1．エ　　問2．カ　　問3．12.5　　問4．50　　問5．(1)1.2　(2)ウ，20

4　問1．黄色　　問2．ア　　問3．エ　　問4．ウ，カ　　問5．367　　問6．イ，ウ　　問7．ウ

《解　説》

1　問1　(あ)は川の上流，(う)は下流である。上流では，角ばっている大きな石やレキが多いが，川の流れによって運ばれる間に川底や他の石とぶつかって角がとれるので，下流では，丸く小さな石や砂が多い。
　問2　川の上流ではV字谷，川が山地から平地に出るところではせん状地，川の下流では三角州がつくられやすい。
　問3　川の曲がっている部分では，外側の流れが速く内側の流れが遅い。したがって，流れが速い方から順にC，B，Aとなり，ウ，オが正答となる。
　問4　川の流れが速いほど，川底がけずられて深くなる。また，川の流れが速いと，川底の小さい石は運ばれるので，大きい石だけが残る。したがって，クが正答となる。
　問5　川底の中央部分に大きな石だけが残っていることから，川の流れがまっすぐなところでは，中央部分の流れが最も速いことがわかる。
　問6　①1m→100㎝より，一辺が1mの岩石の一辺の長さは1辺が10㎝の石の100÷10＝10（倍）になることがわかる。1辺の長さが10倍になると，体積(重さ)は10×10×10＝1000（倍）になるので，石などを押し流す力も1000倍になれば，この岩石も流される。したがって，速さが10倍の毎秒10mになればよい。

2 問1　アブラナやヒマワリは種子に油がふくまれている。油に多くふくまれる栄養素はしぼうである。

問2(2)　子葉にたくわえられた養分は発芽やその後の成長に使われるため，インゲンマメが成長していくと，子葉の中のでんぷんが減って小さくなっていく。このため，発芽後しばらくしてから，子葉にヨウ素液をつけても，青むらさき色にならない。

問3　インゲンマメの発芽にある条件が必要かどうかを確かめたいときは，その条件以外が同じ2つの実験を比べる。Xでは，空気について調べたいので，空気以外の条件が同じアとオで比べる。アが発芽しオが発芽しなかったことから，発芽に空気が必要だとわかる。また，Yでは適当な温度について調べたいので，温度以外の条件が同じイとウで比べる(冷蔵庫内は暗室だから，箱でおおっているイと比べる)。イが発芽し，ウが発芽しなかったことから，発芽に適当な温度が必要だとわかる。

問5(1)　①$(360-136)\div 2 = 112$(度)　②112度よりも139度反時計回りにずれた方が葉Aに近づくので，葉Aの方が葉Bよりも物質Rの濃さがうすいと考えられる。したがって，イが正答となる。

(2)　右図で葉Eの位置からは物質Rがほとんど広がることができないため，葉Gができる位置は葉Fによって決まると考えられる。葉Fから最も遠い位置は，葉Fから反時計回りに180度進んだ位置であり，葉Eから出る物質Rの影響は広がりにくいが少しは受けると考えると，170度のウが最も適当である。

3　問1　空きかんつぶし機は作用点が支点と力点の間にある第2種のてこ，ピンセットは力点が支点と作用点の間にある第3種のてこ，洋ばさみは支点が力点と作用点の間にある第1種のてこである。

問2　洋ばさみのような第1種のてこは，力点で加えた力と作用点にはたらく力の向きが反対になる。

問3　てこでは〔ものの重さ×支点からの距離〕が左右で等しくなるときにつり合う。おもりの重さを□kgとすると，$\Box \times (180-20) = 100 \times 20$ より，$\Box = 12.5$(kg)となる。

問4　手で押す力の10倍の力が圧着点に加わるためには，支点から手で押す位置までの距離が支点から圧着点までの距離の10倍になればよい。したがって，$5 \times 10 = 50$(cm)となる。

問5(1)　支点からの距離より，手で押す力の$6 \div 2 = 3$(倍)の力が棒に加わり，棒に加わる力の$2 \div 5 = \frac{2}{5}$(倍)の力が圧着点に加わる。したがって，$3 \times \frac{2}{5} = 1.2$(倍)である。　(2)　ア．手が加える力の$5 \div 1 = 5$(倍)の力が棒に加わり，棒に加わる力の$2 \div 5 = \frac{2}{5}$(倍)の力が圧着点に加わるので，$5 \times \frac{2}{5} = 2$(倍)である。イ．手が加える力の5倍の力が棒に加わり，棒に加わる力の$1 \div 4 = \frac{1}{4}$(倍)の力が圧着点に加わるので，$5 \times \frac{1}{4} = 1.25$(倍)となる。ウ．手で押す力の5倍の力が棒に加わり，棒に加わる力の$4 \div 1 = 4$(倍)の力が圧着点に加わるので，$5 \times 4 = 20$(倍)である。エ．手で押す力の$1 \div 5 = \frac{1}{5}$(倍)の力が棒に加わり，棒に加わる力の$1 \div 4 = \frac{1}{4}$(倍)の力が圧着点に加わるので，$\frac{1}{5} \times \frac{1}{4} = \frac{1}{20}$(倍)となる。したがって，ウが正答となる。

4　問1　ムラサキキャベツの葉のしるによる色の変化は下表の通りである。また，BTB溶液を加えると，酸性で黄色，中性で緑色，アルカリ性で青色になるので，酸性のレモンのしるにBTB溶液を加えると黄色になる。

水よう液の性質	強酸性	弱酸性	中性	弱アルカリ性	強アルカリ性
色	赤色	ピンク色	むらさき色	緑色	黄色

問2　アンモニアは水に溶けるとアルカリ性を示すので，ムラサキキャベツの葉のしるによって黄色(緑色)になる。

問3　酸性，中性，アルカリ性の性質によって，水溶液が電気を通すかどうかは決まらない。したがって，エが正答となる。

問4　水素はにおいがない気体で，気体自体が燃えて水ができる。燃料電池は，水素と酸素が結びついて水ができる反応を利用して電気を得る装置である。なお，アはちっ素，イは酸素，エはアンモニアや塩化水素など，オは酸

素，キは二酸化炭素について述べた文である。

問5　表2より，発生した水素の体積は減ったアルミニウム板の重さに比例することがわかる。アルミニウム板の重さが30.0－29.7＝0.3（g）→300mg減ったので，発生した水素の体積は$55×\frac{300}{45}=366.6…→367$cm³となる。

問6　表3より，端子Aと端子Bの金属板の種類がちがうときに，電気をつくることができるとわかる。また，端子Aと端子Bの金属の種類を入れかえると，モーターが回転する向き（電流の向き）が逆になることがわかる。したがって，イ，ウが正答となる。

問7　表4で，水溶液を食塩水から変えてもモーターが回ったのは，うすい塩酸，石灰水，レモンのしるといった電流が流れる水溶液だとわかる。ウはすべての電池の電流の向きが同じになるので，豆電球がつく。ア．砂糖水は電流が流れないので豆電球がつかない。イ．うすい塩酸とうすい水酸化ナトリウム水溶液に入っている金属板がそれぞれ同じ種類だから，これら2つは電池にならず，電池は1つしかないので，豆電球はつかないことがわかる。エ．2枚のアルミニウム板がつながれており，表3より，アルミニウム板を使うときに流れる電流の向きは一定の方向に決まるので，食塩水とうすい水酸化ナトリウム水溶液の電池から流れる電流の向きが反対になる。

平成 ㉘ 年度　解答例・解説

―――――――――《解答例》―――――――――

1　問1．オ，イ，ウ　　問2．エ　　問3．(1)おりひめ星…こと座　ひこ星…わし座　(2)デネブ
　　問4．①　　問5．カ　　問6．位置…イ　月…③　　問7．A
　　問8．恒星…D　理由…恒星Dは絶対等級が最も小さいにもかかわらず，見かけの等級が最も大きいから。

2　問1．オ　　問2．(1)人の体温に近い温度で実験するため。　(2)エ　　問3．ウ　　問4．①ウ　②オ
　　問5．(1)①10　②1　(2)エ　(3)①ア　②イ　③ア

3　問1．ア　　問2．ウ，エ，カ　　問3．(1)ア，ウ　(2)B　　問4．表面積が広くなるから。
　　問5．(1)117.64　(2)346

4　問1．B，E，H　　問2．①×　②○　③×　④×　　問3．ウ　　問4．ガリレオ・ガリレイ　　問5．c
　　問6．0.5　　問7．1.75／向き…イ　　問8．3.5

―――――――――《解　説》―――――――――

1　問2．観察する方位を下にして持つので，エが正答となる（右図）。なお，実際の方位は北を向いたときに左手側が西であるが，星座早見ではこれと東西の位置が逆になっている。これは，星座早見を上方にかざしたときに，実際の方位と同じになるようにするためである。　問3．(1)おりひめ星はこと座のベガ，ひこ星はわし座のアルタイルである。(2)デネブは白鳥座の星である。　問4．しし座は春，さそり座は夏の夜に見られる代表的な星座である。したがって，地球は太陽の周りをAの向きにまわっている。地球の回転の向きがAの向きになるのは，地球を北側から見たときである。　問5．それぞれの地球において真夜中になるのは太陽のちょうど反対側の地点なので，真夜中ごろにおひつじ座やおうし座が真南に見えるのは地球がカの位置にあるときである。　問6．さそり座が真夜中ごろに見えるのは地球がイの位置にあるときで，11月のカの位置から太陽の周りを約半周回転した約半年後の6月ごろである。

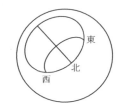

問7．見かけの等級と絶対等級の差が小さい恒星ほど，地球から約300兆km離れた位置に近い。　問8．Dは絶対等級が最も小さい（本来の明るさが最も明るい）のに，見かけの等級が最も大きい（目で見える明るさが最も暗い）ので，地球から最も離れていると考えられる。

2　問2．(1)でんぷんは人の体温に近い温度ではたらきやすくなる。(2)ヨウ素液はでんぷんに反応して青むらさき色になるが，だ液と混ぜたことで，だ液がでんぷんを分解するので，しだいに，青むらさき色が消えていく。また，でんぷんは分解されて小さな物質（水に溶けやすい物質）に変化する。　問3．この部屋は左心室とよばれ，この部屋から送り出された血液は大動脈を通って全身に運ばれる。　問4．だ液などのはたらきによって消化された養分は小腸で吸収される。小腸で養分を吸収した血液はかん臓へ運ばれて，その一部がたくわえられる。　問5．(1)①尿はDの部分へ流れてきたものであり，図3より，BにはDの200(L)÷2(L)＝100(倍)の体積の液体が流れ出ていることがわかる。したがって，100(mL)×100＝10000(mL)→10Lが正答となる。②この不要な物質は，Bの部分に流れ出てきた液体100mL→0.1Lあたり，0.01gふくまれているので，10Lあたりには$0.01×\frac{10}{0.1}＝1$(g)ふくまれており，この物質はCの部分で血管にもどらずにそのまま100mLの尿にふくまれることになる。(2)方法Xは，一度血管から必要な物質を出した後に，再び必要な物質を選んで血管にもどすとき，必要な物質のすべてを移動させきれないことがある。これに対し，方法Yは，血液から直接，不要な物質を選んで血管から出すので，不要な物質のすべてを移動させきれないことがある。したがって，方法Xは，方法Yと比べて，必要な物質をからだに残す効率は悪いが，不要な物質を排出する効率は良いと考えられる。じん臓が方法Xで排出を行っているのは，不要な物質をからだから排出する効率を優先しているためである。(3)からだの中で水分が不足しているときには，水分が必要なので，Cの部分で血管にもどされる水分の量が増え，尿の量は減る。また，尿にふくまれる水分の量が減るので，尿の濃さは濃くなる。

3　問1．ものが水に溶けたとき，粒は水溶液中に均一に広がっている。このため，どの部分でも濃さは同じである。問2．ア．色がついていてもとう明であれば水溶液である。イ．水溶液の重さは水と溶かしたものの重さの和である。オ．ミョウバンは，水の重さが同じでも，水の温度を高くすると溶ける量は多くなる。キ．水の温度が同じとき，ものが溶ける量は水の量に比例する。　問3．(1)イ．40℃まで冷やしたとき，水溶液の濃さが最も濃くなるのは，40℃の水100gに溶ける最大量が最も大きいCの水溶液である。エ．80℃と20℃のときの100gの水に溶ける最大量の差が，固体として出てくる量である。Bは40－37.8＝2.2(g)，Dは23.5－4.9＝18.6(g)なので，Dの水溶液の方が出てくる固体の量が多い。(2)120gの水を50g蒸発させた後，60℃まで下げると30g溶けていた物質のうち，2.7gが固体として出てきたので，60℃の水120－50＝70(g)に，30－2.7＝27.3(g)の物質が溶けていることになる。したがって，この物質は60℃の水100gに$27.3×\frac{100}{70}＝39.0$(g)まで溶けるので，表1より，Bが正答となる。　問5．(1)空気にふくまれる水蒸気の重さは空気の体積に比例する。また，表2より，湿度と水蒸気の重さは比例する。20℃，1000L，20％の空気にふくまれている水蒸気の重さが3460mgなので，20℃，10L，68％の空気にふくまれている水蒸気の重さは$3460×\frac{10}{1000}×\frac{68}{20}＝117.64$(mg)である。(2)20℃，10L，20％の空気にふくまれている水蒸気の重さは$3460×\frac{10}{1000}＝34.6$(mg)である。したがって，シリカゲルにくっつく水蒸気の重さが合計で117.64－34.6＝83.04(mg)になればよい。シリカゲルは1㎡あたり0.02mgの水蒸気をくっつけるので，1粒(12㎡)では$0.02×\frac{12}{1}＝0.24$(mg)の水蒸気をくっつける。したがって，必要なシリカゲルは83.04÷0.24＝346(粒)である。

4　問1．おもりの重さとふれはばが同じで，ふりこの長さだけが異なるB，E，Hの実験結果を比べればよい。問2．①，③，④のように，条件が2つ以上異なる実験を比べても，どの条件によって実験結果が変わっているのか（または変わっていないのか）を判断することはできない。　問3．表より，周期はふりこの長さによって決まっていることがわかる。また，ふりこの長さが（2×2＝）4倍になると，周期が2倍になると考えられるので，ふりこの長

さが 200 cm のときの周期は，ふりこの長さが 50 cm のときの周期の 2 倍の 1.4×2＝2.8(秒)になると考えられる。
問 5．おもりが最下点を通るときの速さが最も速い。　　問 6．B のふりこの周期は 2.0 秒である。これは，a から再びa にもどってくるまでの時間なので，a から e までがその半分の 1.0 秒，a から c まではさらにその半分の 0.5 秒である。　　問 7，8．A のふりこの周期は 1.4 秒，E のふりこの周期は 1.0 秒である。A のふりこのおもりが初めて支持棒の真下を通るのが 1.4÷4＝0.35(秒)後で，そこから 1.4÷2＝0.7(秒)ごとに支持棒の真下を通る。また，E のふりこのおもりが初めて支持棒の真下を通るのが 1.0÷4＝0.25(秒)後で，そこから 1.0÷2＝0.5(秒)ごとに支持棒の真下を通る。両方のおもりが支持棒の真下を通る時間をまとめると右表のようになる。右表より，両方のおもりが初めて同時に支持棒の真下を通過するのは 1.75 秒後で，そこから 0.7 と 0.5 の最小公倍数である 3.5 秒ごとに，両方のおもりが同時に支持棒の真下を通る。

	1回目	2回目	3回目	4回目	5回目	6回目
向き	←	→	←	→	←	→
A	0.35	1.05	1.75	2.45	3.15	3.85
向き	→	←	→	←	→	←
E	0.25	0.75	1.25	1.75	2.25	2.75

(単位：秒後)

平成 ㉗ 年度 解答例・解説

――――――《解答例》――――――

1 問 1．ウ，オ　　問 2．オ　　問 3．オ　　問 4．(1)エ→ア→オ→イ→ウ
(2)葉にふくまれるでんぷんをなくすため。　　(3)右図　　問 5．イ　　問 6．4
問 7．赤花…6000　桃花…2400　白花…1200

2 問 1．泥岩　　問 2．キ　　問 3．イ，オ　　問 4．80　　問 5．(1)エ　　(2)11033
問 6．①イ　②オ

3 問 1．オ　　問 2．エ　　問 3．ウ　　問 4．(1)エナメル線の長さを同じにする。　　(2)216　　問 5．ア
問 6．ア　　問 7．①2.1　②2.8　③0.7　④$\frac{1}{4}$

4 問 1．塩化水素　　問 2．エ　　問 3．(1)へこむ　　(2)水に溶ける性質。　　問 4．イ　　問 5．ウ
問 6．エ，オ　　問 7．①エ　②ア　③0.45　④0.32　⑤0.23

――――――《解　説》――――――

1 問 2．植物 B が育っている場所は建物の北側で，日当たりがよくない。　　問 3．植物の葉に光が当たると，水と二酸化炭素を材料にしてでんぷんと酸素をつくりだす。このはたらきを光合成という。　　問 4．(2)でんぷんが無い状態で実験を行うことで，ヨウ素液の反応が出た部分ででんぷんがつくられたことがわかり，光合成に必要な条件を考えることができる。(3)でんぷんがある部分は青むらさき色に変化する。　　問 6．咲く花の色が 1 色だけになるのは，(おしべ，めしべ)の順に(赤色，赤色)，(赤色，白色)，(白色，赤色)，(白色，白色)の 4 通りである。　　問 7．1 年目にできた 100 個の種のうち，50 個は赤花を，50 個は桃花を咲かせる種である。2 年目にこれらを育てると赤花が 50×4＝200(個)，桃花が 50×4＝200(個)咲き，赤花から 200×6＝1200(個)，桃花から 200×6＝1200(個)の種ができる。3 年目にこれらの種を育てると，赤花からできた 1200 個の種からは赤花が 1200×4＝4800(個)咲く。また，桃花からできた 1200 個の種からは 1200×4＝4800(個)の花が咲き，このとき咲く赤花，桃花，白花の割合は表の結果より，25：50：25＝1：2：1 であるので，赤花と白花が 4800×$\frac{1}{1＋2＋1}$＝1200(個)ずつ，桃花が 4800×$\frac{2}{1＋2＋1}$＝2400(個)咲く。したがって，赤花は全部で 4800＋1200＝6000(個)，桃花は 2400 個，白花は 1200 個咲く。

2 問1．れき岩，砂岩，泥岩は岩石をつくっている粒の大きさで分けられている。粒の直径が2㎜以上のものがれき，0.06㎜～2㎜のものが砂，0.06㎜以下のものが泥である。　問2．図2で，砂岩の層の上面の標高に着目すると，X地点(北)とY地点(南)では傾きはなく，Y地点(西)とZ地点(東)ではZ地点の方が高くなっていることから，Z地点からY地点に向かって低くなるように傾いていることがわかる。　問3．地層はふつう，下にある層ほど古い時代にたい積したものである。したがって，恐竜の化石が見つかった層よりも上の層からは，それよりも古い時代を示す地球ができたころの岩石は含まれない。また，3つの地点に見られるれき岩の層は同じ時代にたい積したものであるため，Z地点の恐竜の化石が見つかった層の上の泥岩層には含まれない。　問4．問2解説より，この地域では南北方向に傾きはないことがわかるので，W地点の泥岩の層の上面の標高はX，Y地点と同じ180mである。W地点の地表の標高は260mであるので，泥岩の層が現れるのは地表から260－180＝80(m)のところである。

問5．(1)地球が1回転する時間と静止衛星が1回転する時間が同じであるため，静止衛星は地上から見ると止まって見える。(2)右図は北極上空から見た地球と静止衛星の位置関係である。静止衛星が1日(24時間)で移動する距離は(35786＋6378)×2×3.14＝264789.92(km)であり，1時間では264789.92÷24＝11032.9…→11033 km移動する。　問6．①静止衛星は，常に地球上のある一点の真上にある。②地球は北極と南極を結ぶ線を回転のじくにして1日で1回転するので，人工衛星が1日で地球の周りを1周するときの経路はオとなる。

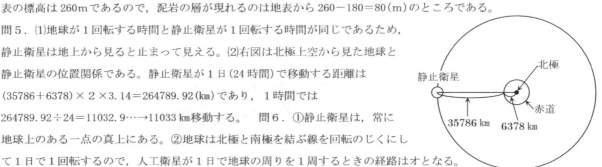

3 問2．図3では，方位磁針のN極の向きから，電磁石の左側がN極，右側がS極になっていることがわかる。電流の流れる向きとコイルの巻く向きに着目すると，ア～エのN極の向きは，アでは左，イでは右，ウでは下，エでは下になる。したがって，方位磁針のN極が電磁石のS極に引きつけられているエが正答となる。　問3．巻き数が50回多くなるごとに，持ち上げることのできるおもりの重さの増加量が小さくなっていくので，ウが正答となる。

問4．(1)エナメル線の長さが短いほど電流が流れやすくなるので，電磁石の強さが強くなる。(2)表2から，巻き数を2倍にすると持ち上げることのできるおもりの重さが4(2×2)倍，3倍にすると9(3×3)倍になることがわかる。したがって，巻き数を50回の6倍の300回にすると，持ち上げることのできるおもりの重さは6gの36(6×6)倍の6×36＝216(g)になる。　問5．鉄は磁石に引きつけられる。　問6．操作3で，退け合う力がはたらいたことから，電磁石の下が磁石Aの上と同じN極になっていることがわかる。これは問2のエと同じ向きであり，電流は＋極から－極に流れるので，アが正答となる。　問7．①8.1－6.0＝2.1(g)　②操作1と操作2では6.0－3.2＝2.8(g)，操作3と操作1では8.8－6.0＝2.8(g)となる。③操作1と操作2では7.9－7.2＝0.7(g)，操作3と操作1では8.6－7.9＝0.7(g)となる。④0.7÷2.8＝$\frac{1}{4}$(倍)

4 問2．炭酸水は二酸化炭素が水に溶けた液体である。発生した気体を石灰水に通すと白くにごることで，二酸化炭素であることを確認することができる。　問3．二酸化炭素は水に少し溶けるため，ペットボトル内の気体の圧力が小さくなり，ペットボトルがへこむ。　問5．メスシリンダーの目もりは目を液面と同じ高さにして，液面のへこんだ部分を読み取る。メスシリンダーを逆さにしているので，図では上の方が0㎤であり，気体は上の方にたまっていく。　問6．ア．表2と表4を比べると，金属の重さが同じとき，表2の方が発生した体積が大きいので，アルミニウムを加えたときの方が気体は勢いよく発生することがわかる。イ．表2と表3を比べると，アルミニウムの重さが同じとき，発生した気体の体積は同じであるので，気体が発生する勢いは同じであることがわかる。ウ．表1から，銅にうすい塩酸を加えても気体が発生しないことがわかる。なお，実験2で発生した気体はすべて水素である。

問7．①②表1から，うすい塩酸にはアルミニウムと鉄が溶け，うすい水酸化ナトリウム水溶液にはアルミニウムしか溶けないことがわかる。③うすい水酸化ナトリウム水溶液はアルミニウムしか溶かさない。表5と会話文から，試

料Xに含まれるアルミニウムがすべて溶けると気体が 508＋50＝558（cm³）発生することがわかる。表2から，0.1gの アルミニウムが溶けると 124 cm³の気体が発生することから，558 cm³の気体が発生するのはアルミニウムが $0.1 \times \frac{558}{124} =$ 0.45（g）溶けたときである。④表5と会話文から，資料Xに含まれる鉄がすべて溶けると気体が 686－558＝128（cm³） 発生することがわかる。表4から，0.1gの鉄が溶けると 40 cm³の気体が発生することから，128 cm³の気体が発生する のは鉄が $0.1 \times \frac{128}{40} = 0.32$（g）溶けたときである。⑤.③④より，1.0－（0.45＋0.32）＝0.23（g）が正答となる。

平成 26 年度 解答例・解説

《解答例》

1 問1．イ，カ　　問2．エ　　問3．(1)右グラフ　(2)いない／0.5　(3)15

　問4．エ　　問5．(1)(ア)，(ウ)　(2)ア．④　エ．②　(3)35

　問6．①イ　②ウ　③ア　④イ　⑤イ

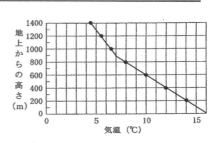

2 問1．植物名…マツ　図…右図　　問2．子葉…エ　根…イ

　問3．イ　　問4．エ　　問5．(1)エ　(2)ア　　問6．ウ，オ

　問7．エ　　問8．エ　　問9．ウ　　問10．引きつける

3 問1．イ，オ　　問2．⑥エ　⑤イ　　問3．(1)30.0　(2)ウ

　問4．135　　問5．イ，カ　　問6．イ

4 問1．イ，ウ　　問2．0.74　　問3．コップ…15　鉄球…80　　問4．ア，エ

　問5．ふりこが 10 往復する時間を数回はかり，その平均値を 10 で割って求める。

　問6．2.70　　問7．エ

《解　説》

1 問2．空気は太陽によって直接あたためられるのではなく，太陽によってあたためられた地面によってあたためら れるので，地面の温度が最も高くなった後に気温が最も高くなり，その後，気温は下がり続け，日の出直前の午前5 時ごろに最も低くなる。　問3．(1)地上からの高さが900mで気温が7.0℃になり，この点でグラフのかたむきが変わ ることに注意しよう。(2)表1で，雲ができていない 0m〜800mに着目すると 200m上がるごとに 2.0℃（100mで 1.0℃）ずつ下がり，雲ができている 1000m〜1400mに着目すると 200m上がるごとに 1.0℃（100mで0.5℃）ずつ下が ることがわかる。　(3)地上800mで 12℃－（1.0℃×$\frac{800m}{100m}$）＝4.0℃ になり，1400mで 4.0℃－（0.5℃×$\frac{600m}{100m}$）＝1.0℃ になる。その後，風下側のしゃ面を雲ができていないときの気温の変化の割合で降りていくので，1.0℃＋（1.0℃× $\frac{1400m}{100m}$）＝15℃ が正答となる。このように，山をこえた空気によって風下側の地上の温度が上がる現象をフェーン現 象という。　問4．①地面に水をまくとすずしくなるのは，まいた水が蒸発するときに，まわりから熱をうばってい くためである。②雲は，空気中の水蒸気が水てき（または氷）に変化したものである。③窓ガラスの内側の空気が冷や されて水蒸気が水てきになる。　問5．(2)地球上の水のほとんどが海にたくわえられていること，海では降水量（エ） よりも蒸発量（ウ）の方が多いことから，（ウ）が 418 兆トン，（エ）が 383 兆トンだと考えられる。陸では蒸発量（ア） よりも降水量（イ）の方が多いので，（ア）が 65 兆トン，（イ）が 100 兆トンである。なお，（ア）＋（ウ）＝（イ）＋（エ）　にな ることも確認しよう。

(3)陸での降水量（イ）と蒸発量（ア）の差が，陸から海への移動量となる。したがって，100 兆トン－65 兆トン＝35 兆ト

ン が正答となる。

2 問2．インゲンマメの種子にははい乳がなく，養分は子葉にたくわえられている。　問3．図1から，cに近い部分ほどよくのびていることがわかる。　問4．はじめに1.0mmごとに印をつけたので，実験1と実験2の上側は0.7mm，実験2の下側は0.4mmのびたことがわかる。　問5．(1)アはイカダモ，イはミジンコ，ウはミカヅキモ，エはゾウリムシである。　問6．ア．低い倍率の方が視野が広く，観察物を見つけやすいので，低い倍率から観察を始める。イ．ピントは，プレパラートから対物レンズを遠ざけながら合わせる。ウ．高い倍率の対物レンズの方が長いので，ピントが合ったときのプレパラートと対物レンズとの間はせまくなる。エ．倍率が高い方が視野がせまく，光の量が少なくなるので，視野は暗くなる。オ．けんび鏡の視野は，実物とは上下左右が反対になっている。けんび鏡をのぞいたとき，右上に見えているものは左下にあるので，真ん中に動かしたい場合はプレパラートを右上に動かせばよい。

問7．右図参照。　問8～10．実験3から，ゾウリムシは空気のあるなしに関係なく，上の方向に泳ぐことがわかる。ただし，この実験結果だけではゾウリムシが自然に水に浮いているためだと考えることもできるので，からだのまわりにある細く短い毛がはたらかなくなったゾウリムシを準備し，これが容器の底に集まったことから，ゾウリムシは毛を動かして，上の方向に泳いでいることが確認できる。さらに問10の実験から，ゾウリムシは地球に引きつけられる力や磁石に引きつけられる力に対して，反対側の方向に泳ぐ特ちょうがあると考えられる。

3 問2．水は温められたところから上に移動し，そこに新しい水が流れこむことによって，全体が同じ温度になる。このような熱の伝わり方を対流という。　問3．(1)AとBの水の重さが同じとき，Cの水の温度は，AとBのちょうど真ん中の温度になる。(2)A100g，B60gのときの結果に着目すると，$\dfrac{100\,g\times50.0℃+60\,g\times30.0℃}{100\,g+60\,g}=42.5℃$ となるので，ウが正答となる。　問4．表2から，液体③は1分間(60秒間)で6.0℃上がることがわかる。したがって，36.5℃−23.0℃=13.5℃ 上げるには，60秒間×$\dfrac{13.5℃}{6.0℃}$=135秒間 加熱すればよい。　問5．ア，イ．表2から，温まりやすい順に，液体②→液体①→液体③→水となる。したがって，2番目に温まりにくいのは液体③，2番目に温まりやすいのは液体①である(イが正しい)。ウ，エ．表3の水と液体①を混ぜ合わせたときの結果から，水は液体①より冷めにくいこと，表2から，液体①は水より温まりやすいことがわかる(どちらも正しくない)。オ，カ．表3の液体②と液体③を混ぜ合わせたときの結果から，液体②の方が温度変化が大きいので液体②の方が冷めやすいこと，表2から，液体③は液体①より温まりにくいことがわかる(カが正しい)。なお，冷めやすさと温まりやすさの順番はどちらも同じになる。

問6．表2から，液体①は液体③よりも$\dfrac{7.5℃}{6.0℃}=\dfrac{7.5}{6}$倍 温まりやすいことがわかるので，ある重さの液体③を$\dfrac{7.5}{6}$倍の重さの液体①に置きかえて考えることができる。したがって，42℃の液体③100gを，$100\,g\times\dfrac{7.5}{6}$=125g で 42℃の液体①と置きかえて，問3の式にあてはめると，$\dfrac{100\,g\times60℃+125\,g\times42℃}{100\,g+125\,g}=50.0℃$ となり，イが正答となる。

4 問1．表1で，あの距離を0.5cmから2cmへ4倍にすると，時間は1.28秒から0.64秒へ$\dfrac{0.64秒}{1.28秒}=\dfrac{1}{2}$倍 になることがわかる(イ)。また，表1と表3で，あの距離が0.5cmのとき，レールの長さが20cmから40cmへ2倍になると，時間は1.28秒から2.56秒へ2倍になるので，レールの長さを4倍にすると，時間は4倍になると考えられる(ウ)。

問2．図2の位置に鉄球を置くと，鉄球はあの距離が1.5cm，レールの長さが20cmのときと同じように転がるので，表1より，0.74秒が正答となる。　問3．軸の左右で重さと距離の積が等しくなるとき，レールは水平になる。表4で，おもりの重さを5gから25gにすると，レールを反時計回りに回転させるはたらきが 20g×20cm=400 大きくなる。このとき，いの距離が5cmから10cmと5cm大きくなっているので，鉄球の重さを□gとすると，□g×5cm=400 が成り立ち，□g=80g とわかる。さらに，コップの重さを△gとすると，5g×20cm+△g×20cm=80g×5cm より，

△g＝15g となる。　問4．ふりこが1往復する時間(周期)は，ふりこの長さによって決まり，ふれはばや磁石の重さには関係しない。　問6．鉄球Aを放してから鉄球Bが動き始めるまでの時間は，表3で🅐の距離が2㎝のときの結果を利用して，1.28秒＋0.31秒＝1.59秒 となる。鉄球Bが動き始めてから磁石にくっつくまでの時間は表2のレールの長さ30㎝で🅐の距離が1.5㎝のときと同じ1.11秒なので，1.59秒＋1.11秒＝2.70秒 が正答となる。　問7．ふりこの長さが80㎝のときの周期が1.80秒であることから，磁石を放してから2.70秒後に1.5往復して図6の位置にくる。

社 会

令和 ② 年度 解答例・解説

════════════════ 《解答例》 ════════════════

1　問1．まき網　　問2．Ⅰ．ケ　Ⅱ．エ　Ⅲ．キ　　問3．エ　　問4．ウ→イ→エ→ア　　問5．リニア

　　問6．ア　　問7．カ　　問8．どこの国の人でも，見るだけで情報の内容がわかる工夫。

　　問9．(1)アフリカ　(2)③　(3)ウ

2　問1．ウ　　問2．イ，エ　　問3．平塚らいてう　　問4．植民地　　問5．ウ

3　問1．イ　　問2．ききん　　問3．世直し　　問4．百姓たちの持つ鎌やくわは，武器ではなく，百姓であるこ

　　とのあかしであり，百姓たちは，鉄砲，太刀，やりなどの武器を持って一揆を起こしたことはなかった。彼らの起

　　こした一揆は，自分たちの要求を突きつけるためのもので，人命をうばうためのものではなかった。

　　問5．大正　　問6．報道すると全国で同時に暴動が起きる

　　問7．報道の自由について，政府への抵抗を示すため。

4　問1．ウ　　問2．(1)エ　(2)ア　　問3．団結　　問4．国民投票で有効投票の過半数　　問5．軽減税率

　　問6．イ　　問7．ア　　問8．ユニセフ

════════════════ 《解　説》 ════════════════

1　問1　まき網漁では，サバ・イワシ・アジなど，大群で回遊する魚を主にとる。

　　問2　Ⅰ　ケ．「梅，柿，みかんの生産量が…全国1位」「世界文化遺産(紀伊山地の霊場と参詣道)」から和歌山県を
　　導く。　　Ⅱ　エ．「カキ，ワカメなどの養殖がさかん」「島々がある湾は，日本三景(松島)」から宮城県を導く。
　　Ⅲ　キ．「養殖のり(3位)，小麦(2位)，いちご(2位)の生産量が…全国3位以内」「政令指定都市が2つ(北九州市・
　　福岡市)」から福岡県を導く。

　　問3　エ．写真の樹木を屋敷林または屋敷森と呼ぶ。出雲平野のある島根県は日本海側に位置し，北西季節風の影
　　響を受けて冬の降水量が多くなる。また，太平洋側では，南東季節風の影響を受けて夏の降水量が多くなる。

　　問4　西から順に並べると，ウ．近江盆地(滋賀県)→イ．濃尾平野(愛知県・岐阜県)→エ．浜名湖(静岡県西部)→
　　ア．富士川(静岡県東部)となる。

　　問5　リニアモーターカーは磁石を利用して進みながら浮き上がる仕組みになっている。そのため，超高速であり
　　ながら自動車や航空機に比べて二酸化炭素の排出量が少ないといった特長がある。リニア中央新幹線は，東京都・
　　名古屋市間の開業後，名古屋市・大阪市間の開業が予定されている。

　　問6　ア．広島県は東西の長さが約130㎞であり，スケールバー6本半分あると読み取れるので，130÷6.5＝
　　20(㎞)と判断できる。

　　問7　カ．アメリカ合衆国は輸入総額が圧倒的に高く航空機類が上位に入る❸である。残ったうち，上位に自動車
　　が入る❶をドイツ，❷を韓国と判断する。

　　問8　2020東京オリンピック・パラリンピックで日本を訪れる外国人が増えるため，言葉が書かれていなくても絵
　　やマークで意味することがわかるようになっている「ピクトグラム」の国際的な統一が進められている。

問9(2)　緯度０度の赤道は，マレー半島の先端にあるシンガポール付近，南アメリカ大陸のアマゾン川河口を通るから，③を選ぶ。　　　　(3)　ウを選ぶ。アは上海(シャンハイ)，イは台北(タイペイ)。エは海南(ハイナン)島に位置する。

2　問1　ウ．縄文時代は約１万2000年前から紀元前５～４世紀ごろまで続いた。

　問2　イとエが誤り。イについて，「平城京」が「平安京」であれば正しい。「平城京」は奈良時代，「寝殿造」は平安時代である。エについて，「鎌倉時代」が「室町時代」であれば正しい。

　問3　婦人運動家の平塚らいてうは，1911年に雑誌『青鞜』を創刊し，その巻頭に「もともと(元始)，女性は太陽であった。」で始まる文章を寄稿した。

　問4　19世紀末までにエチオピアや南アフリカ共和国を除くアフリカのほぼ全域がヨーロッパ諸国の植民地になった。

　問5　ウを選ぶ。古い順に，朝鮮民主主義人民共和国・大韓民国の成立(1948年)，警察予備隊の創設(1950年)，サンフランシスコ平和条約の締結(1951年)だから，「い」→「あ」→「う」となる。

3　問1　イが誤り。年貢米は大阪の蔵屋敷に運ばれ，そこで保存・販売された。諸藩の蔵屋敷が集まっていたことから，大阪は経済の中心地として「天下の台所」と呼ばれていた。

　問2　⑦は享保のききん，①は天明のききん，⑨は天保のききんで，江戸三大ききんと呼ばれる。

　問3　「世直し」は，「世の中を改革する」という意味である。

　問4　【資料】より，百姓たちが「大名に自分たちの要求を突きつけるため」「悪人をこらしめるため」に一揆に参加し，農村に鉄砲が大量にあったにもかかわらず，「人命を損なう物は，持たない」と約束し，「百姓だから，太刀，やりなどの類いは決して持参してはいけない」と確認し合って鎌やくわをはなさなかったことから考える。

　問5　米騒動は大正７年(1918年)におこった。シベリア出兵を見こした大商人らが米を買い占めたことから，米不足による米価高騰が起こり，富山県の漁村での暴動から全国に騒動が発展した。

　問6　地図より，７月23日に米騒動が発生した富山県を中心に，８月10日，11日，13日，15日，17日と，騒動が徐々に広がっていることから考える。

　問7　あえて空白にすることで，読者に重大事件の発生を察知してもらおうという抵抗を示した。

4　問1　ウが正しい。国務大臣の過半数は国会議員の中から選ばれる。　ア．内閣総理大臣は国会の議決によって国会議員の中から指名される。　イ．内閣総理大臣には原則として任期がない。　エ．予算の議決は通常国会で行われる。

　問2(1)　エ．「あ」について，複立候補制度は，「参議院議員選挙」でなく「衆議院議員総選挙」で採用されている。「い」について，2019年の参議院選挙では定数が３増え124議席が改選されて議員数は245人となった。なお，2022年の選挙でも定数が３増え124議席が改選されて議員数は248人となる。また，６人定数減となったのは，2016年(改正公職選挙法成立年)の衆議院議員の小選挙区であった。　　　(2)　アが正しい。【図１】より，2019年の参議院議員選挙における女性の当選者数は28人，当選率は27%だから，立候補者数は28÷0.27＝103.7…(人)ほどとなる。　イ．【図１】より，平成時代(1989年以降)の1992年の参議院議員選挙における女性の当選者数は13人で，15人以下である。　ウ．【図２】より，参議院の女性議員数は，1968年が13人，2019年が56人だから，2019年は1968年の56÷13＝4.5…(倍)となる。

　問3　日本国憲法第28条で保障されている団結権・団体交渉権・団体行動権(争議権)は「労働三権」と呼ばれる。

　問4　国民投票は，日本国憲法の基本原理である「国民主権」を具体化する手続きと言える。

　問5　軽減税率の導入は，生活必需品の税率を維持することで，所得が低い世帯の負担の増加を和らげることがねらいである。

　問6　イ．Ⅰはロシアのプーチン大統領，Ⅱは韓国の文在寅大統領，Ⅲはドイツのメルケル首相である。

問7　ア．「未来社会」とは，現在世界各国が直面しているグローバルな課題を解決して「持続可能な社会・経済システム」が構築された社会のこと。

問8　ユニセフ(国連児童基金)は，世界の子どもたちが平和で健康な生活を送れるように，食料品や医薬品を届けるほか，予防接種を受けられるようにするための募金活動も行っている。

平成③①年度 解答例・解説

=== 《解答例》 ===

1　問1．ウ　問2．菅原道真　問3．律令　問4．ア，エ　問5．ア　問6．鉄砲　問7．エ
　　問8．動物愛護だけでなく，病人，捨て子への対策も指示されているから。
　　問9．(1)❶土佐　❷国会　❸自由党　(2)西南戦争　問10．(1)イ　(2)ウ　問11．a．ウ　b．エ　c．ア
　　d．イ　問12．❶長期化　❷労働力　❸参政権　問13．記号…ウ　理由…深刻な食りょう危機で，配給がいきわたらない　問14．イ

2　問1．(1)ア　(2)①エ　②カ　問2．(1)インドネシア，オーストリア，カナダ，シンガポール，スイス，デンマーク，トルコ，などから1つ　(2)ア　問3．ウ　問4．梅雨入りの日付　問5．イ　問6．(1)オ　(2)エ
　　問7．(1)a．イ　b．ク　(2)ウ　(3)コシヒカリ　問8．ウ，カ　問9．国
　　問10．(1)世界文化遺産に登録された直後は大幅に伸びたが，その後減少が続いていることが読み取れます。
　　(2)(例文)急激な観光客の増加は，文化財を破壊する危険性もあるので，ある程度減少したことは，文化財を保護するためには必要なことです。

3　問1．子どもに普通教育を受けさせる義務　問2．(1)閣議　(2)内閣官房長官　問3．エ　問4．ア
　　問5．(1)イ　(2)人工知能　問6．カ　問7．ＮＧＯ　問8．(1)エ　(2)イ　問9．ウ　問10．ア
　　問11．イ

=== 《解　説》 ===

1　問1　ウが適当でない。藤原道長の時代は，藤原氏の摂関政治が全盛のころである。院政は，藤原道長から80年以上あとの白河上皇によって始められた。
　　問2　遣唐使の停止は，唐の衰退と航海の危険を理由として，菅原道真によって提案された。
　　問3　律は刑法を，令は行政法を意味する。
　　問4　アとエが正しい。鎖国によってオランダと中国だけが長崎での貿易を許された。西回り航路は，東北の酒田から山口県の下関をまわって瀬戸内海を通り，大阪まで結んだ。イについて，中国は長崎で，朝鮮は対馬での貿易や交易が許された。　ウについて，御三家は，尾張(愛知県)，紀州(和歌山県)，水戸(茨城県)である。　オについて，東回り航路は，酒田から青森を経て太平洋岸に渡り，江戸までを結ぶ航路だから博多には関係ない。　カについて，日米修好通商条約によって，開かれた港は，函館・新潟・横浜・神戸・長崎である。
　　問5　ポルトガルやスペインとの南蛮貿易では，中国産の生糸が輸入され，銀が大量に輸出された。
　　問6　堺や国友の刀鍛冶が，鉄砲の生産にたずさわった。
　　問7　エが誤り。織田信長は関所を廃止して自由な交通を目指した。
　　問8　「病人，捨て子を放置してはいけない」「捨て子は保護…育ててもらうようにしなさい」から考える。
　　問9　板垣退助は，征韓論に対する考えの違いから，大久保利通や木戸孝允らと対立し，西郷隆盛らとともに政府を去った。その後民選議院設立建白書を提出し，自由民権運動を起こし，国会開設の勅諭が出されると，自由党を結成した。一方，薩摩に戻った西郷隆盛は，不満のたまった士族にかつぎあげられた形で西南戦争を起こし，自ら

が結成に尽力した政府軍に敗れ命を落とした。

問10(2)　い‐二・二六事件(1936年)→あ‐国家総動員法の制定(1938年)→う‐政党解散と大政翼賛会(1940年)

問11　1950年代(朝鮮特需によって復興に成功し，工業化がめざましく進む)→1960年代(経済成長率が10%以上増え続ける高度経済成長が続き，三種の神器(白黒テレビ・電気冷蔵庫・電気洗濯機)が普及する)→1970年代(3C(クーラー・カラーテレビ・自動車)が普及するが，オイルショックによって省エネルギー政策が始まる)→1980年代後半(バブル経済が進み貿易黒字が増える)

問12　第一次世界大戦では，戦闘機・戦車・毒ガスなどの新兵器が投入され，国民が一丸となって戦争に向かう総力戦が繰り広げられた。その結果，戦争の範囲は拡大し，戦争は4年余りに及んだ。

問13　ウは，1946年の5月に開かれた食糧メーデーのデモのようすである。配給がいきわたらない東京の子どもたちが空腹を訴えデモを起こしたが，マッカーサーの一言で鎮静化した。

問14　1972年の日中共同声明によって，国交が樹立し，記念としてジャイアントパンダ2頭が贈られた。

2　**問1(1)**　フランスの北にイギリスがあることから考える。

　問2(2)　アが正しい。韓国は白と赤と黒と青，サウジアラビアは緑と白，中国は赤と黄色であることから考える。

　問3　ウが適当でない。カナダやロシアは日本よりはるかに面積が広いので，人口密度は日本より低い。

　問4　北海道に日付がないこと，5月から6月の日付が南から北上していることから考える。この日付が3月から5月にかけて北上していると桜前線(桜の開花時期)となる。

　問5　イが正しい。フォッサマグナによって，日本の地質は2つに分かれ，東日本では縦に延びた山脈が，西日本では横に延びた山脈が多くなっている。

　問6(1)　オが正しい。Xは焼津からまぐろ類，Yは長崎からあじ類，Zは釧路からすけとうだらと判断する。

　(2)　エが正しい。さば類，いわし類，あじ類と小型の暖流魚が多いことから，鳥取県の境港を考える。

　問7(1)　能登ひかりから石川県，つがるロマンから青森県を導く。　**(2)**　内陸の山梨県甲府盆地は，水もちが悪い扇状地が多いため稲作に向かないので，他の地域より米の作付面積に占める割合は低くなると判断してウを選ぶ。

　(3)　新潟県の1位からコシヒカリを導く。ひらがなでこしひかりでもよい。

　問8　ウとカが誤り。ウについて，千葉県沿岸で石油は採掘されず，海外からの輸入に依存している。カについて，北海道では，寒さに弱い綿花の大規模な栽培はほとんど行われていない。

　問9　観測地点から集落が正面に見られるのは⑦と⑦と囯であるが，⑦は高いところから見おろしていることになり，⑦は尾根ではなく谷に向かって見ていることになるので，囯が適当である。

　問10(1)　世界遺産条約に登録された直後は大幅に観光客が増えているが，その後は少しずつ減っていることが書けていればよい。　**(2)**　解答例では，減少することに賛成する意見を書いてみた。反対する意見の場合には，「観光客からお金をとることで，文化財の保護を維持することができるので，観光客数の減少はよくないことだと思います。」などとまとめてもよい。

3　**問1**　勤労は義務でもあり，権利でもある。教育は，受けさせるのが義務，受けるのが権利である。

　問2(2)　2019年2月現在の官房長官は，菅義偉衆議院議員である。

　問3　エが正しい。裁判員制度は，国民に裁判を身近なものに感じてもらい，国民の視点や感覚を活かすために行われている。三審制は，慎重に裁判を行うことで，えん罪を防ぎ，国民の権利を守るための制度である。司法権の独立は，内閣(行政権)や国会(立法権)からの圧力を受けずに判決を下すための制度である。同じような語句に，裁判官の独立がある。

　問4　自衛隊は，防衛省と内閣総理大臣の管轄だから，アは適当でない。

　問5(1)　1日に2669人が生まれて，3573人が亡くなるから，3573−2669＝904(人)が減ることになる。また，1日の国民全体の医療費は，約1118億円だから，1年間で1118×365＝408070(億円)≒40(兆円)になる。

　(2)　Artificial Intelligence の略称が AI である。

問6　カが正しい。1990年以降に減少している①が百貨店，同時期から増え続けている②がコンビニエンスストア，2000年以降に急激増えている③がネットショッピングと判断する。

問8(1)　エが正しい。習近平は中国共産党の国家主席，金正日は金正恩の父親である。　　(2)　イ．板門店は，南北の軍事境界線である北緯38度線にある。2019年2月現在でも朝鮮戦争は停戦中であり，終戦を迎えていない。

問9　ウが正しい。サミットは，G7(アメリカ，イギリス，フランス，ドイツ，日本，イタリア，カナダ)の首脳が集まる会議である。以前はロシアを含むG8が開かれていたが，クリミア問題からロシアはサミットから除外されている。

問10　2018年3月，アメリカのトランプ大統領は，中国が不当に安い鉄鋼を大量に供給することで，アメリカの鉄鋼業界が損失を受けているとして，10～25%の関税引き上げを実施した。その後，アメリカと中国による報復制裁が相次ぎ，多くの品目の関税率が引き上げられている。

問11　イが適当でない。聞いた個人情報は，みだりに利用されないように管理する必要がある。

平成㉚年度　解答例・解説

《解答例》

1　問1．行基　　問2．枕草子　　問3．イ　　問4．ア　　問5．エ　　問6．ウ　　問7．武家諸法度
　　問8．イ　　問9．明　　問10．大内　　問11．エ　　問12．下関　　問13．不平等条約の改正　　問14．イ
　　問15．ア　　問16．第1次世界大戦によって，ヨーロッパとアジアへの輸出が増えたから。　　問17．イ
　　問18．ア　　問19．エ　　問20．ポツダム宣言　　問21．冷戦　　問22．ア

2　問1．エ　　問2．佐賀　　問3．干拓　　問4．(1)イ　(2)ナショナルトラスト運動　　問5．間ばつ
　　問6．利根　　問7．ウ　　問8．赤石　　問9．ア　　問10．(1)エ　(2)750　(3)ウ　　問11．カ　　問12．エ

3　問1．オ　　問2．ア　　問3．栽培漁業　　問4．ウ　　問5．あ…○　い…×　　問6．エ

4　問1．1947，5，3　　問2．ウ　　問3．簡易裁判所　　問4．イ　　問5．核家族
　　問6．食べられる食品を捨ててしまうこと。　　問7．ア　　問8．ウ　　問9．難民
　　問10．女性が教育を受ける　　問11．エ　　問12．ウ

《解　説》

1　問1　行基は，民衆とともに橋や用水路などを作り，仏の教えを説いた僧である。一時期迫害されたものの，東大寺の大仏造りに協力し，聖武天皇によって大僧正に任命された。

　問2　「清少納言」が書いたことから枕草子だとわかる。

　問3　「比叡山」にあることから延暦寺だとわかる。延暦寺は，織田信長と敵対する浅井・朝倉氏の援助を受け，反抗したため，信長によって焼き打ちされた。

　問4　与謝野晶子は，日露戦争に出征した弟を思って，「君死にたまふことなかれ」で始まる詩を発表し，日露戦争に反対したから，アを選ぶ。　イ．誤り。1945年3月にアメリカ軍が上陸して始まった太平洋戦争中の沖縄戦の説明である。　ウ．誤り。日本は，アメリカ合衆国ではなくイギリスと同盟を結んだ。　エ．誤り。日清戦争のきっかけとなった甲午農民戦争(東学党の乱)の説明である。

　問5　エ．鉄砲は，堺や国友の刀鍛冶の職人によって生産されたので誤り。

　問6　ウは狩野永徳の唐獅子図屏風である。豊臣秀吉の時代(安土桃山時代)には，戦国大名や豪商の気風を反映した豪華で力強い文化が生まれた。アは葛飾北斎の『富嶽三十六景』(江戸時代)，イは奥州藤原氏が建てた中尊寺金色堂(平安時代)，エは東大寺正倉院に納められている漆胡瓶(奈良時代)である。

問7　武家諸法度には，無許可で城を修理したり，大名家どうしが無断で結婚したりすることを禁止するなど，大名が守るべききまりが定められている。1615年，徳川家康の命令で徳川秀忠のときに武家諸法度が初めて定められ，1635年，徳川家光によって，参勤交代の制度が追加された。

問8　アは1807年，ウは1993年，エは1920年のできごとである。

問9　足利義満が明とはじめた貿易は，正式な貿易船と海賊行為を行う倭寇を区別するために勘合（かんごう）という合札を用いたため，勘合貿易とも呼ばれる。

問10　瑠璃光寺は，山口の大名である大内義弘が足利義満との戦いで戦死した際，弟の盛見によって兄の菩提（ぼだい）を弔（とむら）うために建立された。

問11　エ．城下町は，城のまわりに屋敷町や番町といった武士の居住区があり，その外側に呉服町，大工町，紺屋町などの町人（職人）の居住区があった。これらは現在も全国に残る町名である。

問12　1864年のイギリス・フランス・アメリカ・オランダの連合艦隊による砲撃・占領事件は，下関（しものせき）でおきたことから四国艦隊下関砲撃事件（下関砲撃事件）とよばれる。この敗戦を受けて，長州藩は軍備の西洋化を進め，倒幕の道に進んだ。

問13　明治政府の海外への使節団（岩倉使節団）の第一の目的は，幕末に結んだ不平等条約（日米修好通商条約など）を改正するための予備交渉であった。しかし，交渉が失敗したため，欧米の進んだ政治や産業を学ぶことにきりかえ，2年近く欧米を歴訪した。

問14　前方後円墳がさかんにつくられたのは古墳時代である。イ．古墳時代，大和（現在の奈良県）の豪族は強い勢力をほこり，やがて大和政権（大和王権）を中心にまとまるようになった。大和政権の中心となった者は，大王（おおきみ）（後の天皇）と呼ばれるようになった。

問15　儒学の中でも特に身分秩序を重視する学問であった朱子学は，江戸幕府にとって都合のよい学問だったので奨励された。

問16　1914年，ヨーロッパを主戦場とした第一次世界大戦が始まった。日本はヨーロッパに向けて軍需品を輸出し，ヨーロッパの影響力が後退したアジアへの綿織物の輸出を拡大した。これにより，第一次世界大戦が終結する1918年まで日本は好景気（大戦景気）となった。

問18　ア．鎌倉幕府がほろぶ（1333年）　イ．保元の乱（1156年）・平治の乱（1159年）　ウ．モンゴルが国号を元とする（1271年）　エ．承久の乱（1221年）

問19　エ．足尾銅山は栃木県にあるので誤り。

問20　1945年7月26日，アメリカ・イギリス・ソ連の3か国はドイツのポツダムで会談し，アメリカ・イギリス・中国によってポツダム宣言が発表された。その後，1945年8月6日に広島，8月9日に長崎に原子爆弾が投下された。1945年8月14日ポツダム宣言を受諾し，翌15日に昭和天皇がラジオ放送で国民に敗戦を伝えた。

問21　冷戦とは，第二次世界大戦後のアメリカを中心とする資本主義諸国とソビエト連邦を中心とする社会主義諸国の2つの陣営の間でつづいた，実際の戦火をまじえないきびしい対立。

問22　ア．正しい。民主党中心の連立政権が発足したのは2010年。　イ．誤り。消費税が3％から5％に引き上げられたのは1997年。　ウ．誤り。日本とロシアの間では平和条約は結ばれていない。　エ．誤り。沖縄でサミットが開かれたのは2000年。

2　問1　エ．大分県沖には対馬海流も寒流も流れていないので誤り。

問3　干拓（かんたく）とは，水深の浅い海や湖などの水を，堤防で仕切って干上がらせ陸地にすること。

問4(1)　イ．日本の森林面積にしめる割合は，人工林より天然林の方が大きいので誤り。　　(2)　市民が寄付を募

って土地などを買い取ることで，自然環境を維持し保護する運動をナショナルトラスト運動という。和歌山県の天神崎でこの運動が行われたことから，日本でも一般に広く知られるようになった。

問6 日本の暴れ川のうち，関東地方を流れる利根川を「坂東太郎」，九州地方を流れる筑後川を「筑後次郎」，四国地方を流れる吉野川を「四国三郎」と呼ぶ。

問7 「洪水ハザードマップ」であることに注目しよう。ウの液状化現象は，砂を多く含む地盤が地震のゆれによって液体のようになることなので，洪水との関連性はない。

問9 「大井川」が注ぐことから駿河湾のアを選ぶ。

問10(1) エ．誤り。2万5千分の1の地形図では等高線は高度差10mごとに引かれている。アプトいちしろ駅は600mの等高線から20線ほど外側にあるので，600－20×10＝400m。よって，標高はほぼ400mである。

(2) 実際の距離は，（地図上の距離）×（縮尺の分母）で求められるから，縮尺2万5千分の1なので，3×25000＝75000（cm）＝750（m）　**(3)** 尾根（稜線）が地図の左上から右下につながっていることに気付きたい。尾根より接岨湖側にあるのはウだけである。

問11 1位は全て静岡県なので，2位以降の県から導き出す。茶は鹿児島県，三重県で生産が盛んなためC，かつおは暖流魚なので，黒潮沿いの三重県，高知県で生産額が高いためBだとわかる。残ったAが紙・パルプとなる。

3　**問1** 表より，Bは米の収穫量や野菜の生産額が多いことから北海道，Cは水田率から富山県だとわかる。

問2 ア．酪農家の戸数も乳牛の飼育頭数も減ってきているので誤り。

問5 ①は北関東工業地域，②は中京工業地帯である。　い．中京工業地帯は工業生産額が1位であり，輸送用機械の生産がさかんなので誤り。

問6 アメリカ合衆国からの輸入額の割合が約7割であることから，エを選ぶ。アは魚介類，イは果物，ウは野菜の輸入額の割合が高い上位3か国である。

4　**問1** 日本国憲法は1946年11月3日に公布され，その半年後の1947年5月3日に施行された。現在，11月3日は文化の日，5月3日は憲法記念日として祝日になっている。

問2 ウ．憲法改正を国民に提案する憲法改正の発議は国会の権限なので誤り。

問4 ア．都道府県議会議員に立候補できる年齢は25才なので誤り。　ウ．都道府県知事は，住民が直接選挙で選ぶので誤り。　エ．条例の制定や改正を行う場合には，地方公共団体の住民の50分の1以上の署名が必要であり，都道府県知事に権限はないので誤り。

問7 イ．誤り。東京都の人口が約1300万人なので，総人口約13000万人に占める割合は，約10分の1である。ウ．誤り。2017年時点で世界の人口は76億人である。　エ．誤り。世界で最も人口は多い国は中国である。

問8 ウ．日本が提案したのは，核兵器禁止条約ではなく核兵器廃絶決議案なので誤り。核兵器禁止条約では，核廃絶に向けて，核兵器の開発や保有，使用などを法的に禁止したが，これに対して，核兵器を保有するアメリカ，ロシア，中国などが反対し，日本もアメリカの核の傘に守られる安全保障政策などを理由に賛成しなかった。

問9 民族・宗教・国籍・政治的意見などを理由に迫害を受けて他国に逃れた人々（難民）が，イスラム地域やアフリカ諸国で増え，深刻な難民問題が起きている。

問10 マララ・ユスフザイさんは，女性が学校へ行くことを禁じるタリバンに従わなかったため，出身地のパキスタンで銃撃されたが，その後回復し，圧政や迫害に反対の声を上げ，女性が教育を受ける権利を訴え続けている。

問11 エ．誤り。イスラム教では，1日に5回聖地メッカに向かって祈りをささげる。

━━━━━━━━━━━━━━━ 《解答例》 ━━━━━━━━━━━━━━━

1 問1．大森　問2．ア　問3．前方後円墳　問4．木簡　問5．ウ　問6．奥州藤原　問7．エ

問8．足利学校　問9．ア　問10．イ　問11．カ→ア→エ→ウ　問12．島根　問13．ウ

問14．日米修好通商　問15．イ　問16．エ　問17．ほうびとして恩賞をください（下線部は領地でも可）

問18．ウ　問19．市川房枝　問20．イ　問21．農地改革　問22．ア

2 問1．イ　問2．対馬　問3．(1)ニューヨーク　(2)ウ　問4．イ　問5．ウ　問6．ア

問7．限りある資源を大切にし，環境に配慮しながら，将来の世代にわたって繁栄できる社会。

問8．コークス　問9．ウ　問10．イ　問11．エ　問12．火力発電所　問13．エ　問14．ア

問15．ウ　問16．社説　問17．ウ　問18．ア　問19．気温差　問20．山梨　問21．◐

3 問1．平和主義／国民主権／基本的人権の尊重　問2．イ　問3．ア　問4．ウ　問5．厚生労働

問6．ウ　問7．イ　問8．エ　問9．ア　問10．(1)イ　(2)ア　問11．エ

━━━━━━━━━━━━━━━ 《解　説》 ━━━━━━━━━━━━━━━

1 問2　邪馬台国の女王卑弥呼が魏に使いを送り，『親魏倭王』の称号のほか，銅鏡を授かったことが，中国の歴史書『魏志』倭人伝に記されている。

問3　前方後円墳は円墳と方墳が組み合わさった形をしており，4世紀後半〜5世紀にかけて巨大化した。

問4　木簡は荷札として用いられたほか，役所の文書や字の練習をするためにも用いられた。

問5　東大寺の大仏づくりには，僧の行基が協力したから，ウは誤り。行基は，民衆とともに橋や用水路などを作り，仏の教えを説いた僧である。一時期迫害されたものの，東大寺の大仏づくりに協力し，聖武天皇によって大僧正に任命された。

問6　奥州藤原氏は11世紀末に起こった後三年合戦の後に清衡（きよひら）がおこし，約1世紀にわたって東北地方を支配した。

問8　足利学校は上杉憲実（のりざね）によって再興された。貴重な古典が保存されていることもあり，図書館としての役割も果たしている。

問9　平氏は1185年に現在の山口県で起こった壇ノ浦の戦いで滅んだから，アが正答となる。

問10　イは廃藩置県ではなく版籍奉還ならば正しい。1869年，中央集権の国家を目指して版籍奉還が行われ，藩主（大名）から天皇に領地や人民が返還された。しかし，版籍奉還の後も彼らがそのまま藩内の政治を担当したため，目立った効果が上がらなかった。これを改善しようと，1871年に明治政府は廃藩置県を実施した。これによって，政府から派遣された役人（県令や府知事）がそれぞれの県を治めることとなり，江戸幕府の支配のしくみが完全に解体された。

問11　アは1573年，イは1837年，ウは1615年，エは1588年，オは1467年，カは1560年のできごとなので，イとオを除外する。

問12　「松江」は，島根県の県庁所在地名である。

問13　親藩は徳川家一門，譜代大名は関ヶ原の戦い以前から徳川氏に従っていた大名，外様大名は関ヶ原の戦い前後に徳川氏に従った大名のこと。したがって，「あ」は誤り。

問14　大老の井伊直弼は，1858年に朝廷の許可を得ないまま日米修好通商条約を結び，幕府に反対する吉田松陰や橋本左内らを安政の大獄(1858〜1859年)で処刑した。このできごとは多くの武士の反感を買い，1860年，井伊直弼は水戸藩の浪士らによって桜田門外で暗殺された(桜田門外の変)。

問15　琉球王国は将軍の代替わりごとに慶賀使を，琉球国王の代替わりごとに謝恩使を派遣したので，イは誤り。

問16　エの茶の湯は安土桃山時代に千利休が大成したので，平安時代の年中行事として適さない。なお，茶を飲む習慣は，栄西(臨済宗を日本に伝えた僧)が中国から茶を持ち帰ってから広まった。

問17　元寇(蒙古襲来)は防衛戦であったため，幕府は十分な恩賞を御家人らに与えることができなかった。なお，資料中の竹崎季長は例外で，自ら幕府の役人に直談判した結果，肥後国(現在の熊本県)の地頭に任ぜられた。

問18　自由民権運動は，板垣退助が『民撰議院設立の建白書』を提出したことから始まったので，アは誤り。立憲改進党を結成したのは大隈重信なので，イは誤り。秩父地方で反乱を起こしたのは士族ではなく平民(農民)らなので，エは誤り。

問20　盧溝橋事件はシャンハイ郊外ではなくペキン郊外で起こったので，イは誤り。

問21　農地改革は，国が強制的に地主の土地を買い上げ，小作人に安く売り渡した農業の民主化政策である。

問22　大阪で万国博覧会が開催されたのは1970年のことだから，アは誤り。

2　問1　北陸地方は新潟県・富山県・石川県・福井県であり，イは新潟県(新潟市)について述べている。アは白神山地で東北地方，ウは岩手県・秋田県で東北地方，エは四日市市で東海地方について述べた文である。

問2　日本海側を北上する暖流が対馬海流，太平洋側を北上する暖流が日本海流(黒潮)である。

問4　日本の東の端「南鳥島」は，ほかの200海里水域から遠く離れたところにある。

問5　日本の高度経済成長は，1950年代中ごろに始まり，1973年に起こった石油危機によって終わった。

問6　資源に乏しい日本では加工貿易が行われてきたが，近年は労働力が豊富で賃金の安い中国や東南アジアに工場を移し，そこで生産された製品を日本に輸入することが増えてきている。

問9　21世紀に入ってから急速に粗鋼の生産量が増えている「あ」は中国である。「い」と「う」で，日本は鉄鋼業がさかんであることから，アメリカより生産量の多い「い」が日本と判断する。かつて日本の企業は全国各地に製鉄所を建設し，大量の粗鋼を生産していた。しかし，21世紀に入り，中国での粗鋼生産量が著しく増加したこと・韓国でつくられた鉄鋼の輸出量が増加したことを受け，世界的に鉄鋼の需給にギャップが生じ，供給過多の状態になった。そのため，日本の製鉄所を運営する企業は，国際的な価格競争力の維持をはかるため，老朽化の進んだ高炉を廃止して生産拠点を集約化したり，海外に生産拠点を設け，国内の製鉄所を廃止したりしている。

問10　Ⅰはブラジルの割合が高いから鉄鉱石，Ⅱは中東の国々の割合が高いから原油，Ⅲはインドネシアが上位だから石炭であり，イが正答となる。

問11　太平洋ベルトは関東地方から九州北部にかけて帯状に連なる工業地帯だから，エが正答となる。

問17　中国山地や四国山地など，西日本の山々は標高が低くなだらかであるので，ウは誤り。

問18　山形市は比較的内陸部に位置しているので，覚えておこう。

問20　山梨県はぶどう・ももの生産量が日本一である。甲府盆地は，扇状地で水はけがよく，夏に晴れた日が多いので果樹栽培に適している。

3　問2　法律案は衆議院・参議院のどちらから先に審議してもよいので，アは誤り。なお，予算案は必ず衆議院が先に審議を始めなければならない。法律案などは委員会で審議された後，本会議で議決されるので，ウは誤り。成立した法律は，天皇が国事行為として公布するので，エは誤り。

問3　参議院の定数は242であり，3年ごとに半数が改選されるから，242÷2＝121より，アが正答となる。

問6　ア～エの正誤を判定する際に，細かい計算をする必要はない。アは，東北の総量が8つの地方の中で最も多く，また農業用水の割合も最も高いことから，農業用水の使用量が最も多くなると推測でき，正文である。イは，中部の工業用水の割合に近い中国や四国の総量が中部より少ないことから，正文と判断できる。ウは，近畿の2倍ほどの総量である関東の生活用水の割合が近畿の生活用水の割合とほぼ同じであることから誤文とわかる。エは，北海道と四国以外で割合が最も低いことから，正文と判断できる。

問8　図で塗りつぶされている地域にはチベット高原がある。

問9　「あ」について，青年海外協力隊の派遣はJICA(国際協力機構)が行っていて，これはODA(政府開発援助)に基づくものだから，正しい。「い」について，日本は1992年にPKO協力法が成立してから，カンボジア・東ティモール・ソマリア沖などに自衛隊を派遣しているから，正しい。よって，アが正答となる。

問10(1)　ブラジルはかつてポルトガルの植民地だったので，独立した現在もポルトガル語が用いられているから，イは誤り。　(2)　日本とブラジルの時差は12時間なので，ブラジルが夜のとき，日本は朝になる。

問11　アについて，オバマ元大統領は長崎を訪れていない。イについて，フランスではなくイギリスならば正しい。ウについて，イギリスで初めての女性の首相はサッチャーであり，1979年のできごとである。

平成 28 年度　解答例・解説

《解答例》

1　問1．記号…あ　理由…集落の周りを柵で囲っているから。／高床倉庫があるから。／稲作を行っているから。などから1つ　問2．ア　問3．イ　問4．大王　問5．ウ　問6．ア　問7．雪舟　問8．イ　問9．綿　問10．イ　問11．エ　問12．ア　問13．エ　問14．イ　問15．ウ　問16．ア　問17．エ　問18．ウ　問19．ア　問20．1952　問21．イ　問22．石油危機〔別解〕オイルショック

2　問1．電気　問2．グリーンツーリズム　問3．メディアリテラシー　問4．レジ袋を有料化します　問5．イ　問6．ウ　問7．カ

3　問1．ウ　問2．ア　問3．エ　問4．宇都宮市　問5．エ　問6．ウ　問7．イ　問8．ウ　問9．阿蘇　問10．ア　問11．(1)エ　(2)ア　問12．イ　問13．イ　問14．水はけのよい十勝平野では，大規模な畑作が行われている。

4　問1．イ　問2．国債　問3．ウ　問4．ア　問5．ユネスコ　問6．イ　問7．エ　問8．エ　問9．18　問10．X．オ　Y．イ　問11．あ．2つの選挙区を合わせて1つの選挙区とし，定数は減った　い．一票の格差が生じている状況を改善する　問12．三重県　問13．ウ　問14．エ　問15．ア

《解説》

1　問1．「い」は縄文時代の集落を描いた絵である。

問2．アの龍安寺は，京都にある禅宗の寺院である。

問3．ア．仏教公伝は6世紀半ばのできごとである。今から約1600年前は5世紀前半なので，不適。　ウ．天智天皇ではなく聖武天皇である。エ．藤原道長ではなく藤原頼通である。

問4．古墳時代，大和(現在の奈良県)や河内(現在の大阪府)の豪族は強い勢力をほこっており，やがて彼らは大和政

権(大和王権)を中心にまとまるようになり，大和政権の中心となった者は，大王(後に天皇)と呼ばれるようになった。

問5．ウ．平安時代の初期に，蝦夷の征討を命じられた坂上田村麻呂が征夷大将軍に任命されたことから考える。

問6．イ．鎌倉への入り口は，幅の狭い切通しとなっていた。　ウ．承久の乱は鎌倉を戦場としていない。　エ．石塁は博多湾沿岸に築かれた。

問7．絵は雪舟によって描かれた『天橋立図』である。

問10．イ．五街道は，江戸城ではなく日本橋を起点に整備された。

問11．エ．江戸時代，松前藩はアイヌの人々(蝦夷地)，対馬藩は朝鮮，薩摩藩は琉球王国，長崎はオランダ・中国との窓口になった。

問12．ア．自由党は，板垣退助が1881年に結成した政党である。

問13．エ．関税自主権の回復は1911年，日本の軽工業の発展は1880年代のことである。

問14．イ．台湾ではなく遼東半島ならば正しい。ロシア・ドイツ・フランスの3国が日本に遼東半島を返すよう働きかけたことを三国干渉という。

問15．ア．関東大震災の発生は1923年，ラジオ放送の開始は1925年である。　イ．普通選挙法の制定は1925年のできごとである。　エ．農地改革は，太平洋戦争終結後の戦後改革の一つである。

問16．ア．満州国の首都は新京(現在の長春)に置かれた。中国東北部に建国された満州国の首都をペキンとすることの不自然さを見抜く。

問17．エ．インドネシアは，かつてオランダ領東インドとして，オランダの植民地になっていた。

問18．ウ．1939年，ドイツのポーランド侵攻から第二次世界大戦が始まった。当初はドイツが優位に戦闘を進めていたことから，日本・ドイツ・イタリアは1940年に日独伊三国同盟を結び，互いの連携を強化した。

問20．サンフランシスコ平和条約は，1951年に結ばれ，1952年4月に発効した。日本の独立回復は，サンフランシスコ平和条約の発効時である。

問21．1953年に奄美群島，1968年に小笠原諸島，1972年に沖縄が日本に返還された。

問22．石油危機は，第四次中東戦争をきっかけとして，1973年にアラブの産油国が石油価格の大幅な引き上げなどを実施したために，世界経済が大きく混乱して起こった。

2　問2．農漁村で自然や文化に親しむというグリーンツーリズムの考え方に基づき，日本各地では観光客誘致のための様々な試みが行われている。

問4．解答例のほか，スーパーマーケットによっては，ゴミを減らす取り組みの一環として，リサイクルボックスを設けているところもある。

問7．カ．1は正距方位図法，2は正積図法，3は正角図法で描かれた地図である。

3　問1．ウ．輪島塗は石川県の特産品である。

問2．ア．群馬県の嬬恋村で，キャベツの生産がさかんである(2013年は愛知県に次ぐ第二位の生産量をほこった)。

問3．日本海側に位置する新潟県長岡市は，北西季節風の影響を強く受けるため，冬の降水量が多くなるから，エが正答となる(日本海側の気候)。アは太平洋側の気候に属する静岡市，イは北海道の気候に属する稚内市，ウは内陸の気候に属する長野市である。

問5．ア．福井県ではなく三重県ならば正しい。　イ．機械工業の生産額が群を抜いて多い。　ウ．中京工業地帯は日本一の工業生産額をほこる。

問6．ウ．天然ガス自動車は，ガソリンよりは少ないものの，二酸化炭素や窒素酸化物などを排出する。

問7．ア．札幌ではなく函館ならば正しい。　ウ．宮崎県ではなく鹿児島県ならば正しい。　エ．このような事実はない。

問8．アは消防署，イは交番，エは工場の地図記号である。

問11．(1)世界の三大洋の広さ順(太平洋＞大西洋＞インド洋)に漁獲量は多いから，エが正答となる。

(2)ア．海上で獲れた魚の鮮度を保つために，大量の氷が必要となる。

問12．アはイラン，ウはモンゴル，エはタイである。

問13．イ．い…バイオマス発電ではなく地熱発電ならば正しい。バイオマス発電は，木材(廃材)や家畜の糞尿などをもとにして発電する方法である。

問14．北海道の農業地帯として，石狩平野ー稲作／十勝平野ー畑作／根釧台地ー酪農，を覚えておこう。庄内平野は山形県にある平野である。

4　問2．国債は，国が発行する公債(財源の不足を補うために発行される借金)である。

問3．ウは地方銀行の仕事である。

問5．ユネスコ(ＵＮＥＳＣＯ)は，国連教育科学文化機関の略称である。

問6．20万分の1の地形図で，等高線は100m間隔で引かれる(5万分の1の地形図で等高線が20m間隔で引かれることから考える)。富士山の標高は3776mだから，イが正答となる。

問7．東京駅の開業は1914年で，大正時代のできごとである。

問8．エ．予算案は，必ず衆議院が先に審議する(衆議院の優越の1つ)。

問10．アは裁判所が内閣に対して持つ権限，ウは国会が内閣に対して持つ権限，エは天皇の国事行為，カは国会が裁判所に対して持つ権限である。

問14．エ．Y…アメリカから日本に旅行する外国人が，500ドルを両替する場合を考えてみる。1ドル＝100円のとき，500×100＝50000(円)に，1ドル＝80円のとき，500×80＝40000(円)に，1ドル＝120円のとき，500×120＝60000(円)に両替することができる。多くの日本円に両替できた方が海外からの旅行者にとっては好都合なので，円安になると，日本にやってくる外国人は増加する。

問15．ア．プライバシーの権利や知る権利など，憲法に規定されていないが近年になって認められるようになってきた権利を新しい人権という。②は環境権(日照権)に関わるものである。また，自由に居住・移転できる権利は，すでに日本国憲法で経済活動の自由の一つとして認められている。

平成 ㉗ 年度　解答例・解説

━━━━━━━━━━━━━━ 《解答例》 ━━━━━━━━━━━━━━

1　問1．エ　　問2．(1)ウ　(2)シルクロード〔別解〕絹の道　　問3．万葉集　　問4．ア　　問5．ウ

　　問6．(1)南蛮　(2)イ　　問7．百姓　　問8．エ　　問9．オ　　問10．幕府が外国との貿易を独占するため。

　　問11．エ　　問12．蘭学　　問13．イ　　問14．横浜　　問15．イ　　問16．ア　　問17．イ

　　問18．(1)ウ　(2)エ　　問19．ウ　　問20．シベリア　　問21．ア　　問22．エ

2　問1．ウ　　問2．ア　　問3．イ　　問4．イ　　問5．はたはたをとることを禁止した。　　問6．エ

　　問7．(1)イ　(2)輪中　(3)ア　　問8．(1)琵琶　(2)ウ　　問9．ア　　問10．エ　　問11．(1)ア　(2)ウ　(3)エ

3　問1．ア　　問2．ウ　　問3．ウ　　問4．択捉　　問5．イ　　問6．フィリピン　　問7．エ　　問8．イ

4　問1．ア　　問2．イ　　問3．司法　　問4．ウ　　問5．イ　　問6．ユニバーサル　　問7．しきじ

　　問8．教育を受ける　　問9．イ　　問10．う　　問11．約2.1倍に増えている　　問12．ア　　問13．エ

　　問14．水俣　　問15．ウ　　問16．スコットランド

1　問１．約１万3000年前は，縄文時代である。アは古墳時代，イ，ウは弥生時代の説明である。

問２．(1)大宰府は現在の福岡県に置かれた。

問４．ア．紀伊半島南部の熊野地方は，古くから神聖な場所とされ，2004年に「紀伊山地の霊場と参詣道」として世界文化遺産に登録された。

問５．ウ．守護大名は，室町時代から見られるようになった。

問８．エ．大名が住む城以外の城を破壊させる一国一城令は，江戸時代初期の1615年に出された。

問９．あ．1603年　い．1615年　う．1600年　よって，オが正答。

問11．葛飾北斎は「富嶽三十六景」などの作品で知られる。アは役者絵を得意とした東洲斎写楽，イは風景画を得意とした歌川広重，ウは美人画を得意とした喜多川歌麿の作品である。

問13．ア．薩長同盟の仲立ちは土佐藩の坂本竜馬らが行った。　ウ．版籍奉還は明治新政府の政策である。　エ．坂本竜馬は明治維新の直前に暗殺された。

問14．横浜は，江戸時代末期に日本が開国してから，港町として整備された。

問15．日本の開国後にキリスト教の宣教師が訪れ，1865年，長崎に教会を建てた。

問16．岡倉天心はフェノロサとともに日本美術の復興に尽力した。

問17．イ．日露戦争で日本が獲得したのは南満州の鉄道である。満州は中国の東北部にあたる。

問18．(1)ウ．日本は日英同盟を理由に連合国側に立って参戦し，ドイツ・オーストリアなどの同盟国側と戦った。(2)第一次世界大戦は1914年から1918年まで続いた。エ．米騒動は1918年に起こった。　アのラジオ放送の開始，イの普通選挙の導入は1925年のことである。ウは現代の農作業の様子である。

問19．ウ．都市部の小学生は，空襲から避難するため，農村部に集団で疎開した。

問20．戦後，多くの日本人がソ連軍に捕らえられ，シベリアで強制的に働かされた。これをシベリア抑留という。

問22．エ．非核三原則は「核兵器を持たず，作らず，持ち込ませず」である。

2　問３．イ．愛知県の南部には知多半島と渥美半島，鹿児島県の南部には薩摩半島と大隅半島がある。

問６．エ．2014年現在，鳥取県の人口は約58万人で，日本で最も少ない。　ア．鳥取県の県庁所在地は鳥取市である。　イ．鳥取砂丘は世界遺産ではない。　ウ．ぶどうは山梨県，日本なしは千葉県，西洋なしは山形県の生産量が日本で最も多い。

問７．(1)木曽川は長良川，揖斐川とともに濃尾平野を流れる。(2)輪中は周囲を堤防で囲まれた土地のことで，時には川の水面より地面が低くなることもある。(3)母屋から水屋に避難できるよう，これら２つは隣り合ってつくられるから，イ・ウは誤り。地形図を見ると，堤防の近くに家屋が建てられていることがわかる。堤防が決壊したときに，低地に家屋があると，流されてしまう危険性が高まるので，エは誤り。よって，アが正答。

問８．(2)ウ．琵琶湖を水源とする淀川が，大阪府民の生活用水となっている。

問９．ア．2011年の東日本大震災で，沿岸にあった福島第一原発は津波の被害にあい，大規模な事故を起こした。

問10．エ．鹿嶋市に製鉄所があるのは，港があり原料を輸入しやすく，できた製品を船で運びやすいからである。

問11．(1)瀬戸内の気候の高松市は年間を通じて降水量が少ないのでⅠである。日本海側の気候の新潟市は冬の降水量が多いのでⅡである。太平洋側の気候の鹿児島市は夏の降水量が多いのでⅢである。よって，アが正答。(2)鹿児島県は畜産がさかんであるため牧草地面積の大きい③である。香川県は山がちで耕地面積全体が少ないため②である。残った①が新潟県となるからウが正答。　(3)近畿地方に近い高松空港は，近畿地方の空の便は不要と考えら

れるのでZ，新幹線で東京と結ばれている新潟は，東京からの空の便をそれほど必要としないためXとなる。残った
Yが鹿児島空港となるからエが正答。

3　問1．四国は北海道より小さいことをヒントにする。四国は東経132〜134.4度の間に位置する。

　　問2．東経135度の経線(日本の標準時子午線)が兵庫県明石市を通るため，広島市は東経135度の経線より西である。
また，九州南端でおよそ北緯30度となることから，イは南に寄り過ぎている。

　　問3．ア・イ．与那国島は沖縄県に属する有人島である。　エ．アメリカと領土をめぐる対立はない。

　　問4．択捉島，国後島，色丹島，歯舞諸島は北方領土と呼ばれ，ロシアと領有権を争っている。

　　問5．緯線は，地球一周(約40000km)の距離を360等分しているため，1度あたりの距離は40000÷360＝111.11…より，約
111kmである。Yと沖ノ鳥島の間には緯度にして約14度の差があるため，111×14＝1554kmとなる。よって，イが正答。

　　問7．ア．中国　イ．カナダ　ウ．ブラジル　エ．オーストラリア

4　問2．イ．総務省は行政の管理や地方自治，放送などを担当する。

　　問4．ア．地方裁判所は全ての都道府県庁所在地にあるが，高等裁判所は各地方の中心都市にある。　イ．最高裁判
所の裁判官をやめさせるには，国民審査の手続きが必要である。　エ．裁判員制度による裁判で，参加する裁判官は
3名である。

　　問8．子どもに普通教育を受けさせることは義務であり，子どもが教育を受けることは権利である。

　　問10．あ．親と子どもの世帯　い．夫婦のみの世帯

　　問12．ア．結婚・出産を機に仕事をやめ，子どもが成長してから
再びパートなどで社会復帰する女性が多いため，女性の非正社員の割合が高い。

　　問13．騒音は自動車や鉄道などが原因となる，最も身近な公害の一つである。

　　問14．水俣は，水銀を原因とする水俣病が発生した土地である。

　　問15．2014年，ウクライナでは親欧米派と親ロシア派の対立が深刻化し，内戦状態になった。

平成26年度　解答例・解説

――――――――――《解答例》――――――――――

1　問1．唐　　問2．エ　　問3．(1)足利義政　(2)ア　　問4．書院造　　問5．狂言　　問6．ウ　　問7．エ

　　問8．ウ　　問9．ア　　問10．イ　　問11．ウ　　問12．法隆寺　　問13．出雲大社　　問14．銅鐸

　　問15．ア　　問16．イ　　問17．ウ　　問18．イ　　問19．自由党　　問20．エ　　問21．イ　　問22．ア

　　問23．あ．官営の八幡製鉄所をつくった　い．日露戦争に勝利する　　問24．エ

2　問1．イ　　問2．日本アルプス　　問3．ウ　　問4．イ　　問5．(1)ア　(2)すずしい気候

　　問6．(1)エ　(2)ウ→ア→エ→イ　　問7．エ　　問8．イ　　問9．番号…④　都道府県名…神奈川県

　　問10．(1)エ　(2)ア　(3)ア　(4)潮目〔別解〕潮境　　問11．エ

3　問1．(1)ウ　(2)①イ　②エ　　問2．ウ　　問3．(1)ウ　(2)ア　(3)エ

4　問1．ア　　問2．議案をしん重に審議し，様々な意見を国会に反映させるため。　　問3．政令　　問4．高等

　　問5．エ　　問6．エ　　問7．イ　　問8．96

5　問1．ア　　問2．エ　　問3．ウ　　問4．ウ　　問5．イ　　問6．国名…ブラジル　位置…イ　　問7．エ

　　問8．グローバル化

1　問1．奈良時代，中国に遣唐使が送られていたことから考えよう。

問2．ア．安土桃山時代『南蛮人渡来図屏風』　イ．室町時代『お伽草子』　ウ．室町時代『秋冬山水図』エ．平安時代『源氏物語絵巻』

問3．⑵銀閣は，15世紀末頃に建てられた。ア．1488年　イ．1333年　ウ．1232年　エ．1392年

問5．狂言は，能（舞踊を交えた演劇）の合間に演じられた。

問6．ウ．屯田兵は明治時代に置かれていた。

問7．ア．網走　イ．襟裳岬　ウ．札幌　エ．函館

問8．ウ．あ．1866年　い．1860年　う．1867年

問9．イ．1964年　ウ．1940年代後半　エ．パソコンは，2000年代以降に普及した。

問10．あは百姓身分である。　ア．大名　ウ．町人　エ．えた・ひにん

問11．関東大震災は1923年に起こった。したがって，「今」を2014年とすると，2014－1923＝91（年）より，最も近いウが正答。

問13．「出雲」は島根県の旧国名である。

問14．弥生時代，銅鐸は銅剣などとともに祭りの道具として用いられた。

問15．イは女子英学塾（後の津田塾大学），ウは蘭学塾（後の慶應義塾大学），エは東京専門学校（後の早稲田大学）の創設者である。

問16．ア．ラジオ放送の開始は大正時代。　ウ．『解体新書』の完成は江戸時代。　エ．9年間の義務教育が始まったのは昭和時代。

問17．ウ．江戸幕府の政策である。

問18．イ．内閣総理大臣制度は，西南戦争（1877年）後の1885年に誕生した。

問19．国会の開設にそなえ，板垣退助は自由党（1881年），大隈重信は立憲改進党（1882年）を結成した。

問20．日中戦争は1937年に始まった。ア．1920年　イ．1932年　ウ．1932年　エ．1941年

問21．イ．日本は，ドイツやイタリアと軍事同盟を結んだ。

問22．ア．1978年　イ．1989年　ウ．2002年　エ．1965年激化

問23．あ．八幡製鉄所は，現在の福岡県の北九州市につくられた。　い．日露戦争は1904年に始まり，1905年まで続いた。

問24．エ．渋沢栄一は，日本最初の銀行である第一国立銀行を設立した。

2　問1．イ．①新潟県　②富山県　③岐阜県　④愛知県　⑤静岡県　⑥山梨県　⑦埼玉県　⑧群馬県

問2．あ．飛騨山脈（北アルプス）　い．木曽山脈（中央アルプス）う．赤石山脈（南アルプス）

問3．ウ．天竜川は，諏訪湖を源流とする唯一の河川である。

問4．イ．雪の重さを利用する発電は，現在のところ行われていない。

問5．⑵長野県では，夏のすずしい気候を利用して出荷時期を遅らせる抑制栽培が行われている。

問6．⑴エ．縮尺2万5千分の1の地形図の1cmは，実際の長さにすると250mである。「しもすわ」駅から「諏訪大社春宮」まで約5cmだから，5×250＝1250（m）となる。　⑵諏訪湖周辺では，蚕のつくる繭を生糸にする軽工業がまず発達し，戦後，諏訪湖のきれいな水をつかって精密機械工業が発達した。その後，内陸部に高速道路ができると，IC（集積回路）をつくる工場が進出した。

問7．九州地方・東北地方の県はいずれも海に面している。

問8．イ．日本の標準時子午線は，兵庫県明石市を通る東経135度の経線であることから考えよう。緯度1度の長さは約111kmである。

問9．①茨城県　②埼玉県　③東京都　④神奈川県　神奈川県には，横浜市・川崎市・相模原市の3つの政令指定都市がある。

問10．⑴ピーマンは茨城県，ももは山梨県，いぐさは熊本県が1位。

※⑵ア．北海道・茨城県・鹿児島県・千葉県の順に農業産出額が多い。

問11．a．化学　b．金属　c．機械　d．食料品

3 問1．⑴空港からの輸出・輸入品目は軽く小型で高価な物（集積回路や医薬品など）が多い。したがって，関西国際空港は除外する。東京港は，人口の多い周辺都市に日用品を供給するため，衣類や魚かい類の輸入が多く，輸入額が際立って多い。したがって，Bが東京港，Aが神戸港となる。

⑵①日本は，資源を多く輸入している。　②⑴の解説参照。

問2．ウ．総排出量の割に一人当たりの排出量が少ないCは中国。4か国中，最も一人当たりの排出量が多いDはアメリカ合衆国。残ったEはインド。

問3．⑵ア．出羽山地→横手盆地→奥羽山脈→北上盆地→北上高地

⑶a．佐渡島　b．隠岐の島　c．淡路島　d．奄美大島(鹿児島県)

4 問1．ア．国務大臣は内閣総理大臣が任命する。

問2．参議院には，衆議院の行き過ぎを抑える役割が求められている。

問4．高等裁判所は全国に8つあり，主要都市に置かれている。

問5．エ．条約の公布は，天皇が国事行為として行う。

問6．ア．地方公共団体は，住民税や固定資産税などの地方税を集めている。　イ．毎年，多くの国債を発行している。ウ．年金の財源の半分は，原則として20歳以上60歳未満が納める保険料である。

問7．イ．第9条では，「戦争の放棄」「戦力の不保持」「交戦権の否認」が定められている。

問8．国民投票で過半数の賛成を得た場合，天皇が国民の名でただちに改正された憲法を公布する。

5 問1．ア．日本は，輸出産業によって経済成長を続けてきた国である。輸出を活発にする場合，外国での販売が有利になる「円安」が望ましい。

問2．エ．ねじれ国会とは，衆議院と参議院で多数派が異なる国会のこと。主に，参議院で野党が多数派の場合に用いられる。

問3．ウ．70才以上では，「生きがいを見つけるために働く」の方が高い。

問4．ウ．シャンハイは，黄河ではなく長江の河口近くにある。

問5．イ．TPP…環太平洋経済連携協定（「環」は取り巻くの意）　TPPは，太平洋を取り巻く国々が関税を撤廃し，貿易を活性化させていくことを目指す取り組みである。

問6．ア．メキシコ　イ．ブラジル　ウ．ペルー　エ．アルゼンチン　2016年の夏のオリンピックは，ブラジルのリオデジャネイロで行われる。

問7．エ．2013年現在，インターネットを利用して投票することはできない。

問8．グローバル化…人や物などが容易に国境をこえて移動できるようになり，世界の一体化が進むこと。

※出典…**2**問10．⑵『日本国勢図会2013/14』

■ ご使用にあたってのお願い・ご注意

（1）問題文等の非掲載

著作権上の都合により，問題文や図表などの一部を掲載できない場合があります。

誠に申し訳ございませんが，ご了承くださいますようお願いいたします。

（2）過去問における時事性

過去問題集は，学習指導要領の改訂や社会状況の変化，新たな発見などにより，現在とは異なる表記や解説になっている場合があります。過去問の特性上，出題当時のままで出版していますので，あらかじめご了承ください。

（3）配点

学校等から配点が公表されている場合は，記載しています。公表されていない場合は，記載していません。

独自の予想配点は，出題者の意図と異なる場合があり，お客様が学習するうえで誤った判断をしてしまう恐れがあるため記載していません。

（4）無断複製等の禁止

購入された個人のお客様が，ご家庭でご自身またはご家族の学習のためにコピーをすることは可能ですが，それ以外の目的でコピー，スキャン，転載（ブログ，ＳＮＳなどでの公開を含みます）などをすることは法律により禁止されています。学校や学習塾などで，児童生徒のためにコピーをして使用することも法律により禁止されています。

ご不明な点や，違法な疑いのある行為を確認された場合は，弊社までご連絡ください。

（5）けがに注意

この問題集は針を外して使用します。針を外すときは，けがをしないように注意してください。また，表紙カバーや問題用紙の端で手指を傷つけないように十分注意してください。

（6）正誤

制作には万全を期しておりますが，万が一誤りなどがございましたら，弊社までご連絡ください。

なお，誤りが判明した場合は，弊社ウェブサイトの「ご購入者様のページ」に掲載しておりますので，そちらもご確認ください。

■ お問い合わせ

解答例，解説，印刷，製本など，問題集発行におけるすべての責任は弊社にあります。

ご不明な点がございましたら，弊社ウェブサイトの「お問い合わせ」フォームよりご連絡ください。迅速に対応いたしますが，営業日の都合で回答に数日を要する場合があります。

ご入力いただいたメールアドレス宛に自動返信メールをお送りしています。自動返信メールが届かない場合は，「よくある質問」の「メールの問い合わせに対し返信がありません。」の項目をご確認ください。

また弊社営業日（平日）は，午前９時から午後５時まで，電話でのお問い合わせも受け付けています。

―――― 2025 春

株式会社教英出版

〒422-8054　静岡県静岡市駿河区南安倍３丁目 12-28

TEL　054-288-2131　　FAX　054-288-2133

URL　https://kyoei-syuppan.net/

MAIL　siteform@kyoei-syuppan.net

教英出版 2025　28 の１　ノートルダム清心中７年分

２０２０年度

ノートルダム清心中学校　入学試験問題

算　数　その①

【１５分】

受験上の注意

（試験問題・解答用紙について）

１．試験を始める合図があるまで，試験問題を見てはいけません。

２．問題用紙は表紙を除いて１枚あります。

３．枚数が足りない時は，手をあげて監督の先生に知らせてください。

４．解答は解答らんに記入してください。

５．問題用紙を切り取ることは，しないでください。

（試験について）

６．「始めてください」の指示で鉛筆をとり，「やめてください」の指示
　　があったらすぐに鉛筆を置いてください。

７．試験が始まったら，最初に受験番号と名前を書いてください。

８．印刷のわからないところなどがあったら，手をあげて監督の先生に
　　知らせてください。

９．解答用紙を集めるまで席を立たないでください。

（その他）

１０．この表紙の裏を，「その①」の計算のために使ってもかまいません。
　　　この表紙は監督の先生の指示にしたがって持って帰ってください。

※印のところには，何も記入しないでください。

1　次の計算をしなさい。

（1）　$65.3-(3.94-1.36)÷0.4$

[答]

（2）　$\left(4\dfrac{1}{3}+1.6\right)×\dfrac{1}{5}÷0.89-0.25$

[答]

2　みかんを１人に４個ずつ配ると５個不足したので，３個ずつ配ると２個余りました。みかんの個数を求めなさい。

[答]　　　　　　　　個

3　算数のテストを５回受けました。最初の３回の平均点は77点で，残り２回の平均点は90点でした。５回の平均点は，最初の３回の平均点より何点高いですか。

[答]　　　　　　　　点

4　大小２つの数があり，２つの数の和の２倍も，２つの数の差の７倍も84となります。大きい方の数を求めなさい。

[答]

5　800ｇの荷物Ａと６kgの荷物Ｂがたくさんあります。荷物を最大２ｔまで積めるトラックにＡを1400個積んだとき，Ｂは何個まで積むことができますか。

[答]　　　　　　　　個

２０２０年度

ノートルダム清心中学校　入学試験問題

算　数　その②

【３５分】

受験上の注意

（試験問題・解答用紙について）

1．試験問題は，１ページから３ページまで３問あります。

2．解答用紙は，問題用紙とは別に１枚あります。

3．解答は解答用紙に記入してください。

4．問題用紙を切り取ることは，しないでください。

5．この表紙と問題用紙は，監督の先生の指示にしたがって持って帰って
　ください。

1 底面のたての長さが 20 cm，横の長さが 25 cm の直方体の容器があります。この容器に水をいっぱいになるまで入れ，図1のように，底面の1辺を床につけたままかたむけて水を出します。1回目に容器の水の $\frac{1}{7}$ を出し，2回目に残りの水の $\frac{3}{10}$ を出すと，容器には 48 dL の水が残りました。下の問いに答えなさい。ただし，容器の厚みは考えないものとします。

図1

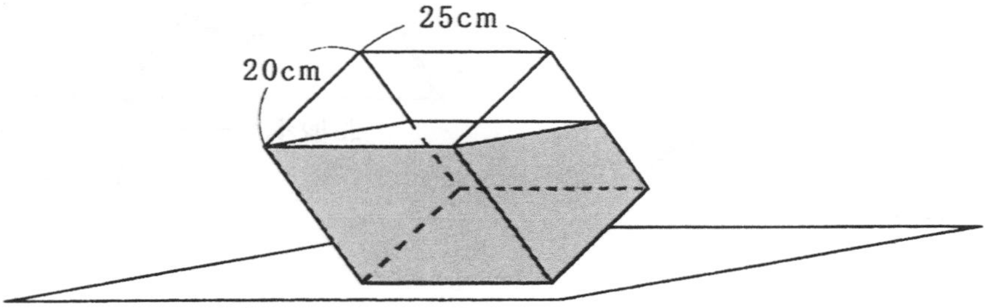

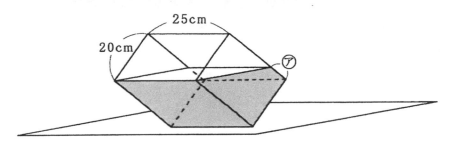

図2　2回目に水を出し終わった直後の状態

（1）容器の容積を求めなさい。

（2）容器の高さを求めなさい。

（3）図2の ⑦ の長さを求めなさい。

（4）図2において，容器の面のうち，水にふれている部分の面積を求めなさい。

2 ある公園には，A地点からB地点まで行くのに，お散歩コースと自転車コースの2種類の道があり，途中のC地点で交差しています。お散歩コースはまっすぐな道で，道のりは1800 mであり，清子さんは歩いて30分かかります。また，清子さんの自転車の速さは歩く速さの4.5倍で，自転車コースを使うと15分かかります。次の問いに答えなさい。

(1) 清子さんの歩く速さは
分速何 m ですか。

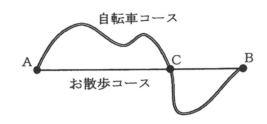

自転車コース

A C B

お散歩コース

(2) 自転車コースの道のりを
求めなさい。

(3) 清子さんは，A地点からB地点まで行くのに，C地点まで自転車コースを自転車で移動し，C地点に自転車を置いて，C地点からB地点までお散歩コースを歩きました。移動した道のりは合わせて3220 m，かかった時間は合わせて21分でした。このとき，自転車で移動した道のりを求めなさい。ただし，自転車を置く時間は考えないものとします。

２０２０年度

ノートルダム清心中学校　入学試験問題

理　科

【３０分】

1

次のⅠとⅡの文を読み，それぞれあとの問いに答えなさい。

Ⅰ．天気は常に移り変わり，天気の予報や観測も行われています。

問1　次の文は，天気について述べたものです。文中の（　①　）と（　②　）にあてはまることばを答えなさい。

> 天気予報では，「晴れ」や「くもり」などの用語が出てきます。「晴れ」と「くもり」は（　①　）の量によって決まります。目で見た空全体の広さを「10」としたときの（　①　）の量が「7」のとき，天気は（　②　）です。そして，雨がふっているときの天気は，（　①　）の量に関係なく「雨」です。

問2　図1は，ある年の4月21日6時に気象衛星によって観測された雲の画像です。位置のめやすとして，広島市と札幌市の位置を図の中に示しています。また，図2のA〜Cは，その年の4月21日18時，4月22日6時，4月22日18時のいずれかの時間に，図1と同じ場所を観測したときの雲の画像です。これについて，次の(1)と(2)の問いに答えなさい。

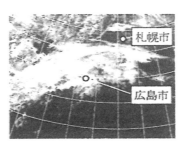

図1

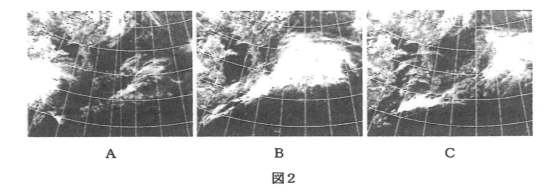

A　　　　　　　　　　B　　　　　　　　　　C

図2

［tenki.jp ホームページより作成］

(1) 図2のA～Cを，時間の経過の順に並べたものとして，最も適当なものを次のア～
カから選び，記号で答えなさい。

　　ア．A→B→C　　　イ．A→C→B　　　ウ．B→A→C

　　エ．B→C→A　　　オ．C→A→B　　　カ．C→B→A

(2)　4月21日6時から4月22日18時までの広島市の気温の変化を表したグラフとして，
　　最も適当なものを次のア～エから選び，記号で答えなさい。ただし，この期間の広島
　　市の平均気温は17.0℃です。

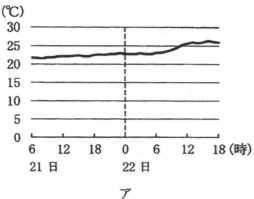

ア

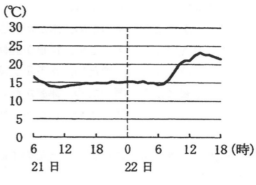

イ

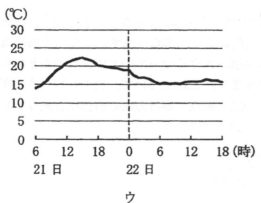

ウ

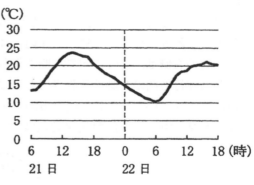

エ

Ⅱ．夏から秋にかけて，日本には台風が近づき，上陸することもあります。

問3　次の文は，台風をつくる雲について述べたものです。文中の（　　　　）にあてはまる雲の名前を答えなさい。

> 台風は，非常に発達した（　　　　）が集まってできている。

問4　台風によって起こることについて述べた文として，**適当でないもの**を次のア〜オから1つ選び，記号で答えなさい。
　　ア．台風による強風のため，木がたおされることがある。
　　イ．台風による強風のため，電車が運休になることがある。
　　ウ．台風による大雨のため，水不足が解消されることがある。
　　エ．台風による大雨のため，津波が起こることがある。
　　オ．台風による大雨のため，山くずれが起こることがある。

問5　台風は，地上付近の空気が，台風の中心に向かって反時計回り（左回り）に回転しながら吹きこみ，台風の中心付近で上昇し，上空では時計回り（右回り）に回転しながら吹き出しています。また，台風の中心は風が弱く雲が少なくなっており，それを台風の目とよんでいます。
　　　図3は，台風が進行するときの地上付近の風向きを模式的に表したものです。台風とそのまわりに吹く風の強さ（風速）は場所によって異なります。また，台風の進行方向の右側は，進行方向の左側よりも風速が大きくなっています。このことから台風の進行方向の右側は危険半円とよばれます。これについて，次の(1)と(2)の問いに答えなさい。ただし，進行方向の左側にA地点，進行方向の右側にB地点があり，台風の中心との位置関係は図3のようになります。

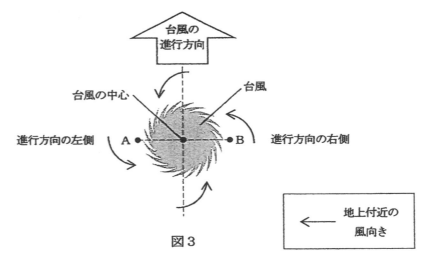

図3

(1) 図3のAからBに至るまでの地上付近の風速を表した図として，最も適当なものを次のア～カから選び，記号で答えなさい。ただし，図の上ほど風速が大きいことを表しています。

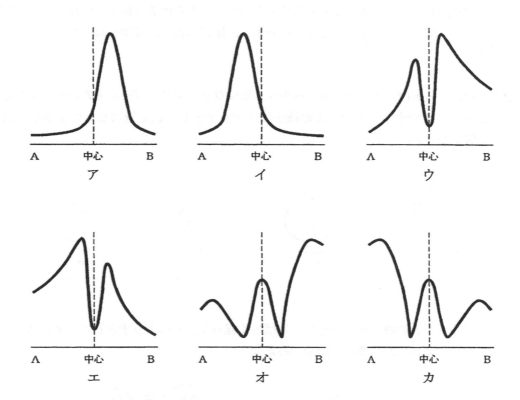

(2) 台風の進行方向の右側の風速が，進行方向の左側よりも大きくなる理由を説明しなさい。

2 次のⅠとⅡの文を読み，それぞれあとの問いに答えなさい。

Ⅰ．一般に植物は，花が咲いたあとに種子をつくり，その種子が発芽・成長していきます。育てたり，種子を集めたりすることが簡単で，観察に適した植物としてホウセンカがあります。

問1　次のア～エは，ホウセンカ，ヘチマ，ヒマワリ，マリーゴールドのいずれかの種子のスケッチです。ホウセンカの種子のスケッチとして最も適当なものを選び，記号で答えなさい。

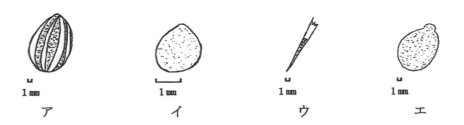

問2　ホウセンカの種子が発芽して，しばらく経ったときのようすとして，最も適当なものを次のア～エから選び，記号で答えなさい。

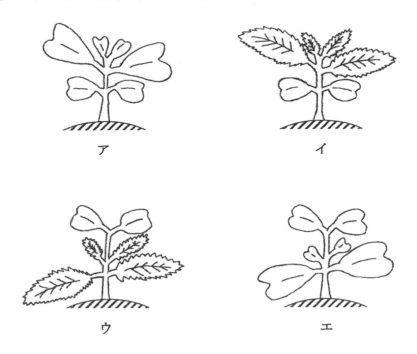

問3　次のア〜エの植物のうち，一般に，ホウセンカの花が咲く季節と異なる季節に花が
　　咲くものはどれですか。最も適当なものを選び，記号で答えなさい。
　　　ア．ヘチマ　　　　イ．アサガオ　　　　ウ．パンジー　　　　エ．ヒマワリ

Ⅱ．清子さんの将来の夢は，広いホウセンカ畑をつくり，観光名所にすることです。そのため，ホウセンカの種子の発芽について調べたところ，次のような資料（資料１）を見つけました。

資料１

> ○　ホウセンカの種子は，種子ができてからしばらくの間，水などを与（あた）えても発芽しにくい状態になる。このような状態になっている種子を休眠（きゅうみん）種子とよぶ。
> ○　休眠種子でも，ある条件をもつ土に落ちると発芽しやすくなる。

　このことに興味をもった清子さんは，さらにくわしく調べ，次のような実験結果の資料（資料２）を見つけました。そして資料２に出てくる「土A」は，資料１に出てくる「ある条件をもつ土」であることもわかりました。

資料２

ホウセンカの種子をまく土の種類と種子の発芽率の関係	
土の種類	発芽率
土A	96％
土Aを水洗いした土（土B）	9％

※　土Aを水洗いした後の液を液aとする。

問４　清子さんは，資料１について，ホウセンカの種子が，なぜ休眠種子になるのかについて考えました。そして，もしも休眠種子にならずに土に落ち，すぐに発芽した場合には，ホウセンカにとって不利な点があるのかもしれないと思いました。ホウセンカにとって不利な点として考えられることを，簡単に説明しなさい。

２０２０年度

ノートルダム清心中学校　入学試験問題

社　会

【３０分】

1 次の各問いに答えなさい。

問1 次の文は，右の図で表された漁のことを説明しています。この漁法を何といいますか。

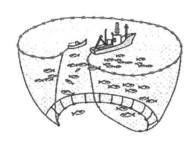

「1～2隻の船で，大きな網を使って魚の群れをとり囲み，底の部分をしぼったあと，網を引き上げ，中の魚をとる。」

問2 次のⅠ～Ⅲは，ある都道府県について説明した文です。Ⅰ～Ⅲにあてはまる都道府県名を，下のア～コから1つずつ選び，記号で答えなさい。

Ⅰ　梅，柿，みかんの生産量が，いずれも全国1位である。また，世界文化遺産に登録された史跡がある。

Ⅱ　沿岸部ではカキ，ワカメなどの養殖がさかんである。また，大小260あまりの島々がある湾は，日本三景の1つに数えられている。

Ⅲ　養殖のり，小麦，いちごの生産量が，いずれも全国3位以内である。また，政令指定都市が2つある。

ア．北海道　　　イ．佐賀県　　　ウ．愛媛県　　　エ．宮城県
オ．静岡県　　　カ．山梨県　　　キ．福岡県　　　ク．京都府
ケ．和歌山県　　コ．広島県

問3 右の写真は，出雲平野のある場所で撮影されたものです。この写真について説明した文として最も適当なものを，次のア～エから1つ選び，記号で答えなさい。

ア．夏の強い季節風から家を守るために，家の南東に高い木が並べて植えられている。
イ．夏の強い季節風から家を守るために，家の北西に高い木が並べて植えられている。
ウ．冬の強い季節風から家を守るために，家の南東に高い木が並べて植えられている。
エ．冬の強い季節風から家を守るために，家の北西に高い木が並べて植えられている。

問4　清子さんは，新大阪駅から東京駅まで新幹線に乗りました。次のア～エを，この新幹線が通過する順に並べ，記号で答えなさい。

ア．富士川　　　イ．濃尾平野　　　ウ．近江盆地　　　エ．浜名湖

問5　次の文中の（　　　）にあてはまる語を答えなさい。

「現在，名古屋と東京の間に（　　　）モーターカーを走らせる路線の建設が進められています。この路線が開通すれば，名古屋駅と品川駅の間を約40分で移動することができるようになります。」

問6　次の図は，広島県を中心とした地図です。地図中の縮尺の（ ⓐ ）にあてはまる数字として最も適当なものを，下のア～エから１つ選び，記号で答えなさい。

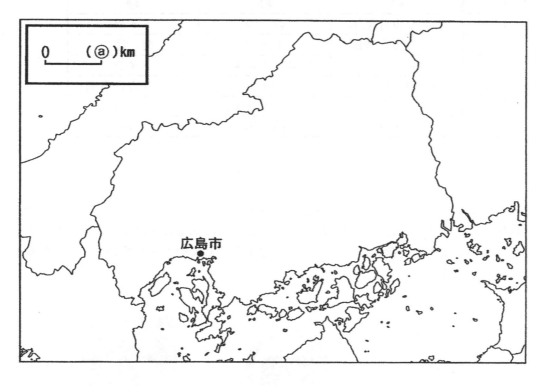

ア．20　　　イ．80　　　ウ．200　　　エ．400

問7　次の❶～❸の表は，アメリカ合衆国，韓国，ドイツのいずれかの国から日本が
　　輸入しているもののうち，輸入総額に占める割合が高い上位3品目を示していま
　　す。❶～❸にあてはまる国名の組み合わせとして正しいものを，下のア～カから
　　1つ選び，記号で答えなさい。

❶

機械類	26.2%
自動車	24.3%
医薬品	16.5%

総額　約2兆8693億円

❷

機械類	27.4%
石油製品	15.3%
鉄鋼	9.5%

総額　約3兆5505億円

❸

機械類	28.1%
航空機類	5.3%
医薬品	5.1%

総額　約9兆149億円

[『日本国勢図会 2019/20』より作成]

	❶	❷	❸
ア	アメリカ合衆国	韓　国	ドイツ
イ	アメリカ合衆国	ドイツ	韓　国
ウ	韓　国	アメリカ合衆国	ドイツ
エ	韓　国	ドイツ	アメリカ合衆国
オ	ドイツ	アメリカ合衆国	韓　国
カ	ドイツ	韓　国	アメリカ合衆国

問8　次の3つの図は，ピクトグラムとよばれるものです。このほかにもさまざまな
　　種類のピクトグラムを，日常生活のいたるところで見ることができます。ピクト
　　グラムは，どのような目的で，どのような工夫をしてつくられていますか。簡単
　　に説明しなさい。

問9　次の【地図A】には，世界にある６つの大陸のうち，２つの大陸がかかれていません。また，【地図A】中のXの範囲を拡大したものが【地図B】です。これらの地図について，あとの(1)〜(3)の問いにそれぞれ答えなさい。

【地図A】

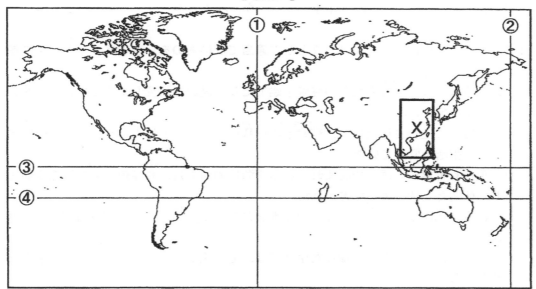

【地図B】

(1) 【地図A】にかかれていない２つの大陸のうち，１つは南極大陸です。もう１つの大陸は何ですか。

(2) 【地図A】中の①〜④のうち，赤道を示しているものを１つ選び，番号で答えなさい。

(3) 【地図B】中のア〜エのうち，香港（ホンコン）の位置を示しているものを１つ選び，記号で答えなさい。

2 次の各問いに答えなさい。

問1　縄文時代は，どのくらいの期間続きましたか。最も適当なものを，次のア～エ
　　から1つ選び，記号で答えなさい。

　　ア．約千年　　　　　イ．約5千年　　　　ウ．約1万年　　　　エ．約2万年

問2　日本の文化について述べた文として**適当でないもの**を，次のア～オから2つ選
　　び，記号で答えなさい。

　　ア．聖徳太子は，法隆寺などの寺院を建てたり，経典を研究したりして，仏教を広
　　　めるよう努めた。
　　イ．平城京に住む貴族たちは，寝殿造の屋敷に住み，先例にもとづいて行事や儀式
　　　を行う生活を営んでいた。
　　ウ．現在も世界中の国々で読まれている『源氏物語』は，藤原道長の娘に教育係と
　　　して仕えた女性によって書かれた。
　　エ．鎌倉時代には，石と砂だけで山や水などを表す，枯山水とよばれる石庭が，さ
　　　かんにつくられた。
　　オ．室町時代からさかんになった生け花は，その後も発展し，現在ではさまざまな
　　　流派がある。

問3　次のようにうったえた人物はだれですか。

　　「もともと，女性は太陽であった。しかし今，女性は月である。他によって生き，
　　他の光によって輝く，病人のような青白い顔色の月である。わたしたちは，か
　　くれてしまったわたしたちの太陽を取りもどさなければならない。」

問4　次の説明にあてはまる語を，漢字で答えなさい。

　　「欧米諸国などの強国によって主権が奪われ，政治や経済が支配された国や地域
　　のこと。」

問5　次の**あ～う**は戦後におきたできごとです。年代の古い順に正しく並べたものを，
　　下のア～カから1つ選び，記号で答えなさい。

　　あ．警察予備隊がつくられた。
　　い．朝鮮半島に朝鮮民主主義人民共和国と大韓民国がつくられた。
　　う．サンフランシスコ平和条約が結ばれた。

　　ア．あ → い → う　　　イ．あ → う → い　　　ウ．い → あ → う
　　エ．い → う → あ　　　オ．う → あ → い　　　カ．う → い → あ

受験番号		名　前	

2

（3）［式］

答＿＿＿＿＿＿＿＿＿＿＿＿

2
※

3

（1）［式］

答＿＿＿＿＿＿＿＿＿＿＿＿

（2）［式］

答＿＿＿＿＿＿＿＿＿＿＿＿

※①＋②
100点満点
（配点非公表）

3
※

合計
※

3

問1	問2		問3	問4
	①	②		
				g

問5

4

問1			問2	問3
①	②	③		

問4
回路1 ： 回路2 ＝ ：

問1	問2	問3

問4

問5	問6
時代	政府は, [　　　　　　　　　　　　　　　　　　　　　　] と考えたため。

問7

4

問1	問2		問3
	(1)	(2)	する権利

問4
を得る
10　　　　　　　　15

問5	問6	問7	問8
制度			

| 受験番号 | | 名　前 | |

2020年度　入学試験問題　社　会　解答用紙

※印のところには，何も記入しないでください。

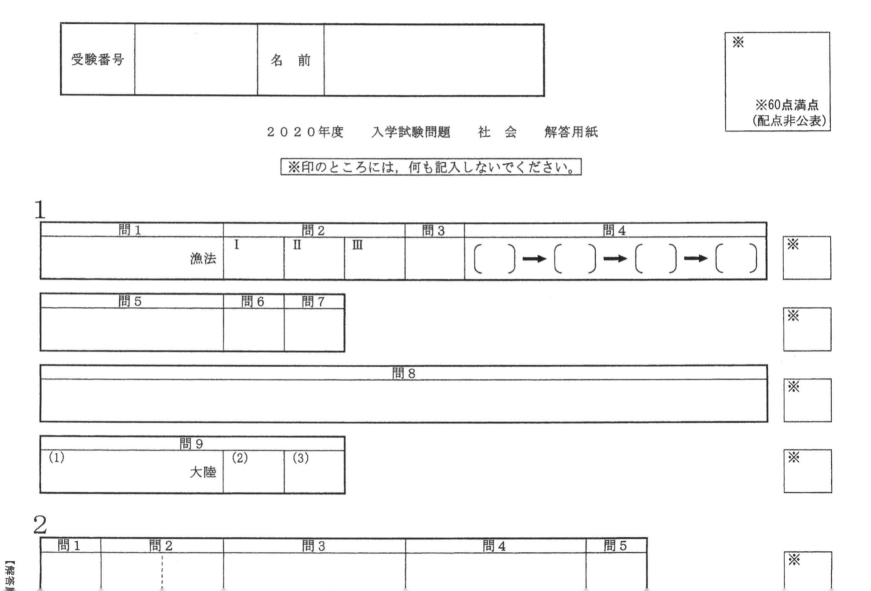

1

問1		問2			問3	問4	
漁法	I	II	III			（　）→（　）→（　）→（　）	※

問5	問6	問7

※

問8

※

問9		(2)	(3)
(1) 大陸			

※

2

問1	問2	問3	問4	問5

※

受験番号		名　前	

２０２０年度　　入学試験問題　　理　科　　解答用紙

※印のところには，何も記入しないでください。

1

問1		問2		問3	問4	問5
①	②	(1)	(2)			(1)

問5
(2)

※

※

2

問1	問2	問3

問4

※

※

【解答

※印のところには，何も記入しないでください。

1

(1) ［式］

答＿＿＿＿＿＿＿＿＿＿

(2) ［式］

答＿＿＿＿＿＿＿＿＿＿

(3) ［式］

答＿＿＿＿＿＿＿＿＿＿

(4) ［式］

答＿＿＿＿＿＿＿＿＿＿

1
※

2

(1) ［答］	(2) ［答］

【解答

3 次のA・Bの文を読んで，あとの問いに答えなさい。

A あるクラスで，江戸時代の百姓一揆について考えました。次の会話は，清子さんのグループでの話し合いのようすです。

清子：百姓一揆の要求には，①税の負担を減らしてほしいというものが多いのよね。

愛子：【グラフ】を見ると，特に発生件数が増えている時期があるわ。⑦・⑦・⑦の時期には，深刻な（　②　）がおこったみたい。（　②　）に見まわれると，食べ物が不足して死者もたくさん出て，百姓も大規模な一揆をおこしたのね。

聖子：一番多いのは⑦の時期ね。幕末にはいろいろな問題が発生したから，（　③　）を求める一揆や打ちこわしが各地でおきたみたい。

清子：私は，④一揆は，百姓たちが武器を手におこした暴動のことだと思っていたけれど，先生が配られた【資料】を読むと，実はそうじゃないんだなって，わかってきたわ。

【グラフ】百姓一揆の発生件数

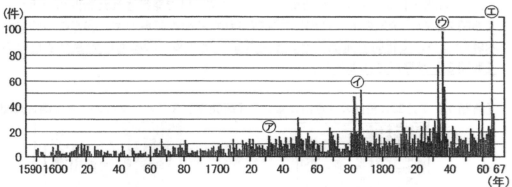

【資料】

・「一揆」とは，もとは「心を一つにすること」という意味である。

・百姓たちは，畑に出るときも，大名に自分たちの要求を突きつけるため城下町に出かけるときも，鎌やくわをはなさなかった。

・江戸時代の農村には，けものを追い払ったり，退治したりするための鉄砲が大量にあったことがわかっている。

・ある一揆のときには，参加者たちは「自分たちは百姓だから，太刀，やりなどの類いは決して持参してはいけない。」と確認し合った。

・「世の中の見せしめに，悪人をこらしめるために立ち上がるのであって，人命を損なう物は，持たない。」と，参加者たちが約束した一揆もあった。

・一揆の参加者たちは，「盗みや放火などをしてはいけない。」と約束している場合が多かった。

問1　下線部①に関連して，百姓が大名に納める年貢米について述べた文として**適当でないもの**を，次のア～エから１つ選び，記号で答えなさい。

　ア．納められない百姓の分の年貢米は，五人組の仲間によって納入された。

　イ．年貢米は，城の蔵に集められて，藩の外には持ち出さないようにされた。

　ウ．年貢米は，大名やその家族の食料として消費された。

　エ．年貢米は，大名の家来の武士たちに給与として支給された。

問2　（　②　）にあてはまる語を答えなさい。

問3　（　③　）にあてはまる語を３字で答えなさい。

問4　下線部④について，「一揆は，百姓たちが武器を手におこした暴動のことだ」という考えに対して，【資料】の内容を使って反対意見を述べなさい。

B　（　⑤　）時代には，全国で米騒動がおこりました。米騒動は店をおそって米を奪う暴動だとみられがちですが，実際は，米の安売りを米屋にせまる行動が中心でした。【新聞１】は，米騒動が始まってすぐに富山県で発行された新聞の記事です。【新聞２】は，全国の人々に向けて発行された新聞の記事です。⑥当時の政府が，米騒動について新聞で報道することを禁止したため，⑦紙面に大きな空白のある【新聞３】が発行されました。

【新聞１】７月25日発行の「富山日報」　　【新聞２】８月８日発行の「東京朝日新聞」

【新聞３】８月15日発行の「大阪朝日新聞」

問5　（　⑤　）にあてはまる元号を答えなさい。

問6　下線部⑥について，政府はなぜ，米騒動の報道を禁止したのですか。次の地図も参考にして，答えなさい。

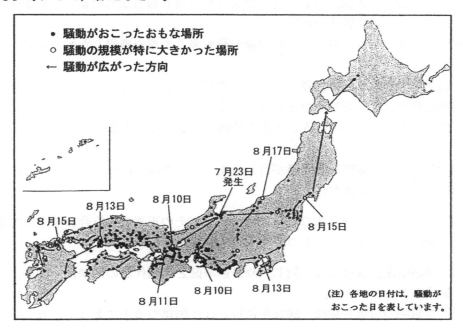

・騒動がおこったおもな場所
○騒動の規模が特に大きかった場所
←騒動が広がった方向

8月17日

7月23日
発生

8月13日

8月10日

8月15日

8月15日

8月11日

8月10日

8月13日

（注）各地の日付は，騒動が
おこった日を表しています。

問7　下線部⑦について，新聞社はなぜ，紙面に大きな空白がある状態で，新聞を発行したのだと考えられますか。「新しい記事を準備する時間がなかった」以外の理由を1つ答えなさい。

4　次の各問いに答えなさい。

問1　日本の内閣総理大臣について述べた文として最も適当なものを，次のア～エから１つ選び，記号で答えなさい。

　ア．内閣総理大臣には，衆議院議員選挙で最も多くの票を獲得した国会議員が指名される。

　イ．内閣総理大臣の１回の任期は４年で，連続して２回まで務めることができる。

　ウ．内閣総理大臣は，各省庁などの長である国務大臣を任命する。

　エ．内閣総理大臣は，国の収入と支出の計画である予算を決定する。

問2　2019年７月に参議院議員選挙が行われました。参議院について，次の(1)・(2)の問いにそれぞれ答えなさい。

(1)　参議院に関して述べた次のあ，いについて，その正誤の組み合わせとして正しいものを，下のア～エから１つ選び，記号で答えなさい。

　　あ．参議院議員選挙では，同じ人物が選挙区と比例代表の選挙に，同時に立候補することができる。

　　い．参議院の議員定数は，2018年に行われた法律の改正によって，６人減ることになった。

　ア．あ，いはどちらも正しい。

　イ．あは正しいが，いは誤っている。

　ウ．あは誤っているが，いは正しい。

　エ．あ，いはどちらも誤っている。

(2) 次の【図1】・【図2】から読み取れることを説明した文として最も適当なもの
を，下のア～ウから1つ選び，記号で答えなさい。

【図1】　参議院議員選挙における女性の当選者数と当選率

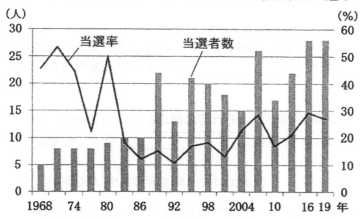

【図2】　選挙後の参議院における女性議員数

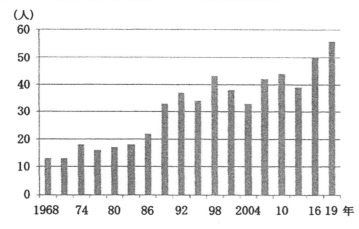

[内閣府男女共同参画局ホームページなどより作成]

ア．【図1】を見ると，2019年の参議院議員選挙における女性の立候補者数は，80
　　人以上であることがわかる。
イ．【図1】を見ると，平成時代に実施された参議院議員選挙における女性の当選
　　者数は，常に15人以上であることがわかる。
ウ．【図2】を見ると，参議院の女性議員数は，1968年から2019年の間に6倍以上
　　に増えていることがわかる。

問3　日本国憲法で保障されている国民の権利のうち，労働者が，働く環境や条件をよりよくするために，労働組合をつくることができる権利を何といいますか。次の（　　　）にあてはまる語を漢字２字で答えなさい。

「（　　　）する権利」

問4　次の文は，日本国憲法第96条で定められている，憲法改正の手続きを説明したものです。文中の［　　　　　　　　　］にあてはまる内容を，10字以上15字以内で答えなさい。

「衆議院と参議院において，それぞれ総議員の３分の２以上の賛成で，国会が憲法改正を発議し，その後，［　　　　　　　　　］を得る必要がある。」

問5　次の文中の（　　　）にあてはまる語を漢字で答えなさい。

「2019年10月１日から，消費税率が10％に引き上げられました。ただし，外食を除く食料品や新聞など一部のものは，（　　　）制度によって税率が８％のままとされています。」

問6　次のⅠ～Ⅲは，2019年に日本で開催されたG20首脳会議に参加した各国の首脳です。Ⅰ～Ⅲの人物が，この会議に参加した時の役職の組み合わせとして正しいものを，下のア～カから1つ選び，記号で答えなさい。

Ⅰ　　　　　　　　Ⅱ　　　　　　　　Ⅲ

	Ⅰ	Ⅱ	Ⅲ
ア	大統領	大統領	大統領
イ	大統領	大統領	首相
ウ	大統領	首相	大統領
エ	首相	首相	首相
オ	首相	首相	大統領
カ	首相	大統領	首相

問7　2025年に国際博覧会（万博）が開催される都市と，そのテーマの組み合わせとして正しいものを，次のア～エから1つ選び，記号で答えなさい。
　　ア．大阪市 － いのち輝く未来社会のデザイン
　　イ．大阪市 － 人類の進歩と調和
　　ウ．京都市 － いのち輝く未来社会のデザイン
　　エ．京都市 － 人類の進歩と調和

問8　次のような活動を通して，おもに発展途上国の子どもたちを支援している国際連合の機関を何といいますか。

・食料品や医薬品を届ける。
・校舎を建てたり学用品を提供したりして，学校で学べる環境を整える。
・きれいで安全な水が使えるように井戸をつくる。

問5　清子さんは，資料2から次のような予想を立てました。

> 予想　土Aには水に溶けるある成分が含まれていて，その成分は発芽を促進している。そしてその成分が液aにも含まれている。

　清子さんはある実験を行い，この予想が正しいことを確認しました。清子さんが行った実験とその結果として，最も適当なものを次のア〜エから選び，記号で答えなさい。ただし，ここに示した種子はすべて休眠種子とします。

　　ア．土Aに液aを加えて種子をまくとよく発芽して，土Aに水を加えて種子をまいてもあまり発芽しなかった。
　　イ．土Aに液aを加えて種子をまくとあまり発芽せず，土Aに水を加えて種子をまくとよく発芽した。
　　ウ．だっし綿を液aでしめらせて種子をまくとよく発芽して，だっし綿を水でしめらせて種子をまいてもあまり発芽しなかった。
　　エ．だっし綿を液aでしめらせて種子をまくとあまり発芽せず，だっし綿を水でしめらせて種子をまくとよく発芽した。

問6　問5の予想が正しいことを確認した清子さんは，資料2に示されている土A，土B，液aを利用すると，休眠種子を同時にまいても，発芽する日を数日ずらすことができると考えました。そこで，2つのプランター（プランター①と②）を用意して，次のような実験計画を立てました。プランター①にまいた種子の発芽する日と，プランター②にまいた種子の発芽する日が数日ずれる可能性があるものを，実験計画のア〜オから2つ選び，記号で答えなさい。ただし，ここに示した種子はすべて休眠種子とし，どれも種子ができてすぐに採取したものとします。また，発芽を促進する成分の量の違いは，発芽するまでの時間の長さには影響しないものとします。

実験計画

	プランター①		プランター②	
	土の種類	液aを与える時期	土の種類	液aを与える時期
ア	土A	種子をまいた直後	土A	種子をまいた数日後
イ	土A	種子をまいた直後	土B	種子をまいた直後
ウ	土A	種子をまいた直後	土B	種子をまいた数日後
エ	土B	種子をまいた直後	土A	種子をまいた数日後
オ	土B	種子をまいた直後	土B	種子をまいた数日後

3 ものの温度の変化について述べた次の文を読み，あとの問いに答えなさい。

　ものの温度が上がるのは，ものに熱が加えられたときや，ほかのものから熱をうばったときです。一方，ものの温度が下がるのは，ものが熱を放出したときや，ほかのものから熱をうばわれたときです。また，<u>水が水蒸気に変化したり，水が氷に変化するなど，もののすがたが変化するとき</u>にも，周囲に熱を放出したり，周囲から熱をうばったりすることがあります。

　これらの仕組みを利用したものとして，食品や体などを冷やすときに使う「保冷剤（図1）」，「冷却シート（図2）」，「冷却パック（図3）」があります。

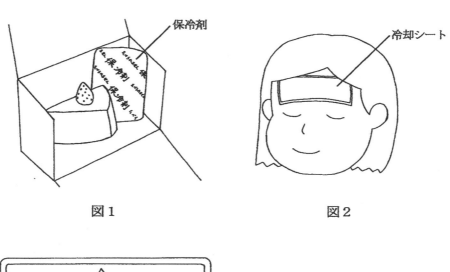

図1　　　　　　　　　　　　　　　　図2

図3

問1　文中の下線部について，一般に，水から水蒸気にすがたが変わる変化を何といい
　　ますか。

問2　次の文は，保冷剤や冷却シートを用いて，体を冷やすときの仕組みについて述べた
　　ものです。文中の（　①　）と（　②　）にあてはまることばとして適当なものを，
　　それぞれ下のア～カから選び，記号で答えなさい。

　　冷とう庫に入っていた保冷剤が体にふれているときには，冷たいと感じる。こ
　のとき，（　①　）と考えられる。
　　一方，冷却シートは，冷とう庫などで冷やしていなくても，体にふれていると
　きには冷たいと感じる。これは，冷却シートには水が含まれており，含まれて
　いる水の一部が水蒸気にすがたを変えていることが関係している。このことよ
　り，冷却シートに含まれている水が水蒸気にすがたを変えているときには
　（　②　）と考えられる。

　（　①　）にあてはまるもの
　ア．保冷剤の温度は上がり，体の熱はうばわれている
　イ．保冷剤の温度は上がり，保冷剤の熱はうばわれている
　ウ．体の温度は上がり，体の熱はうばわれている
　エ．体の温度は上がり，保冷剤の熱はうばわれている

　（　②　）にあてはまるもの
　オ．周囲から熱をうばっている
　カ．周囲に熱を放出している

物質には，水に溶けるとき，周囲に熱を放出し水溶液の温度を上げる物質と，周囲から熱をうばい水溶液の温度を下げる物質があります。この現象について調べるため，次の実験1と実験2を行いました。ただし，実験中の室温は20℃で一定であったものとし，物質はすべてすぐに水に溶けるものとします。

【実験1】図4のような装置と，物質A〜Dを用意しました。断熱容器は，容器の外に熱が出たり，容器の外から熱が入ったりしない容器です。断熱容器の中に，20℃の水49gと，物質Aを1g加えて溶かし，よくかき混ぜた後，水溶液の温度をはかりました。次に，20℃の水の重さと，加えた物質Aの重さを変え，別の断熱容器を用いて同様の実験を行いました。
　物質B〜Dについても同様の実験を行いました。それらの結果をまとめたものが表1です。

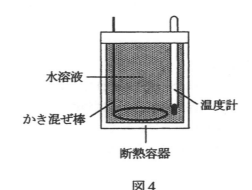

図4

表1

水の重さ（g）		49	48	47	46
加えた物質の重さ（g）		1	2	3	4
水溶液の温度（℃）	物質A	18.5	17.0	15.5	14.0
	物質B	25.3	30.6	35.9	41.2
	物質C	18.8	17.6	16.4	15.2
	物質D	19.7	19.4	19.1	18.8

【実験2】断熱容器の中に，20℃の水46gと，物質Cと物質Dを合わせて4g加えて溶かし，よくかき混ぜた後，水溶液の温度をはかりました。物質Cと物質Dを混ぜ合わせる量を変えて実験を行ったとき，水溶液の温度は表2のようになりました。

表2

物質Cの重さ（g）	物質Dの重さ（g）	水溶液の温度（℃）
0	4	18.8
1	3	17.9
2	2	17.0
3	1	（ ⓐ ）
4	0	15.2

問3　表2の中の（　ⓐ　）にあてはまる数値を答えなさい。

問4　冷却パックの中には，ある物質と，水の入った袋が入っています。冷却パックをたたくことで，水の入った袋がやぶれ，物質が水に溶けます。ここで，冷却パックの中には物質Aと物質Cの2種類の物質が混ざったものと，水の入った袋が入っていたとします。冷却パックの中の物質Aと物質Cが混ざったものを10g取り出し，断熱容器の中で20℃の水40gにすべて溶かすと，水溶液の温度が6.2℃まで下がりました。取り出した10gのうち，物質Aは何g入っていましたか。

問5　実験1と同様の実験を断熱容器のかわりに，紙コップを用いて行いました。しばらくすると水溶液の温度は，断熱容器を用いたときと異なる温度になりました。断熱容器を用いたときの水溶液の温度に比べ，紙コップを用いたときの水溶液の温度が高くなるものは物質A～Dのどの物質を加えたときですか。あてはまるものをすべて選び，A～Dの記号で答えなさい。

4　次の文を読み，あとの問いに答えなさい。

コンデンサーは図1のような装置で，電気をためることができます。コンデンサーは，2枚の金属の板を平行に向かいあわせたつくりをしています。コンデンサーを模式的に表したものが図2です。また，電気用図記号が図3です。コンデンサーには＋端子と－端子がありますが，ここでは区別しないものとします。

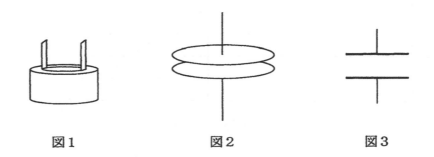

図1　　　　　　　図2　　　　　　　図3

コンデンサーに手回し発電機をつないでハンドルを回すと，コンデンサーに電気が流れこみ，金属の板に電気をためることができます。

コンデンサーにためることができる電気の量は，コンデンサーの構造の違いによって決まっています。清子さんは，コンデンサーの構造から考えて，コンデンサーにためることができる電気の量について，次の3つの予想を立てました。

予想①　金属の板の面積が大きいほど，電気をたくさんためることができる。
予想②　金属の板の間隔が広いほど，電気をたくさんためることができる。
予想③　金属の板の形によって，ためることができる電気の量が変わる。

これらの3つの予想を確かめるため，次の実験1を行いました。

【実験1】6つのコンデンサーA〜Fを用意しました。コンデンサーA〜Fの違いは，金属の板の面積，金属の板の間隔，金属の板の形です。それらをまとめたものが表1です。

表1

	A	B	C	D	E	F
面積（cm²）	10	20	40	10	30	30
間隔（cm）	1	2	2	1	1	2
板の形	丸型	丸型	丸型	四角型	四角型	四角型

電気をためる前のコンデンサーA〜Fを，図4のように手回し発電機を用いて同じ条件で電気をためました。そして，電気をためたコンデンサーを図5のように電子オルゴールにつなぎ，電子オルゴールの音が鳴った時間の長さを調べました。コンデンサーにためられた電気の量が多いほど，電子オルゴールの音が鳴った時間は長くなります。その結果をまとめたものが表2です。

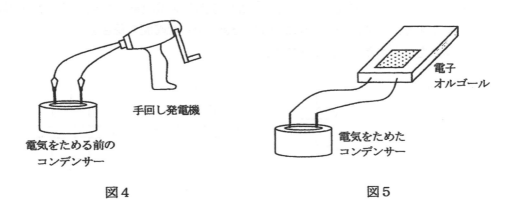

図4　　　　　　　　　　　　　　　　図5

表2

	A	B	C	D	E	F
音が鳴った時間の長さ	1	1	2	1	3	1.5

※　表の値は，コンデンサーAで音が鳴った時間の長さを「1」としたときの値です。

問1　清子さんの予想①〜③のそれぞれが正しいかどうかを実験1から判断するには，どのコンデンサーの実験結果を比べるとよいですか。その組み合わせとして適当なものを，次のア〜クからそれぞれ選び，記号で答えなさい。ただし，予想①については2つ，予想②と予想③については1つずつ選びなさい。

　　ア．AとD　　　イ．AとE　　　ウ．BとC　　　エ．BとF
　　オ．CとE　　　カ．CとF　　　キ．DとE　　　ク．EとF

問2　実験1の結果からわかる，コンデンサーにためることができる電気の量の決まり方を述べたものとして正しいものを，次のア〜エから2つ選び，記号で答えなさい。
　　ア．金属の板の面積が2倍になると，ためることができる電気の量は4倍となる。
　　イ．金属の板の間隔が半分になると，ためることができる電気の量は2倍となる。
　　ウ．金属の板の面積と間隔をともに2倍にしても，ためることができる電気の量は変わらない。
　　エ．金属の板の面積と間隔が同じであれば，板の形は四角型よりも丸型の方が，ためることができる電気の量は多い。

複数のコンデンサーを導線でつなげて組み合わせると，ためることができる電気の量が変わります。このことを調べるために，実験2を行いました。ただし，コンデンサーAとコンデンサーCは実験1で用いたものと同じです。

【実験2】コンデンサーAとコンデンサーCを，図6のa～dのように導線でつなぎました。a～dのそれぞれについて，両端に手回し発電機をつなぎ，同じ条件で電気をためて，電子オルゴールにつないで音が鳴った時間の長さを調べました。その結果をまとめたものが表3です。

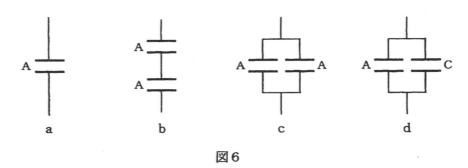

図6

表3

	a	b	c	d
音が鳴った時間の長さ	1	0.5	2	3

※　表の値は，aで音が鳴った時間の長さを「1」としたときの値です。

問3　コンデンサーAを3個用いて，最もたくさんの電気をためるには，コンデンサーAをどのようにつないで電気をためるとよいですか。図6を参考に，解答らんに図を書きなさい。

コンデンサーは，電池をつなぐことでも簡単に電気をためることができます。そこで，電池を用いて，実験3を行いました。ただし，コンデンサーAは実験1で用いたものと同じです。

【実験3】図7のように，複数のコンデンサーA，スイッチ❶とスイッチ❷，電子オルゴールを用いて回路1と回路2をつくりました。はじめ，スイッチ❶とスイッチ❷はともに開いています。まず，スイッチ❶を閉じて，コンデンサーに充分に電気をためました。そして，スイッチ❶を開き，その後，スイッチ❷を閉じて，電子オルゴールの音が鳴った時間の長さを調べました。ただし，回路1と回路2で用いた電池と電子オルゴールは，同じものです。

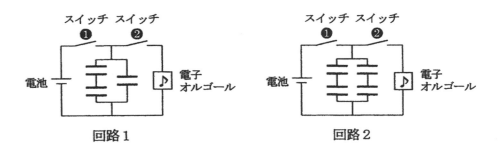

図7

問4　回路1と回路2の電子オルゴールの音が鳴った時間の長さを，最も簡単な整数の比で表しなさい。

3 NDカードは，お金をチャージ（入金）して，買い物ができる便利なカードです。このカードには，次の2つの特典があります。

特典① チャージした金額の5％の金額がさらにチャージされます。
特典② 買い物をしたとき，支払った金額の2％の金額がチャージされます。

ただし，いずれの場合も，小数点以下は切り捨てます。
例えば，カードの残金が500円のカードに1000円をチャージすると，1000円の5％は50円なので，カードの残金は

$$500＋1000＋50＝1550 \quad （円）$$

となります。その後，660円の商品を買うと，660円の2％は13.2円なので，カードの残金は

$$1550－660＋13＝903 \quad （円）$$

となります。次の問いに答えなさい。ただし，消費税は考えないものとします。

（1）カードの残金が390円のカードに2500円をチャージしてから，1590円の商品を買うと，カードの残金はいくらですか。

（2）ある商品を3個まとめて買うと，46円がチャージされました。この商品は1個あたり何円以上何円以下ですか。

2020(R2) ノートルダム清心中

K 教英出版

受験番号		名　前	

赤色と青色の２本のひもがあり，長さの比は６：５です。赤色のひもの $\frac{1}{4}$ を切り取り，青色のひもから４cmを切り取ったとき，残った２本のひもの長さは同じになりました。このとき，赤色のひものもとの長さは何cmですか。

[答]

cm

図の時計は，１時間に８分早く進みます。今，この時計を正しい時刻に合わせました。この時計が次に正しい時刻を表すのは，何日と何時間後ですか。

[答]

日と　　　時間後

図の角アは何度ですか。ただし，三角形ＡＢＣは正三角形です。

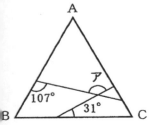

[答]

度

図のように，１辺の長さが８cmの正方形の中に，半径が３cmと２cmの２つの円があります。２つの円の重なっている部分の面積が6.28 cm²であるとき，斜線部分の面積は何cm²ですか。ただし，円周率は3.14とします。

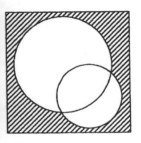

[答]

cm²

合計
※

K 教英出版

２０１９年度

ノートルダム清心中学校　入学試験問題

算　数　その①

【１５分】

※印のところには，何も記入しないでください。

1　次の計算をしなさい。

（1）　$37.12 - 34.02 \div 10.5$

[答]

（2）　$2.24 \div \dfrac{16}{25} \times \left(\dfrac{4}{7} - 0.25 \right)$

[答]

2　21 km はなれた親せきの家に，自転車に乗って分速 280 m で行きました。何時間何分かかりましたか。

[答]
　　時間　　　　分

3　1個 120 円のりんごと，1個 75 円のみかんを合わせて 25 個買い，3000 円はらったところ，おつりが 360 円でした。りんごを何個買いましたか。

[答]
　　　　個

4　兄弟で 100 m 競走をしました。兄がゴールしたとき，弟は 20 m 後ろにいました。2人が同時にゴールするには，兄はスタートラインより何 m 後ろからスタートすればよいですか。ただし，2人とも一定の速さで走るものとします。

[答]
　　　　m

5　たて 462 cm，横 792 cm の長方形の部屋のゆかに，同じ大きさの正方形のタイルをしきつめます。タイルの枚数をできるだけ少なくなるようにするとき，タイルは全部で何枚必要ですか。

[答]
　　　　枚

２０１９年度

ノートルダム清心中学校　入学試験問題

算　数　その②

【３５分】

受験上の注意

（試験問題・解答用紙について）

1．試験問題は，１ページから３ページまで３問あります。

2．解答用紙は，問題用紙とは別に１枚あります。

3．解答は解答用紙に記入してください。

4．問題用紙を切り取ることは，しないでください。

5．この表紙と問題用紙は，監督の先生の指示にしたがって持って帰ってください。

1 ある小学校で，5年生がえんぴつを一人2本ずつ持ってきて，6年生に配ったところ，2本もらえた人は6年生全員の $\dfrac{5}{11}$ であり，1本もらえた人は6年生全員の $\dfrac{6}{11}$ でした。

後日，6年生が一人2枚ずつブックカバーを作り，5年生に配ったところ，3枚もらえた人と2枚もらえた人がいて，3枚もらえた人は2枚もらえた人より52人多くいました。次の問いに答えなさい。

（1） 5年生と6年生の人数の比を求めなさい。

（2） 6年生の人数を求めなさい。

2 下の図のように，直方体の水そうの中に，2つの直方体を合わせた形のおもりを，はしがぴったりつくように固定しました。そして，この水そうに，一定の割合で水を入れました。

下のグラフは，水を入れ始めてからいっぱいになるまでの，時間と水面の高さの関係を表したものです。下の問いに答えなさい。

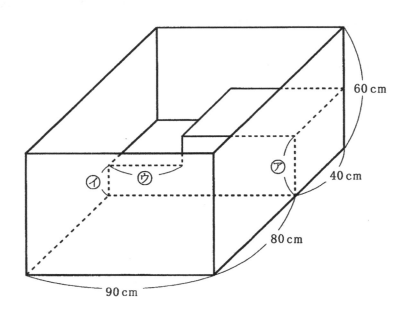

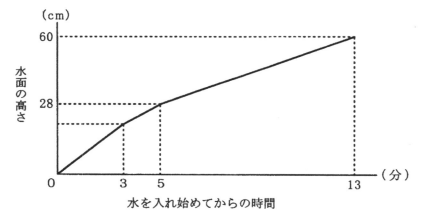

（1） 図の ⑦ の長さを求めなさい。

（2） 水を毎分何Lずつ入れましたか。

（3） 図の ⑦ の長さを求めなさい。

（4） 図の ⑦ の長さを求めなさい。

２０１９年度

ノートルダム清心中学校　入学試験問題

理　科

【４０分】

1 次のⅠとⅡの文を読み，それぞれあとの問いに答えなさい。

Ⅰ．清子さんは，弟にさそわれて虫を探しに行きました。そして，モンシロチョウ，カブトムシ，アブラゼミ，ショウリョウバッタ，シオカラトンボなど，たくさんのこん虫を見つけました。また，いくつかのこん虫については，その幼虫も見つけました。

問1　見つけた生き物が，こん虫であることを確認できる特ちょうについて述べたものとして，最も適当なものを次のア～カから選び，記号で答えなさい。
　　　ア．6本のあしが，胸についている。
　　　イ．6本のあしが，腹についている。
　　　ウ．6本のあしが，胸と腹についている。
　　　エ．8本のあしが，胸についている。
　　　オ．8本のあしが，腹についている。
　　　カ．8本のあしが，胸と腹についている。

問2　2人が見つけたこん虫について，次の(1)～(4)の問いに答えなさい。

　(1) モンシロチョウの幼虫が，卵からかえったあとに最初に食べるものは何ですか。

　(2) モンシロチョウの幼虫の成長について述べたものとして，最も適当なものを次のア～エから選び，記号で答えなさい。
　　　ア．1回だけ皮をぬぎ，皮をぬいだときに大きくなる。
　　　イ．1回だけ皮をぬぎ，その後，少しずつ大きくなる。
　　　ウ．何回か皮をぬぎ，皮をぬぐたびに大きくなる。
　　　エ．何回か皮をぬぎ，最後に皮をぬいだときに大きくなる。

　(3) 次のア～オのこん虫のうち，幼虫のときに主に土の中で過ごすものはどれですか。適当なものをすべて選び，記号で答えなさい。
　　　ア．モンシロチョウ　　　　イ．カブトムシ　　　　ウ．アブラゼミ
　　　エ．ショウリョウバッタ　　オ．シオカラトンボ

　(4) 清子さんは，はじめはショウリョウバッタの幼虫をなかなか見つけられないと思っていましたが，弟に教えられて，実はすでに見つけていることがわかりました。弟に教えられたショウリョウバッタの幼虫の特ちょうは何だと考えられますか。「成虫」ということばを用いて15字以内で答えなさい。

試験問題は次に続きます。

Ⅱ．カメムシの一種であるオオメカメムシ（カメムシ）は，ダニの一種であるナミハダニ（ハダニ）を食べます。そして，ハダニがインゲンマメの葉を食べているところにカメムシが引き寄せられることがわかっており，それにはある「におい」が関わっていると考えられています。このことについて調べるために，次の実験を行いました。

【実験】下の図のように，筒をつなげて通路をつくった装置を準備しました。Aからは下のa〜cを通した空気をそれぞれ送りこみ，Bからは（　　　　　）を通した空気を送りこみました。次に，Cからしん入させたカメムシが，A側，B側のどちら側に移動するかを調べました。複数のカメムシでくり返し実験を行い，結果は下の表のようになりました。ただし，ハダニに食べられた葉には傷がつくことがわかっています。

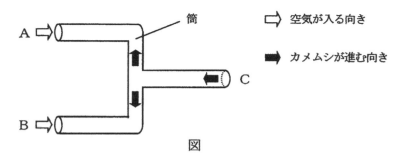

図

a　ハダニのみを，しめらせただっし綿で包んだもの
b　傷がついていないインゲンマメの葉のみを，しめらせただっし綿で包んだもの
c　葉の一部をハダニに食べられたインゲンマメの葉のみを，しめらせただっし綿で包んだもの

表

通したもの	結果
a	A側にもB側にも同じくらいの数のカメムシが移動した。
b	A側にもB側にも同じくらいの数のカメムシが移動した。
c	B側に比べてA側に多くの数のカメムシが移動した。

問3　カメムシがどのようなにおいに引き寄せられているかを正しく調べるために，Bからどのような空気を送りこんだと考えられますか。実験の文中の（　　　　　）に適当なことばを入れなさい。

問4　次の文は，実験の結果から考えられることについて述べたものです。文中の
　　　（　①　）〜（　③　）にあてはまることばとして適当なものを，それぞれ下のア
　　　〜カから選び，記号で答えなさい。

> 　　aの結果より，カメムシは，ハダニが出すにおいに引き寄せられて（　①　）
> ことがわかる。また，bの結果より，カメムシは，インゲンマメの葉が出すにお
> いに引き寄せられていないことがわかる。そして，cの結果より，カメムシは，
> ハダニに食べられて傷がついたインゲンマメの葉が出すにおいに引き寄せられて
> いることがわかる。
> 　　これらの結果をもとに，カメムシを引き寄せるにおいが出た原因は，インゲン
> マメの葉が傷つくことではなく，ハダニが食べて傷つくことであると予想を立て
> た。この予想を確かめるためには，Aから（　②　）を通した空気を送りこんで
> 同様の実験を行い，カメムシがA側に（　③　）という結果になると，立てた予
> 想が正しいことになる。

　（　①　）にあてはまるもの
　　ア．いる　　　　イ．いない

　（　②　）にあてはまるもの
　　ウ．紙やすりで人工的に傷をつけたインゲンマメの葉のみを，しめらせただっし綿
　　　　で包んだもの
　　エ．紙やすりで人工的に傷をつけたインゲンマメの葉と，葉の一部をハダニに食べ
　　　　られたインゲンマメの葉をいっしょに，しめらせただっし綿で包んだもの

　（　③　）にあてはまるもの
　　オ．引き寄せられる　　　カ．引き寄せられない

問5　インゲンマメは食用に栽培されます。インゲンマメを栽培しているところにカメム
　　　シが現れた場合，カメムシは次のア〜カのどの役割と似たはたらきをしていると考
　　　えられますか。実験の結果を参考にして，最も適当なものを選び，記号で答えなさ
　　　い。
　　　　ア．花粉を運ぶ虫　　イ．成長を妨げる虫　　ウ．臭いにおいを出す虫
　　　　エ．肥料　　　　　　オ．雑草を枯らす薬　　カ．害虫を駆除する薬

－ 4 －

2 　私たちは，熱や電気などのさまざまなエネルギーを利用して生活しています。そして，このエネルギーを得るために，石油や天然ガスなどのさまざまな燃料を燃やしています。身のまわりの燃料やエネルギーについて，次のⅠ～Ⅲの文を読み，それぞれあとの問いに答えなさい。

Ⅰ．理科室には，ものを熱するときに使う道具としてガスバーナーやアルコールランプなどがあります。

問1　図1のガスバーナーについて述べた次のａ～
　　ｃの文のうち，正しいものはどれですか。正し
　　いものの組み合わせとして最も適当なものを下
　　のア～キから選び，記号で答えなさい。

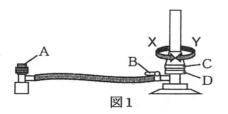
図1

　　ａ　Ｄのねじはガス調節ねじである。
　　ｂ　炎が黄色いときは，ＣのねじをＸの方向に回して，青色の炎にする。
　　ｃ　火を消すときは，Ａ→Ｂ→Ｃ→Ｄの順番でねじやコックなどを閉じていく。

　　ア．ａのみ　　　　イ．ｂのみ　　　　ウ．ｃのみ　　　　エ．ａとｂ
　　オ．ａとｃ　　　　カ．ｂとｃ　　　　キ．ａとｂとｃ

問2　ガスバーナーを使って，ある量の水を熱しました。
　　そのときの熱を加えた時間と温度の関係を表した
　　グラフが図2です。このときよりも水の量を少な
　　くし，他の条件を変えない場合，熱を加えた時間
　　と温度の関係はどのようになると考えられますか。
　　最も適当なグラフ（点線）を，次のア～エから選
　　び，記号で答えなさい。ただし，グラフが重なる
　　ところでは実線のみで表しています。

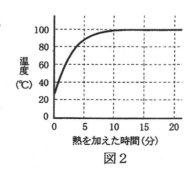
図2

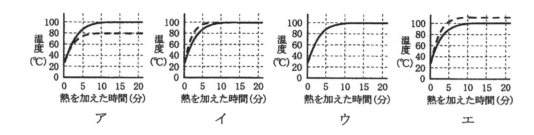

問3　水を熱したり，冷やしたりすると，水のすがたは変化します。図3のa～fの矢印は，そのときの変化の様子を表したものです。

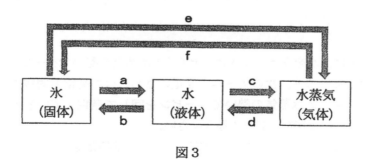

図3

　次のア～カの文は，私たちの身のまわりで起こっている，水のすがたの変化に関する現象を述べたものです。これらの現象は，それぞれ図3のa～fのいずれかに1つずつあてはまります。dとfにあてはまる現象はどれですか。適当なものをそれぞれ選び，記号で答えなさい。

　ア．夏の暑い日，屋外に干していた洗濯物がすぐにかわいた。

　イ．冬の寒い日，屋外から暖かい家の中に入ると，メガネがくもった。

　ウ．冬の寒い日，屋根につららができていた。

　エ．冬の寒い日の朝，地面に霜が降りていた。

　オ．氷を冷凍庫の中に入れて，何年もそのままにしておくと小さくなっていた。

　カ．ジュースの中に入っていた氷が小さくなった。

Ⅱ．火力発電は，日本で一番多く利用されている発電方法で，石油や天然ガスなどの化石燃料を燃やして，その熱を利用して発電しています。しかし，化石燃料には限りがあるため，化石燃料を使わずに日光や風の力などを利用するいろいろな発電方法が近年注目されています。

問4　火力発電は，水をふっとうさせ，出てくる水蒸気の勢いでタービン（羽根車）を回して発電しています。次のア～エの発電のうち，火力発電と同様に，発生した熱で水を温め，生じた水蒸気の勢いでタービンを回して発電しているものはどれですか。最も適当なものを選び，記号で答えなさい。

　　ア．水力発電　　　　イ．太陽光発電　　　　ウ．地熱発電　　　　エ．風力発電

問5　次のア～エの文は，いろいろな発電方法について述べたものです。正しいものをすべて選び，記号で答えなさい。

　　ア．水力発電は，たくさんの海水を利用して電気をつくるため，水力発電所は海の近くに建設されることが多い。

　　イ．太陽光発電は，太陽光を利用して電気をつくるため，くもりの日より晴れの日のほうが多くの電気がつくられる。

　　ウ．地熱発電は，地面の熱を利用して電気をつくるため，地熱発電所は夏の暑い日に高温になりやすい都市部に建設されることが多い。

　　エ．風力発電は，風の力で風車を回して電気をつくるため，風をさえぎるものがない海の近くや山で行われることが多い。

試験問題は次に続きます。

Ⅲ. 近年，水素と酸素を混ぜた気体（混合気体）が，ロケットや車の燃料として利用されています。この燃料は，化石燃料とは異なり，燃やしたときに二酸化炭素などの気体が発生しません。また，この燃料は，水素と酸素の量のバランスが重要だということも知られています。このことについて調べるために，図4のような装置をつくりました。

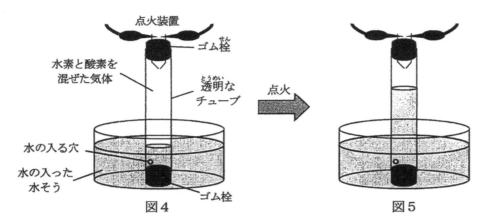

点火装置
ゴム栓
水素と酸素を
混ぜた気体
透明な
チューブ
点火
水の入る穴
水の入った
水そう
ゴム栓
図4
図5

　水素と酸素の混合気体に点火すると，決まった割合の水素と酸素が消費されてエネルギーがつくられます。たくさんの混合気体が消費されると，それに応じて大きなエネルギーが得られます。しかし，片方の気体を決まった割合より多く混ぜると，その気体は使われず残ります。この装置では，気体が消費されると，消費された体積と同じ体積の水がチューブの中に入り，水面の高さが上がるようになっています（図5）。この装置を使って次の実験を行いました。

【実験】図4の透明なチューブの中に，体積の合計が40cm³になるように水素と酸素をいろいろな割合（表の①～⑦）で入れました。この混合気体に点火して，残った気体の体積を調べると，表のようになりました。

表

	①	②	③	④	⑤	⑥	⑦
水素(cm³)	5	10	15	20	25	30	35
酸素(cm³)	35	30	25	20	15	10	5
点火後残った気体の体積(cm³)	32.5	25	17.5	10	2.5	10	25

問6　酸素であることを確認する方法として，最も適当なものを次のア～エから選び，記号で答えなさい。
　　　ア．においをかぐ。
　　　イ．水に溶かして，その水溶液にＢＴＢ溶液を1～2滴加える。
　　　ウ．火のついた線香を入れる。
　　　エ．石灰水を入れる。

問7　表の結果から，チューブの中に入れた水素の体積と，点火によって消費された気体の体積との関係を表した棒グラフとして，最も適当なものを次のア～エから選び，記号で答えなさい。

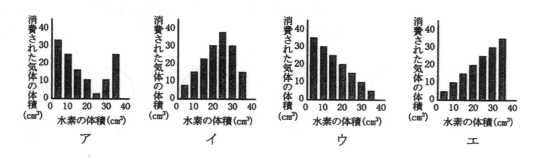

問8　この実験では，点火後にチューブの中に残っている気体は，燃料として使われなかった酸素か水素のどちらか一方の気体であることがわかっています。水素と酸素の割合が表の②と⑦のとき，それぞれの混合気体の点火後に残った気体は水素と酸素のどちらですか。最も適当な組み合わせを次のア～エから選び，記号で答えなさい。
　　　ア．②：酸素　　⑦：水素　　　　　イ．②：酸素　　⑦：酸素
　　　ウ．②：水素　　⑦：水素　　　　　エ．②：水素　　⑦：酸素

問9　水素と酸素を混ぜた燃料からエネルギーを得るとき，水素と酸素をいろいろな割合で混ぜていても，決まった割合しか使われません。水素14cm³と酸素14cm³をチューブの中に入れ，点火すると気体が残ってしまいます。この混合気体をすべて使って大きなエネルギーをつくり，さらにチューブの中に気体が残らないようにするには，水素と酸素のどちらの気体を何cm³加えたらよいですか。

3 次のⅠ～Ⅲの文を読み，それぞれあとの問いに答えなさい。

Ⅰ．ある日，清子さんは夜の9時ごろ，南東の空に見える満月を観察しました。月をよく見ると，月のかがやいているところにも暗い部分と明るい部分がありました。

問1　文中の下線部について，この暗い部分のことを何といいますか。

問2　清子さんは1週間後にも月を観察しました。このときの月に関して，次の(1)と(2)の問いに答えなさい。

(1) この月の形として，最も適当なものを次のア～カから選び，記号で答えなさい。ただし，アは新月を示しています。

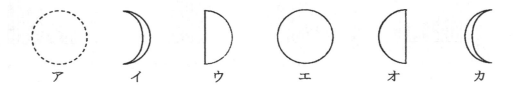

(2) この月が南の空に見えたのは何時ごろですか。最も適当なものを次のア～クから選び，記号で答えなさい。
   ア．午前0時　　　イ．午前3時　　　ウ．午前6時　　　エ．午前9時
   オ．午後0時　　　カ．午後3時　　　キ．午後6時　　　ク．午後9時

２０１９年度

ノートルダム清心中学校　入学試験問題

社　会

【４０分】

1 次のＡ～Ｆの文や資料について，あとの問いに答えなさい。

A 右の写真は，「日本最古のタイムカプセル」とよばれる小型の筒で，奈良県で見つかりました。①藤原道長が，自分で書き写したお経をこの筒に納めて埋めたものであることが，わかっています。

問1　下線部①について，藤原道長がお経を埋めた理由と関係がある，当時の社会のようすとして**適当でないもの**を，次のア～エから１つ選び，記号で答えなさい。

ア．仏教がすたれ，現世が終わってしまうのではないかという不安や，末法の考え方が広まった。

イ．阿弥陀仏に念仏を唱えれば，死後に極楽浄土にいけるという考えが広まった。

ウ．上皇が院政とよばれる新しい政治のやり方を始めたため，藤原氏などの貴族の力が弱まった。

エ．地方で反乱をおこす武士が出たが，それを鎮めるには武士の力に頼らなければならなかった。

B 博多は，昔から大陸への窓口でした。②遣唐使が出発する港であり，③大陸の進んだ制度や文化の入口ともなりました。貿易基地として繁栄したために，戦国時代には武将たちが奪い合いましたが，④江戸時代には，そのようすや役割が大きく変化しました。

一方，堺は，15世紀以降，中国との貿易や，⑤ポルトガル・スペインとの貿易で繁栄しました。⑥多くの鉄が運びこまれる港でもあったため，⑦織田信長が目をつけ，軍事力によって従わせました。

問2　下線部②について，遣唐使は，ある人物の提案によって，９世紀の末に派遣が停止されました。その人物を答えなさい。

問3　下線部③について，８世紀初め，中国にならった国を治めるための決まりが完成しました。この決まりを何といいますか。漢字２字で答えなさい。

問4　下線部④に関連して，江戸時代の博多のようすや役割は，どのようなものでしたか。江戸時代の日本の主要な航路を示した次の地図も参考にしながら，正しいものを，下のア～カから2つ選び，記号で答えなさい。

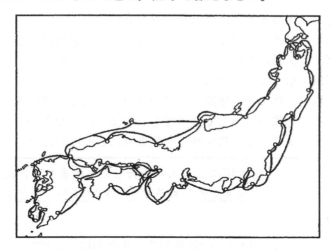

　　ア．長崎だけがヨーロッパ貿易の窓口となったため，博多でヨーロッパと貿易をしていた商人のなかには，長崎に移住する者もいた。
　　イ．博多には中国や朝鮮の商人がさかんに来航したため，大陸の影響を受けた文化が栄えた。
　　ウ．御三家とよばれる徳川将軍家の一族の1つが博多に置かれ，港の管理を任された。
　　エ．北海道や東北の産物を「天下の台所」大阪へ運ぶには，瀬戸内海を通る航路が中心となり，博多はその航路から外れた。
　　オ．博多港は，東北と江戸を結ぶ東回り航路の重要な寄港地として，幕府によって整備された。
　　カ．博多港は，幕末の修好通商条約により，アメリカとの貿易港として開かれた。

問5　下線部⑤について，ポルトガルやスペインとの貿易での日本のおもな輸入品として最も適当なものを，次のア～エから1つ選び，記号で答えなさい。
　　ア．中国産生糸　　　　イ．漆器　　　　ウ．銀　　　　エ．木材

問6　下線部⑥について，堺は鉄を使って，織田信長の時代になくてはならない武器の一大産地となりました。その武器とは，刀などの刃物と，もう1つは何ですか。

問7　下線部⑦について，織田信長が行ったこととして誤っているものを，次のア～エから1つ選び，記号で答えなさい。
　　ア．将軍を京都から追放して，室町幕府を滅ぼした。
　　イ．力をもっていた寺院の勢力をおさえるため，キリスト教を保護した。
　　ウ．だれでも自由に商工業を営めるようにした。
　　エ．領国の治安を守るために，関所を増やして交通を制限した。

C 将軍徳川綱吉は，犬などの生き物を極端に大切にするよう命じる生類憐れみの令を発しました。次の【資料】は，生類憐れみの令で命じられた内容の一部です。

┌─【資料】─────────────────────────────
│ ・子犬が遊びに出るときは，母犬をつけなさい。
│ ・犬のけんかには水をかけて，けがをしないよう引き分けなさい。もしけが
│ 　をすれば，犬医者にみせなさい。
│ ・病人や病馬を捨ててはいけない。
│ ・牛，馬，病人，捨て子を放置してはいけない。捨て子は保護して，拾った
│ 　人が育てるか，養子に出して育ててもらうようにしなさい。
│ ・犬や猫，ネズミやヘビに芸を教えて見世物にしてはいけない。
└──────────────────────────────────

　この法令は，犬ばかりを大切にし，人々を苦しめる決まりだと批判されてきましたが，最近は，⑧必ずしも人々を苦しめるばかりではなかったとする意見も強まっています。

問8　下線部⑧について，このような意見がでてきたのは，なぜだと考えられますか。資料からわかることを説明しなさい。

D 歌には，その時代のようすが映し出されます。⑨自由民権運動がさかんなころ，演説に節をつけて歌われ，それが演歌のもとになったといわれています。戦争のときには，さかんに軍歌がつくられるようになり，特に，⑩満州事変が始まると数多くつくられ，レコードやラジオによって広まっていきました。⑪戦後のコマーシャルで使われた歌にも，社会や経済のようすが強く反映されています。

問9　下線部⑨に関連して，次の文は，自由民権運動の中心人物の1人である板垣退助の自己紹介です。これについて，下の(1)・(2)の問いにそれぞれ答えなさい。

　「私は，（　❶　）藩の出身です。薩摩藩などの出身者とともに新政府づくりにはげんできましたが，意見の対立をきっかけに，西郷隆盛らとともに政府を去りました。国民の意見を政治に取り入れるため，（　❷　）の開設を求める運動を進め，（　❸　）という政党も結成しました。」

(1)　（　❶　）～（　❸　）にあてはまる語をそれぞれ答えなさい。

(2)　波線部について，西郷隆盛を中心とした鹿児島の士族たちがおこした反乱は何ですか。

問10　下線部⑩について，次の(1)・(2)の問いにそれぞれ答えなさい。

(1)　満州事変によって日本が独立させた満州国の位置を，右の地図中の**ア〜エ**から1つ選び，記号で答えなさい。

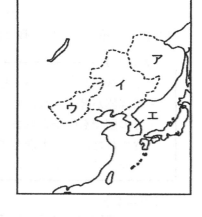

(2)　次の**あ〜う**は，満州事変が始まってから太平洋戦争が始まるまでの間に，日本国内でおこったできごとです。年代の古い順に正しく並べたものを，下の**ア〜カ**から1つ選び，記号で答えなさい。

　　あ. 国民や物資のすべてを，政府が戦争のために動員できる法律が定められた。
　　い. 陸軍の軍人が武力で政府を倒そうとして，大臣たちを殺害した。
　　う. 日本にあったすべての政党が解散になった。

ア. あ → い → う　　　**イ.** あ → う → い　　　**ウ.** い → あ → う
エ. い → う → あ　　　**オ.** う → あ → い　　　**カ.** う → い → あ

問11　下線部⑪について，次の表は，それぞれの時期を代表するコマーシャルソングの歌詞をあげたものです。a〜dそれぞれにあてはまる経済・社会の特徴を，下のア〜エから1つずつ選び，記号で答えなさい。

時　期	経済・社会の特徴	歌　　詞
1950年代	a	「みんな 家中 電気で 動く」
1960年代	b	「大きいことはいいことだ」
1970年代	c	「気楽に行こうよ おれたちは あせってみたって 同じこと」
1980年代後半	d	「24時間戦えますか？ ジャパニーズビジネスマン」

ア. 「クーラー・カラーテレビ・自動車がふきゅう」・「省エネルギー政策」
イ. 「株や土地の値段が大きく上昇」・「世界一の貿易黒字国となる」
ウ. 「復興と安定」・「もはや戦後ではない」
エ. 「所得倍増計画の推進」・「世界第2位の経済大国となる」

E 戦争とは軍人だけがするもので，民間人には関係がないものだと考えられてきました。それが大きく変わったのは，第一次世界大戦の時です。次の【資料1】と【資料2】は，第一次世界大戦に関するものです。

【資料1】
・2〜3か月で終わると思われていた戦争は，4年あまり続いた。
・新兵器が導入され，たくさんの戦死者が出た。
・どの国でも戦争が始まってから数か月で，武器や弾薬などの半分以上が消費されたため，大急ぎで製造が進められた。
・イギリスやフランスは，植民地からも兵士を動員して，戦争協力を求めた。

【資料2】

工場で兵器をつくっている

工場で石炭を運んでいる

問12　次の文は，【資料1】・【資料2】と右の年表についてわかることを説明したものです。（　❶　）〜（　❸　）にあてはまる語をそれぞれ漢字3字で答えなさい。

女性の（　❸　）が認められた年

年	国　名
1918	イギリス・オーストリア
1919	ドイツ・オランダ
1920	アメリカ・カナダ

「第一次世界大戦は，それまでとは戦い方が大きく変わり，戦争が（　❶　）しました。多くの人々が兵士として戦場に送られたことで，国内では（　❷　）が不足しました。そのため，多くの女性が戦争に協力したので，戦後，いくつかの国では女性に（　❸　）が認められていきました。」

F　第二次世界大戦後，⑫子どもたちは，想像して描いた象の絵をインドの首相に送り，それをきっかけに，インドから1頭の象が日本に贈られました。日本に初めてパンダが来たのは1972年のことで，□□□□□□□□□を記念してカンカンとランランの2頭が日本に贈られました。

問13　下線部⑫について，次のア〜ウの写真のうち，1つは戦後の子どもたちに関係するもの，2つは戦争中の子どもたちに関係するものです。戦後の子どもたちに関係するものを選び，記号で答えなさい。また，それを選んだ理由を戦後の社会のようすから説明しなさい。

ア

イ

ウ

竹でつくったランドセル　　疎開する子どもたち　　デモ行進する子どもたち

問14　□□□□□□□□□にあてはまる内容として正しいものを，次のア〜エから1つ選び，記号で答えなさい。
　　ア．日本と大韓民国の国交が樹立されたこと
　　イ．日本と中華人民共和国の国交が樹立されたこと
　　ウ．沖縄が日本に返還されたこと
　　エ．小笠原諸島が日本に返還されたこと

2 世界の国々や日本の国土のようすについて，あとの問いに答えなさい。

問1 清子さんは，世界のいくつかの国について，国の面積や形に関係なく，同じ大きさの正方形で表し，その国を通る緯線と経線を1本ずつ引いてみました。右の例は，日本を表したものです。これを見て，次の(1)・(2)の問いにそれぞれ答えなさい。

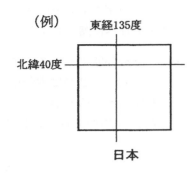

(1) 右の図は，フランスを表したものです。図中の〔　　〕にあてはまる経度として最も適当なものを，次のア～エから1つ選び，記号で答えなさい。

　ア．0度　　　　　　イ．東経90度
　ウ．西経90度　　　エ．180度

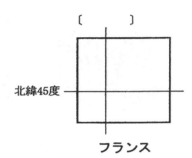

(2) 次の（①）・（②）にあてはまる国を，下のア～カから1つずつ選び，記号で答えなさい。

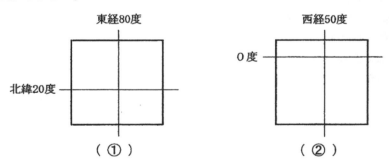

　ア．イギリス　　　　イ．ドイツ　　　　ウ．オーストラリア
　エ．インド　　　　　オ．アメリカ合衆国　カ．ブラジル

問2　国旗に使われている色について，次の(1)・(2)の問いにそれぞれ答えなさい。

（1）　日本の国旗は，使われている色が白と赤の2色だけです。日本と同じように，国旗に使われている色が白と赤の2色だけの国は，10か国以上あります。そのうちの1か国を答えなさい。

（2）　次の表は，国旗に使われている色をまとめたものです。表中のA～Cにあてはまる色の組み合わせとして正しいものを，下のア～カから1つ選び，記号で答えなさい。

	白	赤	黒	A	B	C
日　本	○	○	×	×	×	×
韓　国	○	○	○	○	×	×
サウジアラビア	○	×	×	×	×	○
中華人民共和国	×	○	×	×	○	×
南アフリカ共和国	○	○	○	○	○	○

（注）○…使われている。　×…使われていない。

ア．A－青　B－黄　C－緑　　　　イ．A－青　B－緑　C－黄
ウ．A－黄　B－青　C－緑　　　　エ．A－黄　B－緑　C－青
オ．A－緑　B－青　C－黄　　　　カ．A－緑　B－黄　C－青

問3　次のグラフは，おもな国の年間降水量と1人あたり年降水総量(注)を示したものです。グラフから読み取れることがらと，各国のようすについて説明した文として**適当でないもの**を，下のア〜エから1つ選び，記号で答えなさい。

（注）1人あたり年降水総量は，年間降水量に面積をかけた数値を人口で割ったもの。

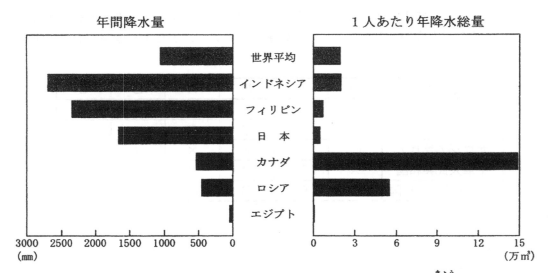

[国土交通省水管理・国土保全局水資源部『平成29年度版　日本の水資源の現況』より作成]

ア．年間降水量が世界平均より多いインドネシアは，赤道に近く，一年を通して雨が多い国である。

イ．年間降水量が世界平均より少ないエジプトは，国土のほとんどが砂漠におおわれ，一年を通して雨が少ない国である。

ウ．年間降水量が世界平均より少なく，1人あたり年降水総量が世界平均より多いカナダやロシアは，寒冷な地域が広がり，人口密度が日本よりも高い国である。

エ．年間降水量が世界平均より多く，1人あたり年降水総量が世界平均より少ないフィリピンや日本は，季節風の影響を受けやすく，人口が1億人を超える国である。

受験番号		名　前	

3

（1）[式]

答＿＿＿＿＿＿＿＿＿

（2）[式]

答＿＿＿＿＿＿＿＿＿

（3）[式]

答＿＿＿＿＿＿＿＿＿

※①＋②
100点満点
（配点非公表）

3
※

合計
※

加える気体	加える体積
	cm³

3

問1	問2		問3	問4		問5	
	(1)	(2)		日食	月食	①	②

問6	問7		問8
	①	②	

4

問1		問2	問3		
ⓐ	ⓑ		①	②	③

問4	問5			問6
	①	②	③	
g				

問1			問2		問3	問4	※
(1)	(2)		(1)	(2)			
	①	②					

	問5	問6		問7			問8	問9	※
		(1)	(2)	(1)	(2)	(3)			
				a　　　b					

問10	※
(1)	
(2)	

3

問1	問2		※
	(1)	(2)	

問3	問4	問5		問6	問7	※
		(1)	(2)			

問8		問9	問10	問11	※
(1)	(2)				

2019(H31) ノートルダム清心中

Ⅸ 教英出版

受験番号		名　前	

２０１９年度　　入学試験問題　　社　会　　解答用紙

※
※80点満点
（配点非公表）

1

問1	問2	問3	問4	問5	問6

※

問7	問8

※

問9

(1)			(2)
❶	❷	❸	

※

問10		問11			
(1)	(2)	a	b	c	d

※

問12

❶	❷	❸

※

問13		問14
記号	理由　戦後は	社会になったから。

※

受験番号		名　前	

2019年度　入学試験問題　理　科　解答用紙

※印のところには，何も記入しないでください。

1

問1	問2			
	(1)	(2)	(3)	

※

問2									
(4)									

※

問3	問4			問5
	①	②	③	

※

2

問1	問2	問3		問4	問5	問6	問7	問8
		d	f					

※印のところには，何も記入しないでください。

1

（1）［式］

答　＿＿＿＿＿＿＿＿

（2）［式］

答　＿＿＿＿＿＿＿＿

2

（1）［答］

（2）［式］

答　＿＿＿＿＿＿＿＿

（3）［式］

答　＿＿＿＿＿＿＿＿

（4）［式］

答　＿＿＿＿＿＿＿＿

※

※

【解答】

問4　次の図は，気象庁の資料をもとに作成した地図です。この地図は何を示してい
　　　ますか。

6月14日ごろ

6月12日ごろ

6月8日ごろ

5月31日ごろ

6月7日ごろ

5月11日ごろ

6月5日ごろ

5月31日ごろ

5月9日ごろ

（注）2010年までの過去30年の平均の日付を表しています。

［気象庁ホームページより作成］

問5　次の表は，日本にあるおもな山脈や山地を，Ⅰ・Ⅱの2つにグループ分けした
　　　ものです。どのように分けていますか。最も適当なものを，下のア～エから1つ
　　　選び，記号で答えなさい。

Ⅰ	奥羽山脈　飛驒山脈　日高山脈
Ⅱ	筑紫山地　紀伊山地　中国山地

ア．都道府県の境になっているグループと，なっていないグループで分けている。
イ．南北にのびているグループと，東西にのびているグループで分けている。
ウ．噴火が続いている火山があるグループと，ないグループで分けている。
エ．世界自然遺産があるグループと，ないグループで分けている。

問6　次のグラフは，日本にあるおもな漁港の品目別漁獲量（かく）の割合（2016年）を示したものです。これを見て，あとの(1)・(2)の問いにそれぞれ答えなさい。

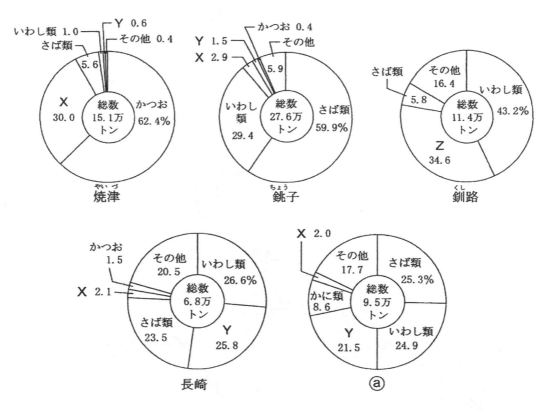

[水産庁「水産物流通調査」より作成]

(1)　グラフ中のX～Zにあてはまる魚介類の組み合わせとして正しいものを，次のア～カから1つ選び，記号で答えなさい。

ア．X－あじ類　　　　　Y－すけとうだら　　　Z－まぐろ類
イ．X－あじ類　　　　　Y－まぐろ類　　　　　Z－すけとうだら
ウ．X－すけとうだら　　Y－あじ類　　　　　　Z－まぐろ類
エ．X－すけとうだら　　Y－まぐろ類　　　　　Z－あじ類
オ．X－まぐろ類　　　　Y－あじ類　　　　　　Z－すけとうだら
カ．X－まぐろ類　　　　Y－すけとうだら　　　Z－あじ類

(2)　グラフⓐは，どこの漁港の品目別漁獲量の割合を
　　示したものですか。右の地図中のア～エから１つ選
　　び，記号で答えなさい。

問７　次の表は，県別の米の作付面積に関する資料です。これを見て，下の(1)～(3)
　　の問いにそれぞれ答えなさい。

県名	全国の米の作付面積に占める割合(%)	県内の品種別作付面積の順位		
		1位	2位	3位
a	1.7	あ	ゆめみづほ	能登ひかり
新潟県	7.7	あ	こしいぶき	ゆきん子舞
b	3.0	まっしぐら	つがるロマン	晴天の霹靂
熊本県	2.2	ヒノヒカリ	森のくまさん	あ
山形県	4.4	はえぬき	つや姫	ひとめぼれ
山梨県	❶	あ	ヒノヒカリ	あさひの夢

（注）もち米やお酒をつくるための米は除きます。

[米穀安定供給確保支援機構「平成29年度産　水稲の品種別作付動向について」より作成]

(1)　表中の a・b にあてはまる県名を，次のア～クから１つずつ選び，記号で答え
　　なさい。
　ア．奈良県　　　イ．石川県　　　ウ．宮城県　　　エ．愛媛県
　オ．宮崎県　　　カ．福井県　　　キ．静岡県　　　ク．青森県

(2)　表中の❶にあてはまる数字を，次のア～ウから１つ選び，記号で答えなさい。
　ア．7.0　　　　　イ．3.7　　　　　ウ．0.3

(3)　表中のあは，日本で最も多く栽培されている米の品種です。品種名を答えなさ
　　い。

問8　次の表は，おもな道県の製造品出荷額の工業比率（2014年）を示したものです。この表にあげられている道県の工業のようすについて説明した文として**適当でない**ものを，下のア～カから**2つ**選び，記号で答えなさい。

(%)

	重工業	化学工業	軽工業
群馬県	66.6	14.1	19.3
山口県	37.1	53.0	9.9
千葉県	30.1	51.5	18.4
沖縄県	12.2	38.7	48.4
長野県	73.0	7.4	19.6
北海道	23.7	34.8	41.4

［二宮書店『データブック・オブ・ザ・ワールド2018』より作成］

ア．群馬県は，自動車の部品工場や組み立て工場が多くみられ，重工業の割合が高い。

イ．山口県は，大規模な石油化学コンビナートが発達しており，化学工業の割合が高い。

ウ．千葉県は，沿岸付近で採れる石油を使った製油所が多くみられ，化学工業の割合が高い。

エ．沖縄県は，暖かい気候に合った農作物を加工する食品工場が多くみられ，軽工業の割合が高い。

オ．長野県は，精密機械や情報機器の工場が多くみられ，重工業の割合が高い。

カ．北海道は，大規模な綿花栽培をいかした繊維工業が発達しており，軽工業の割合が高い。

問9　次の写真は，徳島県三好市東祖谷地区で撮影されたものです。この写真は，カメラをどの地点からどの方向に向けて撮影したものですか。最も適当なものを，下の地図中の ア ～ エ から1つ選び，記号で答えなさい。

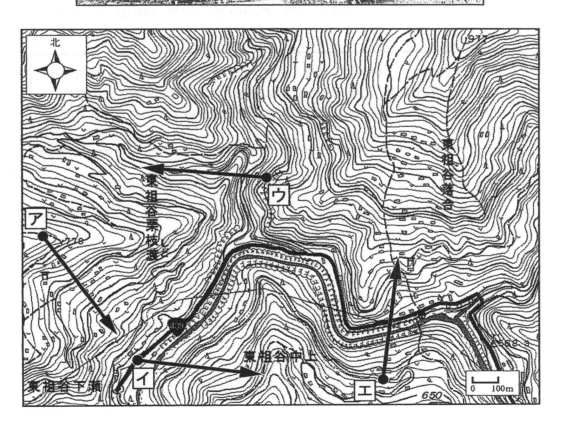

問10　次のグラフは，2007年6月に世界文化遺産に登録された，石見銀山の観光客数の変化を示したものです。また，下の【資料】は，世界遺産条約の目的を述べたものです。これらを見て，あとの(1)・(2)の問いにそれぞれ答えなさい。

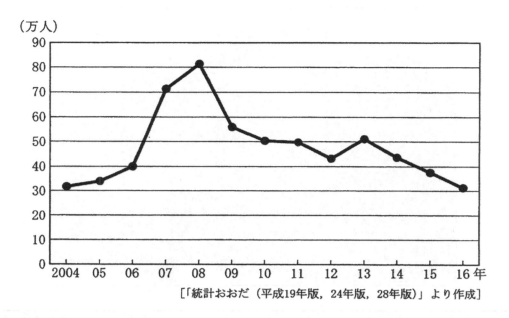

（万人）

[「統計おおだ（平成19年版，24年版，28年版）」より作成]

┌─【資料】─────────────────────────────┐
│　世界遺産条約は，人類が過去に残した遺跡や，文化的な価値の高い建造物・│
│記念物などの文化財，地球上のかけがえのない貴重な自然環境を，国際的な│
│協力や援助によって破壊から守り，次の世代に受け継いでいくことを目的と│
│する。│
└──────────────────────────────────┘

(1)　観光客数の変化について，グラフ全体から読み取れることを説明しなさい。

(2)　(1)で説明した観光客数の変化を，あなたはどのように考えますか。【資料】の内容をふまえて，あなたの考えを述べなさい。

3 次の各問いに答えなさい。

問1 日本国憲法で定められている国民の三大義務とは，納税の義務，仕事について働く義務と，もう1つは何ですか。

問2 内閣について，(1)・(2)の問いにそれぞれ答えなさい。

(1) 内閣総理大臣とすべての国務大臣が参加して，政治の進め方を全員一致で決定する会議を何といいますか。漢字で答えなさい。

(2) 次の仕事を行っている，内閣の中の役職を何といいますか。

> ・政策を実行していくために，省庁間の話し合いを調整したり，まとめたりする。
> ・毎日2回，首相官邸で記者会見を行い，記者たちに政府の考えを発表する。

問3 次のⅠ～Ⅲは，日本の司法制度のしくみや原則です。A～Cは，それらのしくみや原則が取り入れられている理由や目的を述べたものです。Ⅰ～ⅢとA～Cの組み合わせとして正しいものを，下のア～カから1つ選び，記号で答えなさい。

Ⅰ　裁判員制度　　　　Ⅱ　三審制　　　　Ⅲ　司法権の独立

A：内閣や国会からの圧力を受けず，公正な裁判が行われるようにするため。
B：国民の視点や感覚を，裁判の内容にいかすようにするため。
C：裁判のまちがいを防いで，国民の基本的人権が守られるようにするため。

ア．Ⅰ－A　　Ⅱ－B　　Ⅲ－C　　　　イ．Ⅰ－A　　Ⅱ－C　　Ⅲ－B
ウ．Ⅰ－B　　Ⅱ－A　　Ⅲ－C　　　　エ．Ⅰ－B　　Ⅱ－C　　Ⅲ－A
オ．Ⅰ－C　　Ⅱ－A　　Ⅲ－B　　　　カ．Ⅰ－C　　Ⅱ－B　　Ⅲ－A

問4　地方公共団体が行うことのできる仕事として**適当でないもの**を，次のア〜エから１つ選び，記号で答えなさい。

　ア．自衛隊の管理や運営　　　　イ．消防や警察の仕事
　ウ．学校の設置　　　　　　　　エ．ごみの処理

問5　次の資料について，(1)・(2)の問いにそれぞれ答えなさい。

日本で１日におこっていること

人口について
・生まれるのは，2669人　　　　　・亡くなるのは，3573人

医療について
・入院しているのは，131万8800人　　　・通院しているのは，723万8400人
・国民全体の医療費は，約1118億27万円

[「平成29年度版厚生労働白書ー社会保障と経済成長ー（日本の１日）」より作成]

(1)　次の文は，資料からわかることを説明したものです。　あ・い　にあてはまる数字の組み合わせとして最も適当なものを，下のア〜エから１つ選び，記号で答えなさい。

　「日本の人口は，１日に約　あ　人減少している。国民全体の医療費は，１年間で約　い　兆円となる。」

　ア．あ－900　　　　い－4　　　　イ．あ－900　　　　い－40
　ウ．あ－3600　　　い－4　　　　エ．あ－3600　　　い－40

(2)　波線部に関連して，最近は病気の診断や医薬品の開発などを進めるためにＡＩを使う動きがあります。ＡＩとは何ですか。漢字４字で答えなさい。

問6 次のグラフは，大型スーパー，ネットショッピング，コンビニエンスストア，百貨店（デパート）の販売額の移り変わりを示したものです。グラフ中の①～③にあてはまるものの組み合わせとして正しいものを，下のア～カから1つ選び，記号で答えなさい。

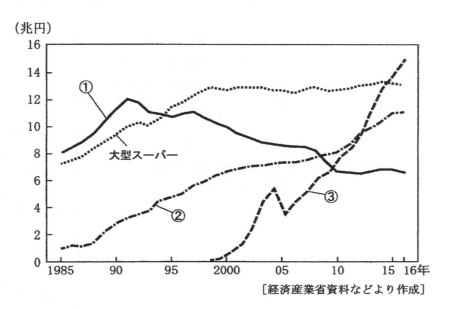

（兆円）

[経済産業省資料などより作成]

	①	②	③
ア	ネットショッピング	コンビニエンスストア	百貨店（デパート）
イ	ネットショッピング	百貨店（デパート）	コンビニエンスストア
ウ	コンビニエンスストア	ネットショッピング	百貨店（デパート）
エ	コンビニエンスストア	百貨店（デパート）	ネットショッピング
オ	百貨店（デパート）	ネットショッピング	コンビニエンスストア
カ	百貨店（デパート）	コンビニエンスストア	ネットショッピング

問7 政府から独立して活動を行う非政府組織のことを，アルファベット3文字で何といいますか。

問8　2018年は，韓国と北朝鮮（朝鮮民主主義人民共和国）による南北首脳会談が数回にわたって行われました。4月に行われた会談について，(1)・(2)の問いにそれぞれ答えなさい。

(1)　この会談を行った南北首脳の組み合わせとして正しいものを，次のア〜エから1つ選び，記号で答えなさい。
　　ア．韓国－習近平（シュウキンペイ）　　　北朝鮮－金正日（キムジョンイル）
　　イ．韓国－習近平（シュウキンペイ）　　　北朝鮮－金正恩（キムジョンウン）
　　ウ．韓国－文在寅（ムンジェイン）　　　　北朝鮮－金正日（キムジョンイル）
　　エ．韓国－文在寅（ムンジェイン）　　　　北朝鮮－金正恩（キムジョンウン）

(2)　この会談は板門店（パンムンジョム）で行われました。板門店の位置として正しいものを，右の地図中のア〜エから1つ選び，記号で答えなさい。

問9　2018年のサミット（主要国首脳会議）は，カナダで開催されました。このサミットの参加国として正しいものを，次のア〜エから1つ選び，記号で答えなさい。
　　ア．オーストラリア　　　イ．中国　　　ウ．イタリア　　　エ．メキシコ

問10　2018年は，関税についてのニュースが多く報道されました。次の文は，そのことに関する世界の動きを述べたものです。 ❶ ・ ❷ にあてはまる内容の組み合わせとして最も適当なものを，下のア～エから１つ選び，記号で答えなさい。

　　　「2018年３月以降，アメリカ合衆国は，中国をはじめとした多くの国からの ❶ にかかる関税を ❷ 政策を実施しました。これに対して世界中で批判の声が上がりました。」

　　ア．❶－アルミニウム・鉄鋼　　　　❷－引き上げる
　　イ．❶－アルミニウム・鉄鋼　　　　❷－引き下げる
　　ウ．❶－牛肉・大豆　　　　　　　　❷－引き上げる
　　エ．❶－牛肉・大豆　　　　　　　　❷－引き下げる

問11　調べ学習をするときの方法や態度として**適当でないもの**を，次のア～エから１つ選び，記号で答えなさい。
　　ア．取材をするときは，あらかじめ質問をまとめておく。目的を伝えて取材し，聞いたことはきちんと記録をする。
　　イ．アンケートをとるときは，名前や住所などの個人情報をくわしく聞いておく。聞いた個人情報は，だれでも利用できるようにまとめておく。
　　ウ．図書館で資料を探すときは，テーマなどを手がかりに必要な本を探す。本が見つけられないときは，図書館の人に相談する。
　　エ．インターネットで調べるときは，誤った情報ではないかどうか，複数のサイトを比べて，確かめる。また，インターネット以外の情報も調べてみる。

試験問題は次に続きます。

Ⅱ．地球は南極と北極を結ぶ軸（地軸）を中心に1日で1回転（自転）しています。ある星が，別の星の周りを回ることを公転といい，ある位置から一周して，その位置に戻るまでの期間を公転の周期といいます。地球は太陽の周りを公転し，月は地球の周りを公転しています。それぞれの公転の周期は365日と29日です。

　　図1は地球が自転している様子，地球が太陽の周りを公転している様子，月が地球の周りを公転している様子を示しています。なお，図1は上側を地球の北半球としており，図中のしゃ線は太陽の光が当たらない部分を表しています。地球が公転する面と月が公転する面はななめに交わっています。地球と月の公転によって，太陽と地球と月が図1のような位置関係をとるため，太陽が月にかくされて見えなくなる日食や，月が地球の影にかくされて見えなくなる月食が起こることがあります。

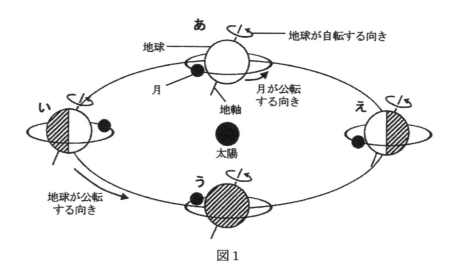

図1

問3　地球の昼と夜の長さについて述べた次のa～cの文のうち，正しいものはどれですか。正しいものの組み合わせとして最も適当なものを下のア～クから選び，記号で答えなさい。ただし，地球が図1の**あ**と**う**の位置にあるときは，日本では昼と夜の長さが同じになります。

　　　a　地球が**あ**～**え**のどの位置にあっても，赤道上では昼と夜の長さは同じになる。
　　　b　地球が**い**の位置にあるとき，北極は1日中夜である。
　　　c　地球が**う**の位置から**え**の位置になるにつれて日本では昼の長さが長くなる。

　　　ア．aのみ　　　　イ．bのみ　　　　ウ．cのみ　　　　エ．aとb
　　　オ．aとc　　　　カ．bとc　　　　キ．aとbとc　　　ク．正しいものはない

問4　日食と月食が起こるときの，太陽と地球と月の位置関係と，月の形の組み合わせを，それぞれ次のア～クから選び，記号で答えなさい。

	位置関係	月の形
ア	太陽－地球－月	満月
イ	太陽－地球－月	新月
ウ	太陽－地球－月	三日月
エ	太陽－地球－月	半月
オ	太陽－月－地球	満月
カ	太陽－月－地球	新月
キ	太陽－月－地球	三日月
ク	太陽－月－地球	半月

問5　次の文は1年間に起こる日食の回数について説明したものです。月の公転の周期を参考にして，文中の（　①　）にあてはまる数値を整数で答えなさい。また，文中の（　②　）にあてはまることばを下のア～ウから1つ選び，記号で答えなさい。

> 　地球が公転する面と月が公転する面が重なっているとすると，1月1日に日食が起こったとして，1月1日から12月31日までの1年間に，日食は1月1日に起こった1回目をふくめて，合計（　①　）回起こると考えられる。実際は地球が公転する面と月が公転する面が重なっておらず，ななめに交わっているため，（　①　）回の回数（　②　）なる。

　　　ア．より多く　　イ．と等しく　　ウ．より少なく

問6　太陽の全体が見えなくなる日食（皆既日食）が起こると，日中でも空には星が見えます。日本で8月1日の正午に，皆既日食が起こると，空にはどのような星が見えると考えられますか。適当なものを次のア～オからすべて選び，記号で答えなさい。
　　　ア．おおいぬ座のシリウス　　　　イ．こと座のベガ
　　　ウ．オリオン座のベテルギウス　　エ．はくちょう座のデネブ
　　　オ．北極星

Ⅲ. 木星は，地球と同じように，太陽の周りを公転しています。また，木星にはその周り
を公転する星がいくつかあります。このうち，1610年にガリレオによって発見された
4つの星はガリレオ衛星と呼ばれています。図2は，ガリレオ衛星が公転する面を上か
ら見た，木星とガリレオ衛星の模式図です。

　ガリレオ衛星は大きいので，天体望遠鏡で見ることができます。図3は，1日ごとに
同じ時刻に木星とガリレオ衛星の位置を観察し，それぞれの星の位置を点でえがいたも
のです。中心の大きな点は木星を，小さな点A～Dはガリレオ衛星を示しています。ま
た，図3の曲線はBについて観察した期間の動きを示しています。ガリレオ衛星どうし，
あるいは，ガリレオ衛星と木星が重なって見える場合は，えがいた星の数は5個よりも
少なくなります。

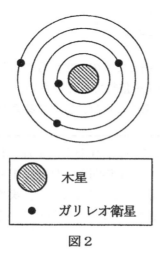

図2

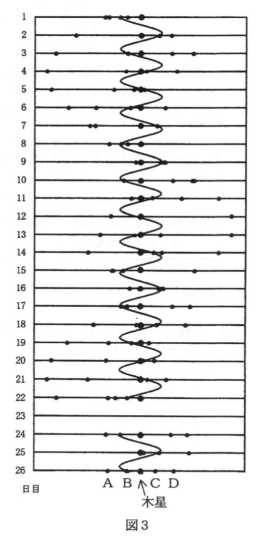

図3

問7　次の文は，図3について述べたものです。文中の（　①　）にあてはまるものとして最も適当なものを図3のA～Dから選び，記号で答えなさい。また，文中の（　②　）にあてはまる数値を整数で答えなさい。

> ガリレオ衛星と木星の距離が長いほど，公転する周期は長くなる。また，ガリレオ衛星はいずれも，同じ方向に公転している。これらのことと図3から，A～Dのうち，木星の周りを公転する周期が最も長いものは（　①　）で，その周期は（　②　）日であることがわかる。

問8　23日目は観察ができませんでした。しかし，この日以外の観察結果から，この日の木星とガリレオ衛星の位置を予想することができます。予想される観察結果として，最も適当なものを次のア～オから選び，記号で答えなさい。

4 次のⅠとⅡの文を読み，それぞれあとの問いに答えなさい。

Ⅰ．水の中でものを持つと軽く感じます。これは，ものに水など
の液体から，ものを浮かばせる力がはたらくためです。この力
のことを浮力といいます。

　浮力について調べるため，おもりを入れることのできる容器
（図1）を用意し，次の実験1～3を行いました。ただし，実
験において，容器の中には水が入らないものとします。また，
温度は変化しなかったものとします。

何も入って
いない容器

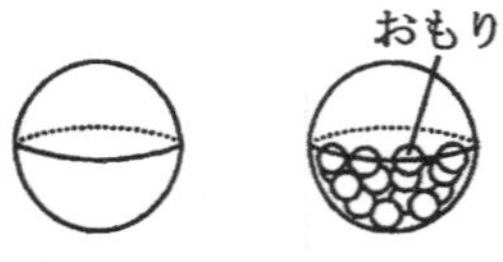

おもり
おもりが
入った容器

図1

【実験1】表1のように，体積と重さの異なる5つの容
器（容器A～E）を用意しました。中に何も入っ
ていない容器を，水そうの水の中に入れると，
すべての容器は水面に浮かびました（図2①）。
　　　　次に，容器A～Eのそれぞれの中に少しずつ
おもりを入れ，容器を重くして水の中に入れる
と，ある重さになったときにはじめて，容器全
体が水の中に入りました（図2②）。そのとき
の，それぞれの容器の中に入れたおもりの重さ
を示しているのが表2です。

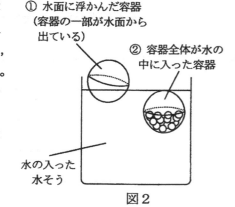
① 水面に浮かんだ容器
（容器の一部が水面から
出ている）

② 容器全体が水の
中に入った容器

水の入った
水そう

図2

表1

	容器A	容器B	容器C	容器D	容器E
体積（cm³）	20	40	60	80	100
重さ（g）	7	14	21	28	35

表2

	容器A	容器B	容器C	容器D	容器E
容器の中に入れた おもりの重さ（g）	13	26	39	（ ⓐ ）	65

【実験2】容器Aの中に15gのおもりを入れ，てんびんの左端に糸でつるします。また，右端に糸で1gの皿をつるし，皿に21gのおもりをのせ，てんびんをつり合わせました（図3）。

　次に，容器を水そうの水の中に入れると，てんびんはつり合わなくなりました。そこで，皿の上のおもりの重さを減らし，容器全体を水の中に入れたところ，皿の上のおもりの重さが1gのとき，てんびんはつり合いました。このとき，容器が水の中のどの深さにあっても，てんびんはつり合いました（図4）。さらに，容器の中に入れるおもりの重さを変え，てんびんがつり合ったときの皿の上のおもりの重さを調べると，表3のようになりました。ただし，糸の重さは考えないものとします。

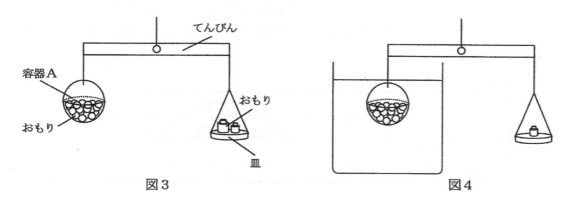

図3　　　　　　　　　　　　　　　　　　図4

表3

容器Aの中に入れたおもりの重さ(g)	15	18	21	24	27
皿にのせたおもりの重さ(g)	1	(ⓑ)	7	10	13

問1　表2の（ ⓐ ）と，表3の（ ⓑ ）にあてはまる数値をそれぞれ答えなさい。

問2　容器全体を水の中に入れたとき，水面に浮かぶものを次のア～エからすべて選び，記号で答えなさい。

　　ア．体積30cm³で5gの容器に，20gのおもりを入れたもの

　　イ．体積30cm³で5gの容器に，30gのおもりを入れたもの

　　ウ．体積70cm³で15gの容器に，50gのおもりを入れたもの

　　エ．体積70cm³で15gの容器に，60gのおもりを入れたもの

実験2で容器全体を水の中に入れると，入れる前に比べて，てんびんがつり合ったときの皿にのせたおもりの重さは軽くなりました。これは，容器に浮力がはたらくためです。

また，容器全体の重さが同じでも，容器にはたらく浮力が大きいほど，皿にのせるおもりの重さは軽くなります。

【実験3】図3の容器Aの中に93gのおもりを入れ，皿に99gのおもりをのせ，てんびんをつり合わせました。

次に，水といろいろな濃さの食塩水を別々の水そうに入れます。ここで，食塩水の濃さは，食塩水全体の重さ〔g〕に対する，溶けている食塩の重さ〔g〕の割合〔％〕で表します。水そうのそれぞれの液体の中に容器全体を入れ，てんびんがつり合ったときの皿にのせたおもりの重さを調べると，表4のようになりました。

表4

	水	食塩水		
		5％	10％	15％
皿にのせた おもりの重さ（g）	79	78.2	77.6	76.8

問3　次の文は，実験3からわかることについて述べたものです。文中の①と③にあてはまることばを｛　　｝内のア・イからそれぞれ選び，記号で答えなさい。また，（　②　）にあてはまる数値を答えなさい。

実験3の結果より，食塩水の濃さが濃くなると，容器Aにはたらく浮力は，①｛ア．大きくなる　イ．小さくなる｝ことがわかる。これは，水に食塩を溶かすことで，食塩水の体積あたりの重さが変わることが関係している。

ここで，それぞれの液体の100cm³あたりの重さをはかると，水は100g，5％食塩水は104g，10％食塩水は107g，15％食塩水は111gであった。これより，液体の100cm³あたりの重さが1g重くなると，容器Aにはたらく浮力は皿にのせるおもりの重さ（　②　）gの分だけ，③｛ア．大きくなる　イ．小さくなる｝と考えられる。

問4　図3の容器Aの中に，ある重さのおもりを入れ，10％食塩水の中に容器全体を入れました。このとき，皿に39gのおもりをのせると，てんびんがつり合いました。容器Aに入っているおもりの重さは何gですか。

試験問題は次に続きます。

Ⅱ．図5はガリレオ温度計という温度計です。ガリレオ温度計は，容器の中に液体と複数の球体が入っています。温度が変わると，球体が浮き沈みします。この球体の浮き沈みを見ることで，おおまかな温度がわかります。図5のガリレオ温度計では，1個の球体が浮き沈みすることで，温度が2℃変化したことを知ることができます。

　ガリレオ温度計を模式的に表したものが図6です。球体あ～おの体積は同じですが重さは異なり，軽いほうから，**あ，い，う，え，お**です。球体あ～おは容器の中に図6のように入っており，球体の浮き沈みによりこの順は変わりません。また，球体の体積と重さは，温度が変わっても変わらないものとします。さらに，図6では球体**あ～う**は浮いており，球体**え**と**お**は沈んでいるものとします。

図5

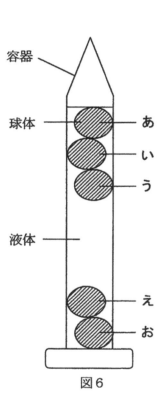

図6

問5 次の文は，ガリレオ温度計の仕組みについて述べたものです。文中の（ ① ）〜
（ ③ ）にあてはまることばとして適当なものを，それぞれ下のア〜ケから選び，
記号で答えなさい。

> ガリレオ温度計は，それぞれの球体にはたらく浮力と，温度による液体の体積
> あたりの重さの変化で説明することができる。
> 　図6で球体の体積は同じであるため，それぞれの球体にはたらく浮力はすべて
> 同じである。容器の中の液体の温度が高くなると，その液体の体積は大きくなる
> が，その液体の重さは変わらない。そのため，液体の体積あたりの重さは変化す
> る。これより，容器の中の液体の温度が高くなると，球体にはたらく浮力は，
> （ ① ）。
> 　図6の状態から温度が2℃高くなると，（ ② ）と考えられる。また，図6
> の状態が 24℃〜26℃ の間の温度を示しているとする。その状態から温度が変化
> し，いとうが沈んだとき，（ ③ ）の間の温度になったことがわかる。

（ ① ）にあてはまるもの
　ア．大きくなる　　　　イ．小さくなる　　　ウ．変わらない

（ ② ）にあてはまるもの
　エ．うが沈む　　　オ．えが浮かぶ

（ ③ ）にあてはまるもの
　カ．20℃〜22℃　　　キ．22℃〜24℃　　　ク．26℃〜28℃　　　ケ．28℃〜30℃

問6 図6のガリレオ温度計において，球体が1個浮き沈みすることで2℃より小さい温
度の変化を知るためには，どのようにすればよいですか。適当なものを，次のア〜
エから2つ選び，記号で答えなさい。
　ア．球体の体積は同じで，それぞれの球体の重さの差が小さい球体に変える。
　イ．球体の体積は同じで，それぞれの球体の重さの差が大きい球体に変える。
　ウ．容器の中に入れる液体を，温度が変化したときに体積が変わりやすい液体に変
　　　える。
　エ．容器の中に入れる液体を，温度が変化したときに体積が変わりにくい液体に変
　　　える。

2019(H31) ノートルダム清心中
Ⓚ 教英出版

3 次のように，1，3のいずれかが入っている整数が小さい順に並んでいます。

　　　1，3，10, 11, 12, 13, 14, ……, 100, 101, ……, 110, 111, 112, 113, ……

これから1，3だけを用いた数

　　　1，3，11, 13, ……, 111, 113, ……

を除き，

　　　10, 12, 14, ……, 100, 101, ……, 110, 112, ……

とします。この数の列について，次の問いに答えなさい。

（1）　2けたの数は全部で何個ありますか。

（2）　300は初めから数えて何番目の数ですか。

（3）　初めから数えて300番目の数は何ですか。

2019(H31) ノートルダム清心中

Ｋ 教英出版

次の①〜⑤の中から，計算結果が最も大きいものと，最も小さいものを選び，それぞれ番号で答えなさい。

①　$\dfrac{35}{24} \div \dfrac{5}{8}$　　　②　$\dfrac{35}{24} \times \dfrac{16}{9}$　　　③　$\dfrac{35}{24} + \dfrac{3}{2}$

④　$\dfrac{35}{24} - \dfrac{3}{8}$　　　⑤　$\dfrac{35}{24} \div \dfrac{15}{7}$

[答]

　　　最も大きいもの＿＿＿＿＿，最も小さいもの＿＿＿＿＿

図1のような輪を，図2のように12個つないだくさりがあります。このくさりをまっすぐのばしたときの長さは何cm何mmですか。

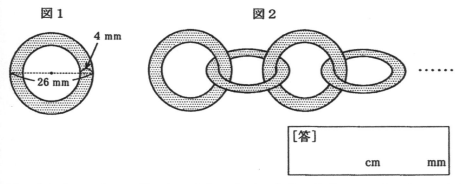

図1　　　　　　　図2　　　　　　4 mm　　26 mm

[答]

　　　　　cm　　　　mm

図のような，3個の円柱を組み合わせた形の立体の体積は何cm³ですか。ただし，円周率は3.14とします。

上から見た図　　　横から見た図

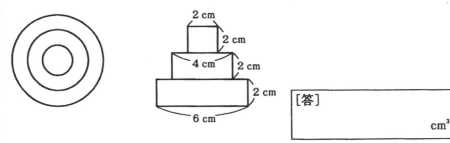

2 cm
2 cm
4 cm　2 cm
2 cm
6 cm

[答]

　　　　　cm³

図の角アは何度ですか。ただし，四角形ABCDは正方形です。

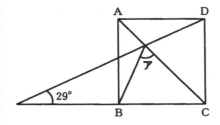

[答]

　　　　　度

合計
※

２０１８年度

ノートルダム清心中学校　入学試験問題

算　数　その①

【１５分】

受験上の注意

（試験問題・解答用紙について）

１．試験を始める合図があるまで，試験問題を見てはいけません。

２．問題用紙は表紙をのぞいて１枚あります。

３．枚数が足りない時は，手をあげて監督の先生に知らせてください。

４．解答は解答らんに記入してください。

５．問題用紙を切り取ることは，しないでください。

（試験について）

６．「始めてください」の指示で鉛筆をとり，「やめてください」の指示
　　があったらすぐに鉛筆を置いてください。

７．試験が始まったら，最初に受験番号と名前を書いてください。

８．印刷のわからないところなどがあったら，手をあげて監督の先生に
　　知らせてください。

９．解答用紙を集めるまで席を立たないでください。

（その他）

１０．この表紙の裏を，「その①」の計算のために使ってもかまいません。
　　　この表紙は監督の先生の指示にしたがって持って帰ってください。

※印のところには，何も記入しないでください。

1　次の計算をしなさい。

（1）　$10.08 \div (1.3 - 0.6) + 10.08 \div 0.9$

[答]

（2）　$1.25 \div \left(1\dfrac{7}{8} - 2\dfrac{2}{9} \times 0.75\right) \times 1.6$

[答]

2　$0.1\,\mathrm{m^3}$ あった水が $19\,\mathrm{dL}$ 減ると，何 L になりますか。

[答]
　　　　　　　L

3　ある商品に，仕入れ値の 24 ％ の利益を見こんで定価をつけると 2325 円になりました。この商品の仕入れ値は何円ですか。

[答]
　　　　　　　円

4　ある仕事をするのに，36 人でするとちょうど 6 時間かかります。84 人でこの仕事をすると何時間かかりますか。

[答]
　　　　　　　時間

5　清子さんはある本を 3 日間で読み終えました。1 日目に全体の $\dfrac{2}{5}$ を読み，2 日目は 1 日目に読んだページ数の $\dfrac{1}{3}$ を読み，3 日目は残りの 63 ページを読みました。この本は全部で何ページありますか。

[答]
　　　　　　　ページ

２０１８年度

ノートルダム清心中学校　入学試験問題

算　数　その②

【３５分】

受験上の注意

（試験問題・解答用紙について）

1. 試験問題は，１ページから３ページまで３問あります。

2. 解答用紙は，問題用紙とは別に１枚あります。

3. 問題用紙を切り取ることは，しないでください。

4. この表紙と問題用紙は，監督の先生の指示にしたがって持って帰って
ください。

（※このページに問題はありません。）

2018(H30) ノートルダム清心中

K 教英出版

1 　A，B，C，Dの4人が，先月図書館で借りた本の冊数について話をしています。

　　　A　「私とBの合計は21冊で，私とDの合計は7冊です。」
　　　B　「私とCの合計は30冊です。」
　　　C　「私とAの合計は15冊より多いです。」
　　　D　「4人が借りた本の冊数はすべて異なります。そして，1冊も
　　　　　借りなかった人はいません。」

　次の問いに答えなさい。

（1）AとCの借りた冊数は，どちらが何冊多いですか。

（2）4人それぞれが借りた冊数の組み合わせとして，どのような組み合わせが考えられますか。「Aが2冊，Bが5冊，Cが1冊，Dが3冊」のような書き方ですべて答えなさい。

2 ある駅のホームの長さは，8両編成の列車よりも96 m長く，14両編成の列車よりも21 m短いです。ただし，車両の長さはすべて同じで，車両をつなぐ部分の長さは考えないものとして，次の問いに答えなさい。

（1）駅のホームの長さを求めなさい。

（2）一定の速さで進む列車Aは，この駅のホームを通過し始めてから通過し終わるまでに27秒かかり，ホームに立っている人の目の前を通過するのに13秒かかりました。列車Aの長さを求めなさい。

（3）列車Bが，（2）の列車Aの後方から同じ方向に時速86.4 kmの速さで進み，列車Aの最後尾に追いついてから完全に追い越すまでに1分31秒かかりました。列車Bの長さを求めなさい。

２０１８年度

ノートルダム清心中学校　入学試験問題

理　科

【４０分】

1 次の文を読み，あとの問いに答えなさい。

　日本は地震の多い地域であり，2016 年も熊本県で大きな地震が起こりました。このような地震がよく起こる場所に住んでいる私たちは，日ごろから地震のことをよく知っておく必要があります。

　図1は，1995 年に日本で起きた兵庫県南部地震の震度分布を示しています。地震が発生した地下の場所を震源といい，震源の真上の地表の場所を震央といいます。図1の✖印は震源と震央を表しています。しかし，地震は地下の浅い所から深い所までさまざまな場所で起こるため，震源の深さは地図には表せません。また，地震の大きさを表すことばには，マグニチュードと震度があります。マグニチュードはその地震の規模を表しており，震度はある地点でのゆれの大きさを表しています。震度は 0 〜 7 までに分けられていて，震度 5 と震度 6 はそれぞれ弱と強に分けられています。マグニチュードは場所によって変わりませんが，震度は場所によって変わります。

　なお，図1には震度 5 と震度 6 に弱と強がついていません。これは，この図1の地震の後に震度 5 と震度 6 を弱と強に分けるようになったからです。

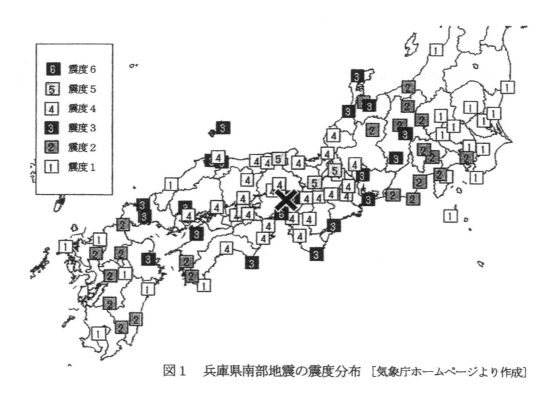

図1　兵庫県南部地震の震度分布　［気象庁ホームページより作成］

K 教英出版

問1　地震が起きたときにゆれの大きさを予想して，できる限り早く情報を知らせるしくみが2007年から始まりました。この情報のことを何といいますか。

問2　地震は大地のずれによって起こります。このずれのことを何といいますか。

問3　震度は，現在何段階に分けられていますか。

問4　図1の震度分布から，震源からの距離（きょり）と震度の関係がわかります。次の(1)と(2)の問いに答えなさい。

(1) 次の文は，震源からの距離と震度の関係を述べたものです。文中の①と②にあてはまることばを（　）内のア，イからそれぞれ選び，記号で答えなさい。

> 多くの観測地点で，震源に近い地点ほど震度が①（ア．大きく　イ．小さく），震源から遠い地点ほど，震度が②（ア．大きく　イ．小さく）なっている。

(2) ある地震【1】と【2】の，A〜Cの各観測地点での震度は次のようになっていました。上の(1)の震源からの距離と震度の関係をふまえて，地震【1】と【2】の震源として予想される位置を，下の図のあ〜おからそれぞれ選び，記号で答えなさい。

【1】　観測地点Aの震度　＿5弱＿　　【2】　観測地点Aの震度　＿4＿
　　　　観測地点Bの震度　＿3＿　　　　　　観測地点Bの震度　＿5強＿
　　　　観測地点Cの震度　＿2＿　　　　　　観測地点Cの震度　＿5弱＿

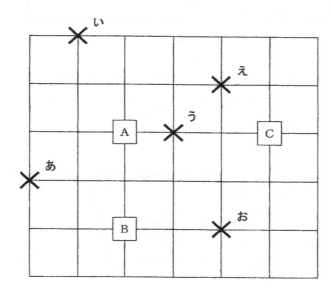

問5　マグニチュード4の地震が，ある同じ場所を震央として1年間に2回発生しました。しかし，ある観測地点で観測された地震の震度はそれぞれ震度3と震度1で，異なっていました。このようにマグニチュードと震央が同じでも，震度が異なることがあります。それはなぜだと考えられますか。「震源」ということばを用いて15字以内で答えなさい。

　　地震によるゆれは，震源からすべての方向へ波のように伝わっていきます。この波を地震波といいます。地震によるゆれには，P波とS波という2つの地震波が関わっています。これらの地震波は，地震の発生と同時に生じますが，伝わる速さは異なっています。図2は，地震によるゆれを地震計によって観測したものです。図2より，地震では，はじめに小さなゆれ（初期微動）が起こり，その後に大きなゆれ（主要動）が起こることがわかります。初期微動を起こす地震波がP波で，主要動を起こす地震波がS波です。

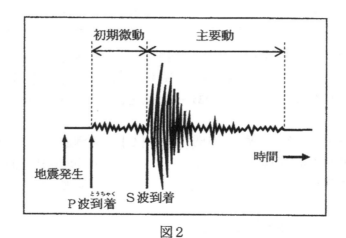

図2

　　次の表はある日に発生した地震について，D〜Fの各観測地点における震源からの距離と地震波の到着時刻をまとめたものです。この地震によって生じたP波とS波はそれぞれ一定の速さで伝わっています。

表

観測地点	震源からの距離	P波の到着時刻	S波の到着時刻
D	120 km	14時50分05秒	14時50分20秒
E	224 km	14時50分18秒	14時50分46秒
F	304 km	14時50分28秒	14時51分06秒

問6　表の地震によって生じたP波とS波の伝わる速さは，それぞれ秒速何kmですか。また，この地震の発生時刻を答えなさい。

問7　初期微動と主要動のゆれが続く時間について述べた文として，最も適当なものを次のア～エから選び，記号で答えなさい。
　　　ア．初期微動のゆれが続く時間は，震源からの距離が近い場所ほど長い。
　　　イ．初期微動のゆれが続く時間は，震源からの距離が遠い場所ほど長い。
　　　ウ．主要動のゆれが続く時間は，震源からの距離が近い場所ほど長い。
　　　エ．主要動のゆれが続く時間は，震源からの距離が遠い場所ほど長い。

2 次のⅠとⅡの文を読み，それぞれあとの問いに答えなさい。

Ⅰ．ヒトとメダカの誕生には，いくつかの共通点や異なる点があります。

問1　ヒトの誕生について，次の(1)と(2)の問いに答えなさい。

(1) 図1は，もうすぐ生まれてくる子どもがいる母親の子宮の中のようすを示したものです。A，Bが示す部分の名前を答えなさい。ただし，Bは子どものまわりを満たすものを示しています。

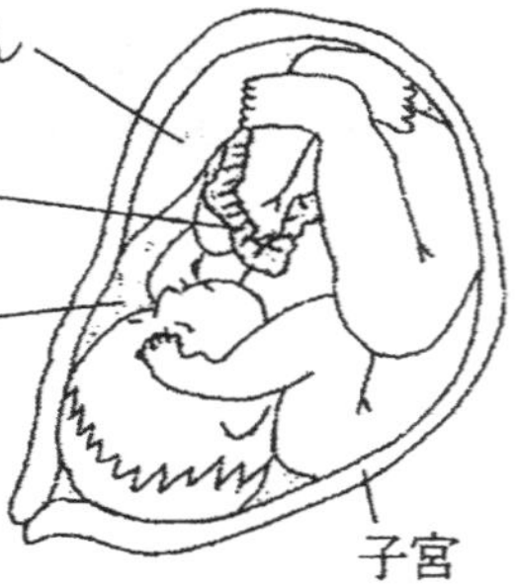

(2) 次のア～ウの文は，子宮の中での子どもの育ち方についてまとめた記録です。これらを正しい順になるように並べなさい。
ア．血液が流れ始める。
イ．性別が区別できるようになる。
ウ．手足がはっきりしてきて，からだを動かし始める。

図1 たいばん　A　B　子宮

問2　メダカを飼育し，卵を産むようすを観察しました。このことについて，次の(1)と(2)の問いに答えなさい。

(1) メダカの産卵を観察するための飼育条件として，最も適した水の温度，明るさ，えさの量の組み合わせを次のア～クから選び，記号で答えなさい。

	水の温度	明るさ	えさの量
ア	15℃	明るい	多ければ多いほど良い
イ	15℃	明るい	食べ残しがない程度
ウ	15℃	暗い	多ければ多いほど良い
エ	15℃	暗い	食べ残しがない程度
オ	25℃	明るい	多ければ多いほど良い
カ	25℃	明るい	食べ残しがない程度
キ	25℃	暗い	多ければ多いほど良い
ク	25℃	暗い	食べ残しがない程度

(2) メダカと同じように水中で生活する魚について，メスが一生に産む卵の数，卵がかえる場所を調べました。それをまとめたものが次の表1です。表1をもとにメスが産む卵の数について，考えられることを述べたものが下の文です。文中の（　　　　　　　）に10字以内のことばを入れて，文を完成させなさい。

表1

魚（大きさ）	一生に産む卵の数（個）	卵がかえる場所
メダカ（4cm）	500	川や池の中の水草
グッピー（5cm）	10〜100	親のからだの中
サケ（65cm）	1000〜6000	川底の砂の中
ヒラメ（80cm）	1000万〜2000万	海中
ノコギリザメ（2m）	12	親のからだの中
マンボウ（4m）	2億〜3億	海中

ほかの生物に（　　　　　　　）場所で卵がかえる魚のほうが，一生に産む卵の数が少ない。

問3　ヒトとメダカの誕生について述べた次の①〜③の文について，ヒトだけにあてはまるものにはA，メダカだけにあてはまるものにはB，ヒトとメダカの両方にあてはまるものにはC，ヒトとメダカのどちらにもあてはまらないものにはDを，それぞれ答えなさい。

① 受精することで子どもをつくる。
② 親と似た姿で親のからだから出てくる。
③ 子どもは腹に十分な養分をためた姿で生まれてくる。

Ⅱ．血液にはいろいろなはたらきがあります。ヒトの血液をくわしく観察すると，血液はただの液体ではなく，液体の中に円ばんの形をしたものがあることがわかります。この円ばんの形をしたものを赤血球，そのまわりの液体を血しょうといいます。

　ヒトの血液には，A型，B型，AB型，O型の4種類の血液型があります。血液型は，赤血球の表面の2種類の物質（物質aと物質b）と，血しょうに含まれる2種類の物質（物質Xと物質Y）があるかないかで決まっています。例えば，図2に示すように，A型の血液の赤血球には物質aが，血しょうには物質Xがあります。B型の血液の赤血球には物質bが，血しょうには物質Yがあります。

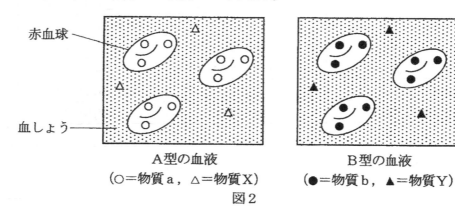

赤血球

血しょう

A型の血液　　　　　　　　　　　B型の血液
（○＝物質a，△＝物質X）　　　（●＝物質b，▲＝物質Y）
図2

問4　文中の下線部について，ヒトの血液のはたらきとして，**適当でないもの**を次のア～エから1つ選び，記号で答えなさい。
　　ア．肺から心臓に酸素を運ぶ。　　　　イ．全身から心臓に二酸化炭素を運ぶ。
　　ウ．小腸からかん臓に養分を運ぶ。　　エ．じん臓からぼうこうへ不要物を運ぶ。

　血液には，異なる血液型どうしが混ざるとかたまりができる性質があり，体内で血液のかたまりができると生物は死んでしまう場合があります。輸血などの際に血液型を区別する必要があるのはこのためです。この性質には，物質aとb，物質XとYが関わっています。これについて，次の実験1～実験3をしました。

【実験1】A型の血液とB型の血液を混ぜると，赤血球どうしがくっついてかたまりができました。

【実験2】A型，B型の血液をそれぞれ，赤血球と血しょうに分けました。その後，それぞれを混ぜて，かたまりができるかどうかを観察したところ，表2のような結果になりました。

【実験3】A型，B型，AB型，O型の血液をそれぞれ，赤血球と血しょうに分けました。それらを混ぜて，かたまりができるかどうかを観察したところ，表3のような結果となりました。

表2

組み合わせ		結果
A型の赤血球	B型の赤血球	できなかった
A型の血しょう	B型の血しょう	できなかった
A型の赤血球	A型の血しょう	できなかった
A型の赤血球	B型の血しょう	できた
B型の赤血球	A型の血しょう	できた
B型の赤血球	B型の血しょう	できなかった

表3

組み合わせ		結果
A型の赤血球	AB型の血しょう	できなかった
A型の赤血球	O型の血しょう	できた
B型の赤血球	AB型の血しょう	できなかった
B型の赤血球	O型の血しょう	できた
AB型の赤血球	A型の血しょう	できた
AB型の赤血球	B型の血しょう	できた
O型の赤血球	A型の血しょう	できなかった
O型の赤血球	B型の血しょう	できなかった

問5　実験1と2の結果から，赤血球どうしがくっついてかたまりができるのは，どの物質とどの物質が同時に存在したときと考えられますか。正しいものを次のア〜カからすべて選び，記号で答えなさい。

　　　ア．物質aと物質b　　　イ．物質aと物質X　　　ウ．物質aと物質Y

　　　エ．物質bと物質X　　　オ．物質bと物質Y　　　カ．物質Xと物質Y

問6　実験3の結果をもとに，AB型とO型の血液について，赤血球の表面に物質aとb，血しょう中に物質XとYがあるかないかを次の表にまとめました。その物質がある場合は○，ない場合は×とするとき，○が入るのはどこですか。あてはまるものを表のア〜クからすべて選び，記号で答えなさい。

	物質a	物質b	物質X	物質Y
AB型	ア	イ	ウ	エ
O型	オ	カ	キ	ク

問7　たいばんでは，母親の血管と生まれてくる子どもの血管が存在し，いろいろな物質のやりとりをしています。たいばんのしくみについて説明したものが次の文です。文中の（　　　　　　　）に10字以内のことばを入れて，文を完成させなさい。

　　　母親の血液型と子どもの血液型は同じとは限らないため，たいばんでは母親と子どもの（　　　　　　　）ようなしくみがあると考えられる。

3 次の文を読み，あとの問いに答えなさい。

　清子さんは，階段から落としたボールが段にあたりながら落ちていくのを見て，ボールが落ちてはね返るようすを調べようと思いました。そこで，階段の板と同じ板の床で，同じボールを使って，次の実験1〜実験3をしました。

【実験1】図1のように，ボールをある高さから静かに落とし，床にあたってはね返った高さを調べました。その結果が表1です。ただし，「はね返った高さ」とは，はね返って最も高くなった高さのことをいいます。

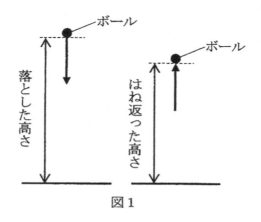

図1

表1

落とした高さ(cm)	20	40	60	80	100
はね返った高さ(cm)	16	32	48	64	80

問1　50cmの高さからボールを落としたとき，はね返った高さは何cmになりますか。

問2　ボールを落とすと床にあたってはね返り，また床にあたることをくり返し，しだいにはね返る高さが低くなりました。ボールを静かに落とし，はね返る高さが最初に落とした高さの半分以下になるのは，床に何回あたった後だと考えられますか。

２０１８年度

ノートルダム清心中学校　入学試験問題

社　会

【４０分】

1 次のA〜Eの文章は，清子さんが中国地方各県の観光地について調べ，まとめたものです。よく読んで，あとの問いに答えなさい。

A　鳥取県
・大山寺：
　　鳥取県の西部にある大山は，中国地方で最も高い山です。その中腹にある大山寺は，①奈良時代の僧によって開かれ，山の中で厳しい修行が行われていました。②平安時代には天台宗の寺になり，寺の長は③比叡山にある寺から派遣されるようになりました。今年，「大山開山1300年祭」が行われます。

・鳥取砂丘：
　　鳥取県の東部にある鳥取砂丘は，日本最大の砂丘で，国の天然記念物にも指定されています。④戦場にいる弟を思う詩で有名な与謝野晶子も，この砂丘をおとずれて，歌をよみました。

問1　下線部①に関連して，奈良時代の僧で，人々のために橋や道，ため池などをつくりながら仏教を広め，のちに大仏づくりに協力したことで知られているのはだれですか。漢字で答えなさい。

問2　下線部②に関連して，平安時代を代表する文学作品で，清少納言が宮廷の生活や自然の変化を生き生きと表現した随筆を何といいますか。

問3　下線部③について，この寺は，1571年に織田信長によって焼き打ちされましたが，何という寺ですか。次のア〜エから1つ選び，記号で答えなさい。
　ア．東大寺　　　　　イ．延暦寺　　　　　ウ．本能寺　　　　　エ．本願寺

問4　下線部④に関連して，与謝野晶子の弟が兵士として戦った戦争のことを述べた文として正しいものを，次のア〜エから1つ選び，記号で答えなさい。
　ア．日本は，満州のロシア軍を攻め，日本海の戦いではロシア艦隊を破った。
　イ．沖縄では，3か月にわたって激しい地上戦が行われた。
　ウ．日本は，アメリカ合衆国と同盟を結び，ロシアと戦った。
　エ．朝鮮で内乱がおきると，日本と清はそれぞれ軍隊を朝鮮に送った。

B　島根県

・石見銀山：

　　石見銀山は，⑤戦国時代に本格的な開発が始まりました。大名たちが支配をめぐって激しく争い，⑥豊臣秀吉が支配していたこともあります。江戸時代になると，⑦江戸幕府がこの銀山を直接管理しました。当時の人々が道具を使って岩をほった跡が，はっきりと残っています。

・出雲日御碕灯台：

　　島根半島にある日御碕灯台は，日本一の高さをほこる美しい石づくりの灯台で，⑧1903年に設置されました。1998年には「世界の歴史的灯台百選」にも選ばれています。

問5　下線部⑤について，戦国時代のようすとして**適当でないもの**を，次のア～エから1つ選び，記号で答えなさい。

　ア．祇園祭が戦乱によって一時とだえたが，京都の商人の力で再興された。

　イ．一向宗の信仰で結ばれた人々が，各地で一揆をおこした。

　ウ．キリスト教が伝えられ，キリスト教の信者となる大名があらわれた。

　エ．鉄砲は日本国内では生産できず，戦いで使うため，大量に輸入された。

問6　下線部⑥について，豊臣秀吉が活やくしていたころにつくられたものを，次のア～エから1つ選び，記号で答えなさい。

ア
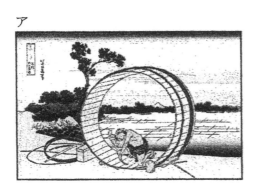

イ

ウ

エ

問7　下線部⑦に関連して，江戸幕府は大名が守るべき決まりを定め，将軍がかわる
　　と内容を加えたり，変更したりしました。この決まりを何といいますか。

問8　下線部⑧について，1903年に世界でおきたできごととして正しいものを，次の
　　ア～エから1つ選び，記号で答えなさい。
　ア．フルトンが世界最初の蒸気船をつくった。
　イ．ライト兄弟が動力飛行に成功した。
　ウ．ヨーロッパ連合が発足した。
　エ．国際連盟が発足した。

C　山口県
・瑠璃光寺：
　　　山口市にある寺で，国宝の五重塔があることで有名です。この塔は，⑨足利義満に敗れて戦死した，山口の大名（　⑩　）氏の当主をとむらうために建てられました。山口は，「西の京」として栄えていきました。
・萩の武家屋敷
　　　萩は，⑪江戸時代には長州藩の城下町として栄え，武家屋敷の町並みが残されています。その中には，⑫幕末に活やくした高杉晋作や，⑬明治政府で重要な役割を果たした木戸孝允の誕生地もあります。

問9　下線部⑨について，足利義満は，中国と国交を結んで，貿易を開始しました。当時の中国の国名を漢字で答えなさい。

問10　（　⑩　）にあてはまる語を答えなさい。

問11　下線部⑪に関連して，江戸時代の城下町の説明として最も適当なものを，次のア～エから1つ選び，記号で答えなさい。
　ア．城下町は，中心に有力な寺社をおいて整備されることが多かった。
　イ．城下町は，防衛のため，山間の地域につくられることが多かった。
　ウ．城下町に住む人々の身分ごとの人口は，武士が最も多かった。
　エ．城下町に住む町人は，職業ごとに集まって住むことが多かった。

問12　下線部⑫について，幕末の1864年，イギリス・フランス・アメリカ・オランダの艦隊が，長州藩の砲台を占領する事件がおこりました。この事件は，どこでおこりましたか。地名を答えなさい。

問13　下線部⑬について，木戸孝允は，1871年に出発した明治政府の海外への使節団に加わっていました。次の文は，この使節団が派遣された目的を説明したものです。　　　　　　　　にあてはまる内容を10字以内で答えなさい。
　「アメリカやヨーロッパの国々と，　　　　　　　　を交渉するため。」

D　岡山県
・造山古墳：
　岡山市から総社市に広がる吉備古墳群にある前方後円墳です。全国で4番目に規模の大きな古墳です。⑭全国各地で大きな前方後円墳がさかんにつくられたころ，この古墳も築かれました。

・旧閑谷学校：
　江戸時代に岡山藩によって開かれた庶民のための学校で，当時の建物が残っています。⑮儒学を中心にした高いレベルの教育が行われていたことでも知られています。

・大原美術館：
　⑯大正時代に活やくした倉敷の実業家の大原孫三郎が設立した美術館で，世界的に有名な画家の作品を展示しています。⑰太平洋戦争中，倉敷市中心部は空襲を受けなかったため，貴重な作品が今日まで残っています。

問14　下線部⑭について，このころのことを述べた文として最も適当なものを，次のア～エから1つ選び，記号で答えなさい。
　ア．中国の制度を手本にして，年号が初めて定められた。
　イ．大和地方の国が，各地の王を従えて，政治のしくみを整えた。
　ウ．中国の歴史書に，初めて日本についての記述があらわれた。
　エ．国の名を，「日本」と名のるようになった。

問15　下線部⑮について，儒学の説明として最も適当なものを，次のア～エから1つ選び，記号で答えなさい。
　ア．主君と家来，父と子など上下の秩序を大切に考える学問
　イ．古典をもとに，日本人本来のものの見方や考え方を明らかにしようとする学問
　ウ．読み・書き・計算など，日常生活に必要な知識を身につける学問
　エ．自然と一体となって生きることを理想とする学問

問16 下線部⑯に関連して，右のグラフ
は，大正時代の日本の輸出額の移り
変わりを表しています。Xの時期に，
輸出額が急速にのびているのはなぜ
ですか。簡単に説明しなさい。

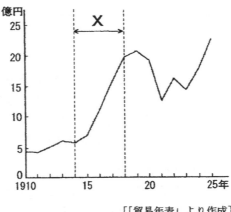

[「貿易年表」より作成]

問17 下線部⑰について，太平洋戦争中の1944年に，サイパン島の日本軍が全滅して
連合国軍に占領されてから，大型爆撃機による日本への空襲が激しくなりました。
サイパン島の位置を，次の地図中のア〜オから1つ選び，記号で答えなさい。

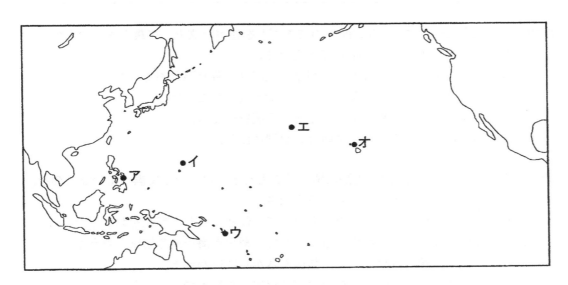

E　広島県

・浄土寺：

尾道市にある寺で，聖徳太子が開いたと伝えられています。⑱14世紀前半に焼失しましたが，すぐに尾道の商人夫妻によって再建されました。本堂と多宝塔が国宝で，「国宝の寺」ともよばれています。尾道は⑲瀬戸内海に面した町で，豊かな商人たちによって浄土寺は支えられました。

・世界平和記念聖堂：

⑳原子爆弾が投下された広島市にある，キリスト教（カトリック教会）の聖堂です。自らも被爆したドイツ人のラッサール神父が，原爆犠牲者の慰霊のため，また，世界の平和のシンボルとして聖堂を建設しようとよびかけました。㉑第二次世界大戦後の世界で新たな対立がおこるなか，国内外から寄付が集まり，1954年に完成しました。㉒2006年には，この聖堂は国の重要文化財に指定されました。

問18　下線部⑱について，14世紀前半のできごとを述べた文として最も適当なものを，次のア～エから1つ選び，記号で答えなさい。

ア．鎌倉幕府に不満をもつ武士たちが立ち上がり，幕府がたおされた。

イ．政治の実権をめぐって，保元の乱や平治の乱がおこった。

ウ．モンゴルが中国に攻めこんで，元という国をつくった。

エ．後鳥羽上皇が，幕府をたおす命令を全国に出した。

問19　下線部⑲について，瀬戸内海に関することを述べた文として**誤っているもの**を，次のア～エから1つ選び，記号で答えなさい。

ア．藤原純友が，瀬戸内海の海ぞくを率いて，朝廷に対して反乱をおこした。

イ．平清盛が，兵庫の港を整備するなどして，瀬戸内海を通る航路を整えた。

ウ．江戸時代に，瀬戸内海沿岸で，製塩がさかんに行われた。

エ．明治時代に，足尾銅山から瀬戸内海に流出した鉱毒で，大きな被害が出た。

問20　下線部⑳に関連して，広島に原子爆弾が投下される約10日前，アメリカやイギリスなどが日本に無条件降伏を求める宣言を発表しました。この宣言を何といいますか。

問21　下線部㉑について，これはアメリカを中心とする国々と，ソビエト連邦を中心とする国々との対立です。この対立のことを何といいますか。

問22　下線部㉒について，2006年以後のできごととして正しいものを，次のア～エから1つ選び，記号で答えなさい。

　ア．日本で，民主党中心の連立政権が発足した。

　イ．日本の消費税が，3％から5％に引き上げられた。

　ウ．日本とロシアが，正式な平和条約を結んだ。

　エ．沖縄で，サミット（主要国首脳会議）が開かれた。

2 次のＡ・Ｂの文をよく読んで，あとの問いに答えなさい。

Ａ　筑後川は，①九州地方で最も長い河川である。この川は，熊本県，大分県，福岡県，（　②　）県を流れ，③有明海に注いでいる。上流部には④豊かな森林が広がり，古くから⑤林業がさかんである。⑥「日本三大暴れ川」の一つにも数えられ，⑦洪水などの災害で人々を困らせることもあった。

問１　下線部①について，九州地方のことを述べた文として**適当でないもの**を，次のア～エから１つ選び，記号で答えなさい。
ア．長崎県島原市は，1990年代に雲仙岳で発生した火砕流によって大きな被害を受けた。
イ．熊本県水俣市では，公害の被害と教訓を語りつぎ，地域の環境を大切にしようと取り組んでいる。
ウ．沖縄県では，暖かい気候を生かして菊の生産がさかんに行われ，春が出荷のピークとなっている。
エ．大分県の沖合では，暖流の対馬海流と北からの寒流とで潮目ができるため，漁業生産額が多い。

問２　（　②　）にあてはまる語を答えなさい。

問３　下線部③について，有明海では，海岸に堤防を築き，堤防内の水をぬいて陸地を広げてきました。このようにして陸地をつくることを何といいますか。

問４　下線部④に関連して，次の(1)・(2)の問いにそれぞれ答えなさい。
(1)　日本の森林に関して述べた文として**適当でないもの**を，次のア～エから１つ選び，記号で答えなさい。
ア．日本の森林面積は，国土の約３分の２をしめている。
イ．日本の森林面積にしめる割合は，天然林より人工林の方が大きい。
ウ．日本の天然林にしめる割合は，針葉樹林より広葉樹林の方が大きい。
エ．日本の人工林には，生長の早いスギやマツなどの樹木が多い。

(2)　森林などの自然を守るために，さまざまな活動が行われています。100年ほど前にイギリスで始まり，大切な自然や建物などを守るために，募金を集めて土地や建物を買い取り，保存していく運動のことを何といいますか。

問５　下線部⑤について，林業の作業の中で，樹木を健康で大きく育てるために，弱った木や余分な木を切りたおすことを何といいますか。

受 験 番 号		名 前	

3

（1）［式］

答 _____

（2）［式］

答 _____

（3）［式］

答 _____

3
※

合計
※ ①+②
※100点満点
(配点非公表)

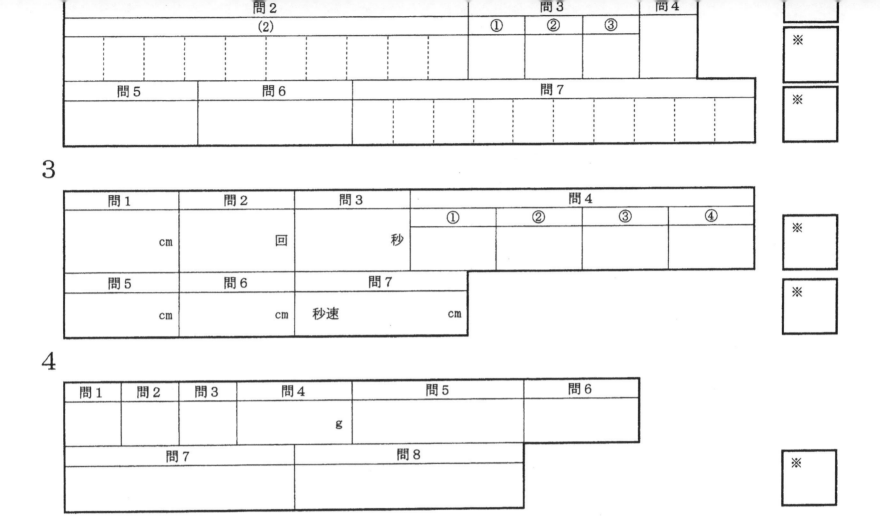

問2		問3			問4
(2)		①	②	③	

問5	問6	問7

※

※

3

問1	問2	問3	問4			
			①	②	③	④
cm	回	秒				

問5	問6	問7	
cm	cm	秒速	cm

※

※

4

問1	問2	問3	問4	問5	問6
			g		

問7	問8

※

県

問4		問5	問6
(1)	(2)		川

問7	問8	問9	問10				問11	問12
	山脈		(1)	(2) m		(3)		

3

問1	問2	問3	問4	問5		問6
				あ	い	

4

問1			問2	問3	問4	問5
年	月	日				

問6	問7

問8	問9	問10	問11	問12

※
※
※
※
※
※

受験番号		名　前	

２０１８年度　入学試験問題　社　会　解答用紙

※印のところには，何も記入しないでください。

※
※80点満点
（配点非公表）

1

問1	問2	問3	問4	問5	問6

※

問7	問8	問9	問10	問11
			氏	

※

問12	問13	問14	問15

※

問16

※

問17	問18	問19	問20	問21	問22

※

【解答

受験番号		名　前	

2018年度　　入学試験問題　　理　科　　解答用紙

※印のところには，何も記入しないでください。

1

問1		問2	問3	問4			
				(1)		(2)	
				①	②	【1】	【2】

問5	

問6			問7
P波	S波	発生時刻	
秒速　　　　　km	秒速　　　　　km	時　　　　分　　　　秒	

※

※

※

2

問1		問2
(1)	(2)	(1)
A　　　　　B		

※

1

（1）［答］

（2）［答］

1
※

2

（1）［式］

答 ＿＿＿＿＿＿＿

（2）［式］

答 ＿＿＿＿＿＿＿

（3）［式］

答 ＿＿＿＿＿＿＿

2
※

問6　下線部⑥について，「日本三大暴れ川」の一つで，河川の流域面積が日本最大の河川名を答えなさい。

問7　下線部⑦について，災害による被害をできるだけ小さくするために，多くの地方自治体がハザードマップとよばれる地図を作成しています。「洪水ハザードマップ」にのっている情報として**適当でないもの**を，次のア～エから1つ選び，記号で答えなさい。
　ア．避難路や避難場所
　イ．浸水が予想される区域
　ウ．液状化現象が発生する危険のある区域
　エ．土砂災害が発生する危険のある区域

B　大井川は，⑧静岡県と山梨県にまたがる間ノ岳などに水源をもち，（　⑨　）に注いでいる。⑩大井川の流域では，⑪茶や⑫米，果物の生産がさかんである。

問8　下線部⑧について，間ノ岳が属している山脈名を答えなさい。

問9　（　⑨　）にあてはまる湾を，次のア〜エから1つ選び，記号で答えなさい。
　ア．駿河湾　　　　イ．伊勢湾　　　　ウ．若狭湾　　　　エ．富山湾

問10　下線部⑩に関連して，次の地図は，大井川流域の2万5千分の1の地形図です。この地形図について，あとの(1)〜(3)の問いにそれぞれ答えなさい。

※原寸大

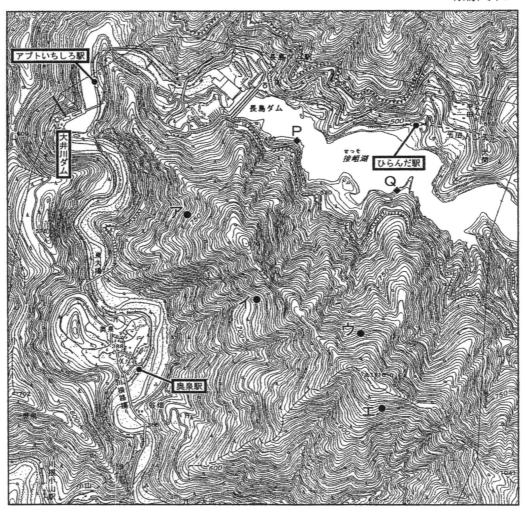

（注）一部，加工しています。

（1）　地形図について述べた文として**誤っているもの**を，次のア〜エから１つ選び，記号で答えなさい。

ア．大井川ダムのそばには，発電所がある。

イ．奥泉駅のそばには，交番がある。

ウ．ひらんだ駅は，奥泉駅から見て北東の方位にある。

エ．アプトいちしろ駅の標高は，ほぼ200mである。

（2）　地形図中の地点Ｐ－Ｑ間の長さは３cmです。実際の距離は何mですか。

（3）　地形図中の地点**ア〜エ**のうち，そこに降った雨が接岨湖に流れこむのはどこですか。１つ選び，記号で答えなさい。

問11　下線部⑪に関連して，次の表は，茶の生産量，かつおの水あげ量，紙・パルプの生産額の上位５位の都道府県を表しています。Ａ〜Ｃにあてはまるものの組み合わせとして正しいものを，下のア〜カから１つ選び，記号で答えなさい。

	1位	2位	3位	4位	5位
A	静岡県	愛媛県	埼玉県	北海道	愛知県
B	静岡県	三重県	東京都	高知県	宮城県
C	静岡県	鹿児島県	三重県	宮崎県	京都府

［『データでみる県勢 2017』より作成］

ア．A－茶　　　　　B－かつお　　　　C－紙・パルプ

イ．A－茶　　　　　B－紙・パルプ　　　C－かつお

ウ．A－かつお　　　B－茶　　　　　　C－紙・パルプ

エ．A－かつお　　　B－紙・パルプ　　　C－茶

オ．A－紙・パルプ　B－茶　　　　　　C－かつお

カ．A－紙・パルプ　B－かつお　　　　C－茶

問12　下線部⑫について，米づくりの作業である「しろかき」の説明として最も適当なものを，次のア〜エから１つ選び，記号で答えなさい。

ア．田の水をすべてぬく。

イ．育びょう箱に種もみをまく。

ウ．稲穂からもみを取る。

エ．田に水を入れ，土をくだいて平らにならす。

3 次の各問いに答えなさい。

問1　次の表は、北海道、富山県、茨城県の農業に関する統計をまとめたものです。
　　　Ａ〜Ｃにあてはまる道や県の組み合わせとして正しいものを、下のア〜カから１つ
　　　選び、記号で答えなさい。

	米の収穫量 （トン）	水田率(注) （％）	農業生産額（億円） 果物	野菜
全国	8,044,000	54.4	7,628	22,421
Ａ	362,500	57.9	132	1,707
Ｂ	578,600	19.4	59	2,116
Ｃ	215,600	95.6	22	52

（注）田と畑の面積の合計のうち、田がしめる割合。

『日本国勢図会 2017/18』・『データでみる県勢 2017』などより作成]

　　ア．Ａ－北海道　　　Ｂ－富山県　　　Ｃ－茨城県
　　イ．Ａ－北海道　　　Ｂ－茨城県　　　Ｃ－富山県
　　ウ．Ａ－富山県　　　Ｂ－北海道　　　Ｃ－茨城県
　　エ．Ａ－富山県　　　Ｂ－茨城県　　　Ｃ－北海道
　　オ．Ａ－茨城県　　　Ｂ－北海道　　　Ｃ－富山県
　　カ．Ａ－茨城県　　　Ｂ－富山県　　　Ｃ－北海道

問2　日本の畜産業について述べた文として**適当でないもの**を、次のア〜エから１つ
　　　選び、記号で答えなさい。
　　ア．酪農家の戸数も、乳牛の飼育頭数も、増えてきている。
　　イ．生乳の生産だけでなく、加工・販売まで行う酪農家が、増えてきている。
　　ウ．大量に発生する家畜のふんを燃料にして発電する動きがみられる。
　　エ．家畜が感染力の強い伝染病にかからないように、飼育施設の衛生管理に注意が
　　　はらわれている。

問3　魚を卵からかえし、稚魚を少し大きくなるまで育て、海や川に放流して、成長
　　　してからとる漁業のことを、何といいますか。

問4　自動車工場で行われている「ジャスト・イン・タイム方式」について述べた文として最も適当なものを，次のア〜エから1つ選び，記号で答えなさい。

ア．海外の生産工場で，現地の材料を使って，自動車をつくる。

イ．作業員が一人ですべての部品を組み立てて，自動車をつくる。

ウ．関連会社から必要な部品を必要な量だけ取り寄せて，自動車をつくる。

エ．リサイクルしやすい部品を使って，自動車をつくる。

問5　次の地図中の①と②は，ある工業地帯または工業地域の位置を示しています。①，②について説明した下の**あ**，**い**の文が，正しければ〇を，誤っていれば×を，それぞれ答えなさい。

あ．①では，高速道路の整備とともに，工業団地が次々とつくられた。工業生産額にしめる機械工業の割合が高く，自動車，電気機械の製造が特にさかんである。

い．②は，日本の工業地帯・工業地域のなかで，工業生産額が第2位である。他の工業地帯・工業地域と比べて，金属工業や化学工業がさかんである。

問6 次のア～エの表は，日本が輸入している大豆，果物，野菜，魚介類のいずれかの，輸入額の割合が高い上位3か国を表しています。大豆にあてはまるものを1つ選び，記号で答えなさい。

ア

中　国	18.1%
アメリカ合衆国	8.9%
チ　リ	7.6%

イ

アメリカ合衆国	22.9%
フィリピン	20.2%
中　国	14.8%

ウ

中　国	51.0%
アメリカ合衆国	15.9%
韓　国	5.6%

エ

アメリカ合衆国	68.9%
カナダ	14.7%
ブラジル	14.5%

[『日本国勢図会 2017/18』より作成]

4 次の各問いに答えなさい。

問1 日本国憲法が施行された年月日を答えなさい。ただし，年は西暦で答えること。

問2 日本の内閣に関して述べた文として**適当でないもの**を，次のア～エから1つ選び，記号で答えなさい。
ア．内閣総理大臣は多くの場合，衆議院で多数をしめる政党の代表が選ばれる。
イ．内閣には，省や庁に属さず特別な仕事を担当する大臣を置くことができる。
ウ．内閣が憲法改正を国民に提案するということが，憲法に定められている。
エ．内閣は，天皇の国事行為に助言と承認を行う。

問3 次の説明にあてはまる裁判所を，漢字で答えなさい。

「比かく的軽い犯罪や少ない金額の借金の争いなどの第一審を担当し，全国各地の都市に400か所以上設置されている。」

問4 都道府県知事と都道府県議会に関して述べた文として正しいものを，次のア～エから1つ選び，記号で答えなさい。
ア．都道府県議会議員に立候補できる年令は，18才以上である。
イ．都道府県知事と都道府県議会議員の任期は，どちらも4年である。
ウ．都道府県知事は，都道府県議会議員の中から選ばれる。
エ．都道府県知事は，条例を制定したり，改正したりすることができる。

問5 夫婦だけ，または，親と子どもだけで構成される家族を何といいますか。

問6 次の文は，近年，問題になっている「食品ロス」について述べたものです。よく読んで，「食品ロス」とは何のことかを20字以内で説明しなさい。

　日本では，1年間に約621万トンの「食品ロス」が発生しています。これは，世界中で飢えに苦しむ人々に向けた食料援助量の約2倍に相当します。現在，「食品ロス」を減らすために，さまざまな取り組みが行われています。例えば，家にある食材の消費期限を確認して期限内に使い切ったり，学校で給食を残さないようによびかけたりすることなどです。

[農林水産省および環境省「平成26年度推計」より作成]

問7　現在の日本や世界の人口に関して述べた文として最も適当なものを，次のア～エから１つ選び，記号で答えなさい。

　ア．日本は出生者数より死亡者数が多く，人口が減少している。

　イ．日本の人口の約４分の１が，東京都に集中している。

　ウ．世界の人口は増え続け，90億人に達している。

　エ．世界で最も人口が多い国は，インドである。

問8　2017年の日本や世界のようすを述べた文として**適当でないもの**を，次のア～エから１つ選び，記号で答えなさい。

　ア．日本で，現在の天皇の退位について定めた法律が成立した。

　イ．日本では，人手不足のため，宅配料金を値上げする動きが広がった。

　ウ．日本政府が提案して，国際連合で核兵器禁止条約が結ばれた。

　エ．アメリカ合衆国のトランプ大統領が，ＴＰＰからの離脱を表明した。

問9　人種や宗教，政治的な考えなどを理由に，自国で迫害されるおそれがあるため，外国などにのがれた人々のことを何といいますか。漢字で答えなさい。

問10　右の写真は，史上最年少でノーベル平和賞を受賞し，2017年には国連平和大使に選ばれたマララ・ユスフザイさんです。彼女がこれまでの活動で特に強く訴えてきたのは，どのような権利ですか。次の　　　　　　　　にあてはまる内容を10字以内で答えなさい。

　　「　　　　　　　　権利」

問11　世界の三大宗教の一つに数えられる，イスラム教について述べた文として**誤っているもの**を，次のア～エから１つ選び，記号で答えなさい。

　ア．イスラム教は，７世紀にムハンマドが開いた。

　イ．イスラム教の礼拝所を，モスクという。

　ウ．イスラム教の聖典を，コーランという。

　エ．イスラム教徒は，聖地リヤドに向かって祈りをささげる。

問12　イスラエルとパレスチナの間では，領土の主張などをめぐって争いが続いており，パレスチナ紛争とよばれています。パレスチナ紛争がおきている場所を，次の地図中のア～エから1つ選び，記号で答えなさい。

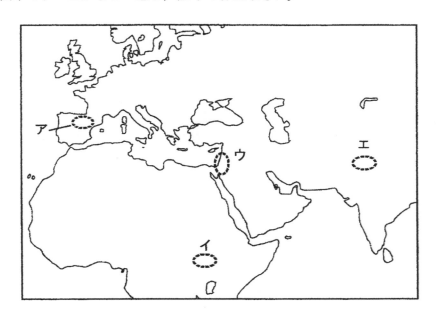

2018（H30）ノートルダム清心中
Ｋ 教英出版

図2のグラフは，ボールを落とした高さと，床にあたるまでの時間の関係を表したものです。

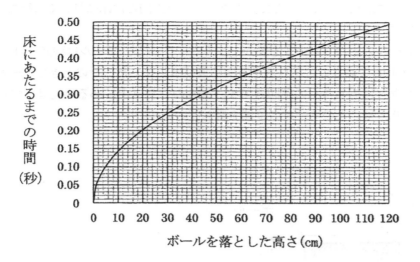

図2

図3のグラフは，床にあたってはね返った高さと，床にあたってその高さになるまでの時間の関係を表したものです。ただし，「はね返った時間」とは，床にあたって最も高くなるまでの時間をいいます。

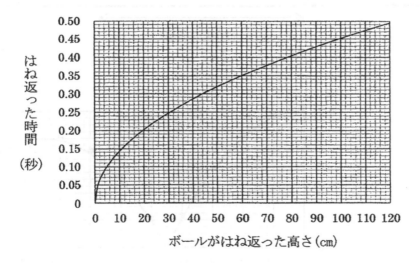

図3

問3　20cmの高さからボールを落とします。ボールを静かに落としてから，はね返って16cmの高さになるまでに何秒かかりますか。

【実験2】清子さんは，図4のようにボールをレールの上から転がし，台から水平方向に飛び出す装置をつくりました。ただし，水平方向とは床に対して平行な方向のことです。

　レールの上からボールを転がしました。すると，ボールは秒速200cmの速さで100cmの高さの台から水平方向に飛び出しました。そのときのボールの動きをグラフに表したものが図5です。図5のグラフ上にある黒丸は，飛び出してから0.1秒ごとのボールの位置を表しています。

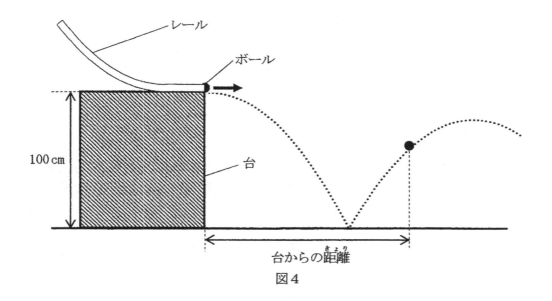

図4

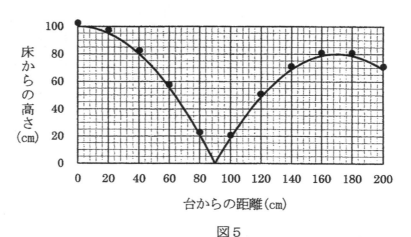

図5

問4　次の文は，実験2からわかることについて述べたものです。文中の（　①　）～
　　　（　④　）にあてはまる数値を，それぞれ答えなさい。

> 　図5のグラフから，飛び出したボールの台からの距離は，0.1秒ごとに（　①　）cm
> ずつ大きくなっています。この台から離れていく速さは，ボールが水平方向に飛び出し
> たときの速さと同じです。一方，飛び出したボールは（　②　）秒後に床にあたり，「は
> ね返った高さ」は（　③　）cmで，「はね返った時間」は（　④　）秒でした。これは
> 実験1の結果や図2と図3のグラフの値と同じです。

問5　ボールが50cmの高さの台から水平方向に秒速150cmの速さで飛び出したとき，最
　　　初に床にあたるのは台から何cmのところですか。

【実験3】清子さんは，台の高さを変えて図4のような装置をつくり，図6のように1段
　　　　の高さが15cm，幅が30cmの階段の上に置きました。そして，ボールを転がす
　　　　と，ボールが図6のように段の端に次々とあたりながら落ちていきました。た
　　　　だし，段の端にあたったボールのはね返りかたは，これまでの実験結果や図で
　　　　表しているものと同じになります。

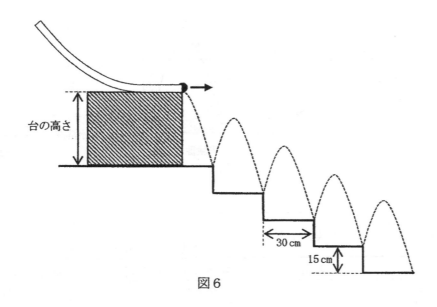

図6

問6　実験3で用いた台の高さは何cmですか。

問7　清子さんは，水平に飛び出すボールの速さを秒速何cmになるように転がしました
　　　か。割り切れない場合は四捨五入して，小数第1位まで答えなさい。

4 次のⅠとⅡの文を読み，それぞれあとの問いに答えなさい。

Ⅰ．清子さんはお父さんと野球を見に行きました。大好きなチームが負けてしまい，がっかりしていると，お父さんに「『青菜に塩』だね。」と言われました。「これはホウレンソウのような青菜に塩をかけたらしおれるように，人が元気をなくしてしょげているようすを表す言葉だよ。」とお父さんに教えてもらいました。

　なぜ青菜がしおれるのか不思議に思った清子さんは，その理由を学校の先生に聞いてみました。すると，浸透という現象によって起こることと，セロハン膜を使うとその現象を確かめることができることを先生に教えてもらいました。そこで，清子さんはセロハン膜とデンプン水溶液を使って実験1をしました。

【実験1】セロハン膜でつくった袋（セロハン袋）とビーカーに，図1のような組み合わせで，水，濃いデンプン水溶液，うすいデンプン水溶液を入れて，セロハン袋を糸でつるしてビーカーにつけました。しばらくしてから，セロハン袋のようすを観察した後で，セロハン袋の中の液体とビーカーの中の液体に，Ⓐヨウ素液を加えて，ヨウ素液の色の変化を調べました。その結果が表1です。

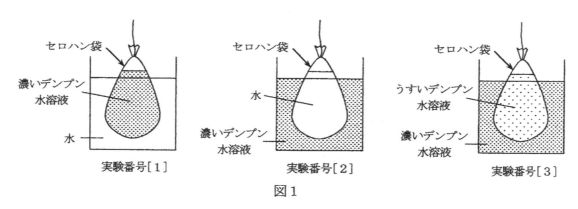

図1

表1

実験番号	セロハン袋のようす	ヨウ素液の色の変化	
		セロハン袋の中の液体	ビーカーの中の液体
[1]	ふくらんだ	青むらさき色に変化	変化しなかった
[2]	しぼんだ	変化しなかった	青むらさき色に変化
[3]	しぼんだ	青むらさき色に変化	青むらさき色に変化

問1 　下線部Ⓐは，ヨウ素液の色の変化で水溶液に含まれているものを確かめています。
　　　次の文a～cのうち，色の変化で含まれているものや性質を確かめる操作として正し
　　　いものはどれですか。最も適当な組み合わせを下のア～クから選び，記号で答えなさ
　　　い。

　　　　a　炭酸水から出るあわを石灰水（せっかいすい）に通すと，白くにごる。
　　　　b　うすいアンモニア水を赤色リトマス紙につけると，リトマス紙が青色になる。
　　　　c　うすい塩酸とうすい水酸化ナトリウム水溶液を混ぜると，白くにごる。

　　　　ア．aのみ　　　　イ．bのみ　　　ウ．cのみ　　　　エ．aとb
　　　　オ．aとc　　　　カ．bとc　　　キ．aとbとc　　ク．あてはまるものはない

問2 　次の文は，実験1の結果と青菜がしおれる理由を説明したものです。文中の（　あ　）
　　　～（　え　）にあてはまることばの組み合わせとして，最も適当なものを下のア～ク
　　　から選び，記号で答えなさい。

　　　　セロハン袋がふくらんだりしぼんだりするのは，セロハン膜を通って液体が移動し
　　たからだと考えられます。しかし，実験番号[1]と[2]の色の変化から，セロハン膜
　　を通ったのは，（　あ　）だけだとわかります。また，実験番号[3]でも（　あ　）だ
　　けが移動したと考えると，（　あ　）は（　い　）液体の方から（　う　）液体の方に
　　移動したことがわかります。
　　　　このように，濃さの異なる液体の間で起こる，（　あ　）がセロハン膜を移動する現
　　象を浸透といいます。「青菜に塩」というのが，浸透によって起こっているのなら，青
　　菜の中と外に液体があり，青菜に塩をかけると，青菜の中よりも外のほうが濃くなる
　　ので，（　あ　）が（　え　）に移動して青菜はしおれるのです。

	（　あ　）	（　い　）	（　う　）	（　え　）
ア	デンプン	濃い	うすい	中
イ	デンプン	濃い	うすい	外
ウ	デンプン	うすい	濃い	中
エ	デンプン	うすい	濃い	外
オ	水	濃い	うすい	中
カ	水	濃い	うすい	外
キ	水	うすい	濃い	中
ク	水	うすい	濃い	外

Ⅱ．清子さんは，デンプン水溶液のかわりに砂糖水を使っても，実験１と同じように浸透が起こることを先生から教えてもらいました。そこで，清子さんは図２のような装置をつくり，実験２をしました。この装置は四角い容器の真ん中をセロハン膜で仕切り，細くて長い，同じ太さのガラス管が差しこんであります。セロハン膜の左側の部分をA，セロハン膜の右側の部分をBとします。セロハン膜は固定されて動きません。

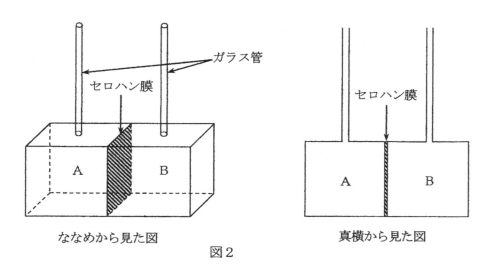

ななめから見た図　　　　　　　　真横から見た図

図２

　図３のように，この装置のAとBに濃さの異なる砂糖水を 500 cm³ ずつ入れます。すると，最初の液面の高さは同じでしたが，しばらくすると，液面の高さに差が生じます。このとき，液面の高さに差が生じたときのAとBの砂糖水の濃さは，液面の高さに差が生じる前のAとBの砂糖水の濃さとほぼ変わりません。

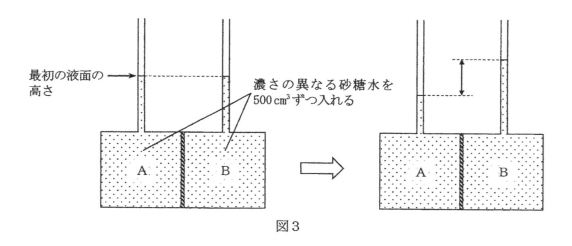

図３

【実験2】いろいろな濃さの砂糖水を図2の装置のAとBに500cm³ずつ入れて，しばらくしてから液面の高さの差をはかりました。その結果が表2です。ただし，水溶液の濃さは，水溶液全体の重さ〔g〕に対する，溶けているものの重さ〔g〕の割合〔%〕で表します。また，水溶液1gの体積は，どんな濃さでも1cm³とします。例えば，⑧砂糖2gを水98gに溶かしたとき，砂糖水の重さは100g，濃さは2%，体積は100cm³になります。

表2

実験番号	Aに入れる砂糖水	Bに入れる砂糖水	液面の高さの差
①	0.01%	0.01%	0 cm
②	0.01%	0.03%	15 cm
③	0.02%	0.01%	7.5 cm
④	0.02%	0.05%	（ ⓐ ） cm
⑤	0.04%	0.01%	22.5 cm
⑥	0.04%	0.05%	7.5 cm
⑦	0.06%	0.04%	15 cm

問3　下線部⑧の砂糖2gを，上皿てんびんを使ってはかり取るときの操作として，**適当でないもの**を次のア〜エから1つ選び，記号で答えなさい。

　　ア．上皿てんびんは，水平な台に置いて使う。
　　イ．薬包紙は，砂糖をのせる皿だけに置く。
　　ウ．分銅は，必ずピンセットを使ってあつかう。
　　エ．右ききの人は，分銅を左の皿にのせる。

問4　0.06%の砂糖水500cm³をつくるには，砂糖は何g必要ですか。

問5　表2の実験番号②〜⑦のうち，Aの液面のほうがBの液面より高くなるものはどれですか。あてはまるものをすべて選び，②〜⑦の番号で答えなさい。

問6　表2の実験番号④の（　ⓐ　）にあてはまる数値を答えなさい。

問7　Aに0.02%砂糖水，Bに0.04%砂糖水をそれぞれ500cm³ずつ入れて，しばらくしてから液面の高さをはかりました。Aの液面の高さは，最初の液面の高さに比べて何cm高くなりましたか。または，低くなりましたか。「○○cm高くなる（低くなる）」のように答えなさい。

清子さんは，図４のような装置をつくり実験３をしました。この装置は四角い容器を
セロハン膜で３つに等しく仕切り，細くて長い，同じ太さのガラス管が差しこんであり
ます。図４の左側の部分をC，真ん中の部分をD，右側の部分をEとします。セロハン
膜は固定されて動きません。

【実験３】図４のCに0.01％砂糖水，Dに0.03％砂糖水，Eに0.04％砂糖水をそれぞれ
　　　　　500cm³ずつ入れました。最初の液面の高さは同じでしたが，しばらくすると，液
　　　　　面の高さに差が生じました。

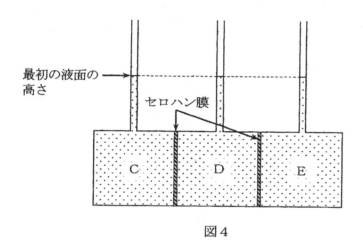

図４

問８　実験３の結果，Dの液面の高さは，最初の液面の高さに比べて何cm高くなりまし
　　たか。または，低くなりましたか。「○○cm高くなる（低くなる）」のように答えな
　　さい。ただし，となり合う液面の高さの差の関係は，表２の結果と同じになります。

2018(H30) ノートルダム清心中
Ⓚ教英出版

3　図のような台形ＡＢＣＤがあり，点Ｅは辺ＡＢの真ん中の点です。点Ｆは
　　辺ＢＣ上にあります。下の問いに答えなさい。

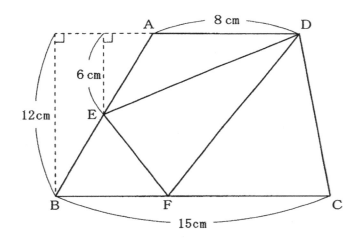

（1）ＢＦの長さが5cmのとき，三角形ＤＥＦの面積を求めなさい。

（2）三角形ＥＢＦと三角形ＤＦＣの面積の比が5：8のとき，ＢＦの長さを求め
　　なさい。

（3）三角形ＤＥＦの面積が55.5cm²のとき，ＢＦの長さを求めなさい。

2018(H30) ノートルダム清心中

Ⓚ 教英出版

K 教英出版

受験番号		名　前	

連続する 6 個の整数の和が 579 になります。この連続する整数のうち，一番小さい数を答えなさい。

[答]

ある博物館で，150 円の入館料を 1 日限定で 120 円に値下げしたところ，その日の入館者数が前日よりも 179 人増えて，入館料の合計金額は 5700 円増えました。前日の入館者数は何人でしたか。

[答]　　　　　　　　　人

下の①～⑤の中で，立方体の展開図はどれですか。すべて答えなさい。

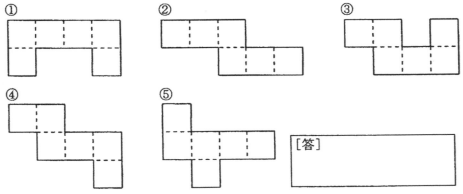

[答]

展開図が下の図のようになる円柱の体積を求めなさい。ただし，円周率は 3.14 とします。

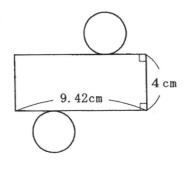

9.42cm　4 cm

[答]　　　　　　　　　cm³

合計
※
①+②
※100 点満点
（配点非公表）

２０１７年度

ノートルダム清心中学校　入学試験問題

算　数　その①

【１５分】

受験上の注意

（試験問題・解答用紙について）

１．試験を始める合図があるまで，試験問題を見てはいけません。

２．問題用紙は表紙をのぞいて１枚あります。

３．枚数が足りない時は，手をあげて監督の先生に知らせてください。

４．解答は解答らんに記入してください。

５．問題用紙を切り取ることは，しないでください。

（試験について）

６．「始めてください」の指示で鉛筆をとり，

　　「やめてください」の指示があったらすぐに鉛筆を置いてください。

７．試験が始まったら，最初に受験番号と名前を書いてください。

８．印刷のわからないところなどがあったら，手をあげて監督の先生に

　　知らせてください。

９．解答用紙を集めるまで席を立たないでください。

※印のところには，何も記入しないでください。

1　次の計算をしなさい。

（1）　（20.17＋1.22）÷2.3－26.9×0.3

[答]

（2）　$1.75＋1\frac{2}{9}÷\left(4\frac{1}{3}－1.4\right)$

[答]

2　39÷（□－3.2×0.7）＝5.2 のとき，□にあてはまる数を求めなさい。

[答]

3　周りの長さが72cmで，たての長さと横の長さの比が5：13の長方形があります。この長方形の面積を求めなさい。

[答]　　　　　　cm²

4　たて30cm，横50cm，高さ40cmの直方体の水そうに，満水の8割5分まで水を入れたとき，水は何L入っていますか。

[答]　　　　　　L

5　四捨五入して百の位までのがい数にすると，6800と2000になる2つの整数の差は，最も大きくていくつですか。

[答]

２０１７年度

ノートルダム清心中学校　入学試験問題

算　数　その②

【３５分】

受験上の注意

（試験問題・解答用紙について）

１．試験問題は，１ページから３ページまで３問あります。

２．解答用紙は，問題用紙とは別に１枚あります。

３．問題用紙を切り取ることは，しないでください。

４．この表紙と問題用紙は，監督の先生の指示にしたがって持って帰って
　ください。

（※このページに問題はありません。）

2017(H29) ノートルダム清心中

K 教英出版

1 清子さんは，駅から学校まで行くとき，歩くと 15 分かかります。また，清子さんの走る速さは，歩く速さの 1.8 倍です。次の問いに答えなさい。

（1）駅から学校まで走ると，何分何秒かかりますか。

（2）駅から 9 分間歩き，その後に学校まで走ると，駅から学校まで何分何秒かかりますか。

（3）駅から学校までの道のりの 3 割を歩き，残りを走ると，駅から学校まで何分何秒かかりますか。

（4）駅から学校まで 10 分以内で行くためには，少なくとも何分何秒走る必要がありますか。

2 ある学校の生徒40人が2つのグループに分かれ，1つのグループは水族館に，もう1つのグループは博物館に行きました。それぞれの費用として，入館料と交通費がかかりました。

　水族館に行ったグループ全員の費用は，博物館に行ったグループ全員の費用の2.5倍になり，40人全員の費用の総額が64680円でした。

　また，一人あたりで比べると，水族館と博物館の入館料の比は7：2で，交通費の比は2：3で，入館料と交通費をあわせた費用の比は15：14でした。次の問いに答えなさい。

（1）水族館に行ったグループ全員の費用を求めなさい。

（2）水族館に行ったグループの人数を求めなさい。

（3）水族館の一人あたりの入館料を求めなさい。

２０１７年度

ノートルダム清心中学校　入学試験問題

理　科

【４０分】

1 次の文を読み，あとの問いに答えなさい。

広島には川が多くあります。川は海から遠く離れた山地から海まで流れています。また，川の水は上流から下流へと流れるにしたがって，いろいろな地形をつくっています。

図1は，ある川について，河口から上流までの距離と，それぞれの地点の高さの関係を示したものです。また，図中の（あ）～（う）は，川のそれぞれの地点を示しています。

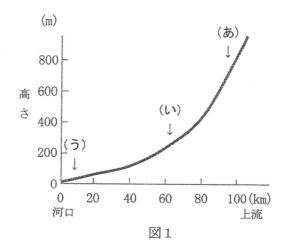

図1

問1　図1の（あ）と（う）のそれぞれの地点で見られる石のようすとして，最も適当なものを次のア～エからそれぞれ選び，記号で答えなさい。

ア．丸く小さな石や，砂が多い。
イ．丸く大きな石やレキが多い。
ウ．角ばっている小さな石や，砂が多い。
エ．角ばっている大きな石やレキが多い。

問2　次の文は，川がつくる地形について述べたものです。文中の（　①　）～（　⑤　）にあてはまることばをそれぞれ答えなさい。

> 　図1の（あ）では水の流れの速さが（　①　）ので，その水の（　②　）というはたらきにより深い谷がつくられる。そして（い）では（あ）に比べて川幅も（　③　）なり，運ばれた土砂などが（　④　）するようになる。さらに，川が平野を通って海に流れこむとき，運ばれてきた土砂は（う）付近でほとんど（　④　）する。このとき（　⑤　）という地形をつくることがある。このように私たちのまわりでは，川を流れる水の（　②　）・運ぱん・（　④　）というはたらきでつくられた地形がみられる。

図2は，ある川について，曲がって流れている
ところを示した模式図です。

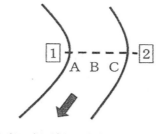

矢印は水の流れる向きを表す。

図2

問3　図2で示した川のA〜Cの場所での，水の流れの速さについて述べた次のア〜オの
　　　文のうち，正しいものをすべて選び，記号で答えなさい。
　　　ア．どこも同じ速さである。
　　　イ．AとBを比べるとAが速い。
　　　ウ．BとCを比べるとCが速い。
　　　エ．AとCを比べるとCが遅い。
　　　オ．Aが最も遅い。

問4　図2の川について，図の1から2の点線で示した部分の断面図として，最も適当
　　　なものを次のア〜ケから選び，記号で答えなさい。

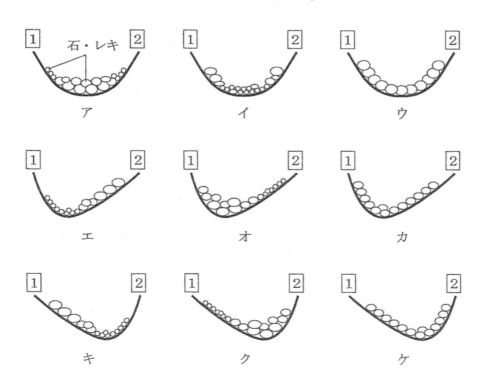

問5　図3は，ある川について，まっすぐに流れているところを示した模式図と，その川の，図の③から④の点線で示した部分の断面図です。この川のD〜Fの場所では，水の流れの速さはどのようになっていると考えられますか。川の断面図を参考にして，簡単に説明しなさい。

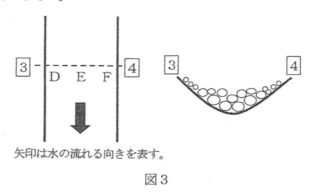

矢印は水の流れる向きを表す。

図3

問6　一般に，水の流れの速さが速いほど，水が石や土などを押し流す力も大きくなります。水の流れの速さが2倍になると，石などを押し流す力は最大で8倍（2×2×2）になり，水の流れの速さが3倍になると，石などを押し流す力は最大で 27 倍（3×3×3）になるといわれています。なお，ここでは水が石などを押し流す力は，押し流された石の重さに相当すると考え，重さは体積に比例するとします。これを参考にして，次の文中の（　①　），（　②　）にあてはまる数値をそれぞれ答えなさい。ただし，文中の石や岩石は立方体として考えることにします。

> ある川の中流域に見られた石の多くが，一辺が 10cm の石ばかりであった。また，それらの石と混じって，一辺が1mの岩石が数個見られた。この岩石の体積は，その付近に多く見られる石の体積の（　①　）倍であるため，この川の通常の水の流れの速さが毎秒1mとした場合，この岩石が流されてきたときの水の速さは最低でも毎秒（　②　）mだったと考えられる。このように，川の水が通常より増えて，その水の流れが速くなると，大きな岩石も流されるようになるので，大雨などのときは注意しなければいけない。

試験問題は次に続きます。

2 次のⅠとⅡの文を読み，それぞれあとの問いに答えなさい。

Ⅰ．種子は適当な条件がそろうと発芽します。図1は，発芽した直後のインゲンマメの ようすを示したものです。

問1　インゲンマメの種子には，養分としてでんぷんが多くふ くまれています。一方，アブラナやヒマワリの種子など には，養分としてでんぷん以外のものも多くふくまれて います。その養分の名前を答えなさい。

問2　図1の⑥について，次の(1)と(2)の問いに答えなさい。

(1)　⑥の名前を答えなさい。

図1

(2)　このインゲンマメがこのまま成長した場合，⑥の大きさは変化します。これに関 することについて述べた次のア〜エの文のうち，最も適当なものを選び，記号で答え なさい。
　　ア．⑥は小さくなり，これをヨウ素液にひたすと，青むらさき色に変化する。
　　イ．⑥は小さくなり，これをヨウ素液にひたしても，あまり色は変化しない。
　　ウ．⑥は大きくなり，これをヨウ素液にひたすと，青むらさき色に変化する。
　　エ．⑥は大きくなり，これをヨウ素液にひたしても，あまり色は変化しない。

インゲンマメの種子の発芽に必要な条件を調べるため，次の実験を行いました。

【実験】インゲンマメの種子，プラスチック容器，だっし綿を準備して，図2のa～cを
用意し，さまざまな条件において発芽するかどうかを調べました。その結果が表1
です。なお，実験を行った室内の温度は約20℃とします。

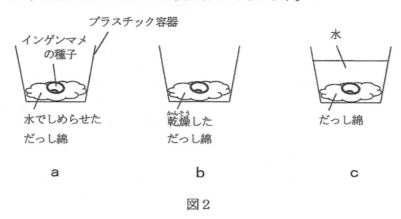

図2

表1

	実験条件	発芽の有無
ア	aを明るい室内に置いた。	発芽した
イ	aを箱でおおって室内に置いた。	発芽した
ウ	aを冷蔵庫内に置いた。	発芽しなかった
エ	bを明るい室内に置いた。	発芽しなかった
オ	cを明るい室内に置いた。	発芽しなかった

問3 インゲンマメの発芽に関する条件について述べた次のXとYについて，実験から判
断して正しければ○を，まちがっていれば×を，それぞれ書きなさい。また，Xと
Yのそれぞれについて，それを判断したもととなる実験を，表1のア～オから2つ
ずつ選び，記号で答えなさい。

X 発芽には，空気は必要ない。
Y 発芽には，適当な温度が必要である。

Ⅱ．植物の葉のでき方には，植物ごとに決まりがあります。数枚の葉がすでにできていた
ある植物において，次にできる葉を葉Aとし，その後，葉B〜Eの順番に葉ができてい
くとします。このとき，茎の中心をOとして，新しい葉とOを結ぶ線と，その前にでき
ていた葉とOを結ぶ線のつくる角度を調べました。その結果が表2です。これにより，
茎に葉ができるとき，その前にできていた葉の位置から反時計回りに 136〜140 度ずれ
たところに新しい葉ができることがわかりました。図3は，そのようすを模式的に示し
たものです。

表2

	角度
葉Aから葉B	136 度
葉Bから葉C	139 度
葉Cから葉D	137 度
葉Dから葉E	140 度

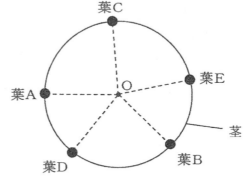

茎を上から見たもので，
●は葉ができる位置を示す。

図3

問4　図3のように葉ができていくと，茎を上から見たときの葉の重なりが少なくなりま
す。この利点は何であると考えられますか。簡単に答えなさい。

この植物では，新しい葉ができる位置の決まり方には，葉ができる位置から放出さ
れて，茎全体に広がっていくある物質（物質Rとする）が関係しています。また，葉
ができる位置の決まり方について，次のような条件（条件1〜4）があるとします。

条件1：新しい葉ができる位置は，その1つ前と2つ前にできた葉の位置から
　　　　放出されて広がる物質Rの影響で決まる。新しい葉の3つより前の葉
　　　　の位置からは，物質Rは放出されない。
条件2：物質Rは，葉ができるのをさまたげる性質をもつため，物質Rの濃さ
　　　　が最もうすいところに新しい葉ができる。
条件3：物質Rは，放出された位置から離れるほど濃さがうすくなる（図4）。
条件4：物質Rが異なる2つの位置から同じ濃さで放出された場合，物質Rの
　　　　濃さが最もうすくなるのは，2つの位置のちょうど中間の位置になる
　　　　（図5）。

2017(H29) ノートルダム清心中
K教英出版

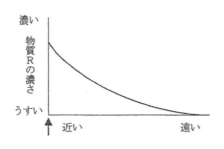

矢印は物質Rが放出された場所を示す。

図4

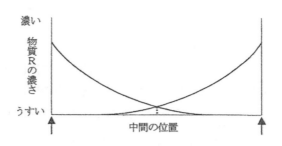

矢印は物質Rが放出された場所を示す。

図5

問5　条件1〜4をもとに，次の(1)と(2)の問いに答えなさい。なお，茎に葉ができるときの上下のずれについては考えないものとします。

(1) 次の文は，表2の葉のでき方について述べたものです。文中の（　①　）にあてはまる適当な数値を入れなさい。また，文中の②にあてはまることばを｛　｝内のア，イから選び，記号で答えなさい。

> 　葉Cができる位置は，**条件1**より，葉Aと葉Bの位置から放出された物質Rの濃さで決まる。仮に，葉Aと葉Bの位置から同じ濃さの物質Rが放出された場合，**条件2〜4**より，葉Bから反時計回りに（　①　）度ずれた位置に葉Cができるはずである。実際は，反時計回りに 139 度ずれた位置にできているので，②｛ア．葉Aより葉Bの位置から放出される物質Rの濃さの方がうすい　イ．葉Bより葉Aの位置から放出される物質Rの濃さの方がうすい｝と考えられる。

(2) 葉ができていくとき，できはじめた葉Eのそばに切れこみを入れると，物質Rは葉Eの位置から茎全体に広がりにくくなります。その影響は，次の葉Fではなく，さらにその次の葉Gができる位置を決めるときから現われはじめます。これについて述べたものが次の文です。文中の（　③　）にあてはまる数値として，最も適当と考えられるものを下のア〜オから選び，記号で答えなさい。

> 　葉Gができる位置は，葉Eと葉Fの位置から放出された物質Rの濃さで決まる。しかし，葉Eの位置からは物質Rがほとんど広がることができないため，葉Gができる位置が今までと大きくずれてしまった。実際にその角度を調べると，葉Fから反時計回りにおよそ（　③　）度ずれた位置に葉Gができていた。

　　ア．35　　　イ．80　　　ウ．170　　　エ．205　　　オ．250

3 てこは，支点，力点，作用点の位置によって，次のような3種類に分けることが
できます。

第1種のてこ：支点が，力点と作用点の間にあるてこ
第2種のてこ：作用点が，支点と力点の間にあるてこ
第3種のてこ：力点が，支点と作用点の間にあるてこ

どの種類のてこについても，「力点に加える力」と「作用点にはたらく力」には，次
の関係が成り立ちます。

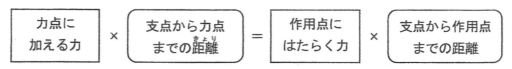

てこについて述べた次のⅠとⅡの文を読み，それぞれあとの問いに答えなさい。

Ⅰ．3種類のてこは，それぞれの特ちょうを生かして，さまざまなことに利用されてい
ます。

問1　次の①〜③の道具は，3種類のてこのうち，それぞれどのてこを利用したものです
か。最も適当な組み合わせを下のア〜カから選び，記号で答えなさい。

① 空きかんつぶし機　　② ピンセット　　③ 洋はさみ

	①	②	③
ア	第1種のてこ	第2種のてこ	第3種のてこ
イ	第1種のてこ	第3種のてこ	第2種のてこ
ウ	第2種のてこ	第1種のてこ	第3種のてこ
エ	第2種のてこ	第3種のてこ	第1種のてこ
オ	第3種のてこ	第1種のてこ	第2種のてこ
カ	第3種のてこ	第2種のてこ	第1種のてこ

２０１７年度

ノートルダム清心中学校　入学試験問題

社　会

【４０分】

1 次のA～Dの文章は，清子さんが外国の人々に日本の歴史や文化を紹介するためにまとめたものです。よく読んで，あとの問いに答えなさい。

A　日本には，古い時代のことがわかる遺跡がたくさんあります。東京都の（　①　）貝塚は，アメリカ人のモースという動物学者が発掘した遺跡です。この貝塚で発見された縄文土器から，時代の名称が考えられました。佐賀県の吉野ヶ里遺跡は，弥生時代の大きな集落の跡で，物見やぐらやたて穴住居などが再現されています。この遺跡は，②3世紀に中国に使いを送った邪馬台国と関係があるのではないかといわれています。大阪府の③大仙古墳は日本最大の古墳で，大和朝廷の大王の墓と考えられており，世界でも最大規模の墓です。奈良県の平城宮跡は，8世紀に都があったところで，朱色の柱がとてもきれいな朱雀門などが再現されています。平城宮跡からは，多くの④木の札が発見されていて，奈良時代の人々の生活を知る手がかりになっています。

問1　（　①　）にあてはまる語を答えなさい。

問2　下線部②について，邪馬台国が使いを送ったのは，中国の何という国ですか。次のア～エから1つ選び，記号で答えなさい。
ア．魏　　　　イ．唐　　　　ウ．漢　　　　エ．隋

問3　下線部③について，大仙古墳は何という形の古墳ですか。

問4　下線部④について，右の写真は，平城宮跡から発見された木の札です。このような木の札を何といいますか。

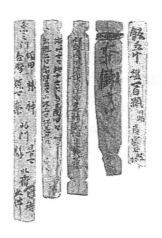

B　日本には，多くの寺や神社があります。奈良県の東大寺には，座高が約15mもある大仏があります。現在の大仏は，江戸時代につくられたものですが，⑤奈良時代につくられた大仏は，全体に金がぬられていました。日本は昔，ヨーロッパで「黄金の国ジパング」として紹介されたことがあります。岩手県の平泉にある中尊寺の金色堂は，建物全体が黄金でかざられています。中尊寺は，11世紀末〜12世紀に東北地方で力をもっていた（　⑥　）氏によって建てられました。京都府の鹿苑寺にある⑦金閣は，金色の美しい建物として知られています。金閣は，⑧室町時代に足利義満によって建てられましたが，1950年に焼失したのち再建されました。

　　最近，外国人観光客の注目を集めているのが，多くの朱色の鳥居が並んでいる京都府の伏見稲荷大社や，海に立つ朱色の大鳥居がある広島県の厳島神社です。厳島神社は，12世紀後半に政治で大きな力をもった⑨平氏があつく信仰していました。また，⑩明治天皇とその皇后をまつった東京都の明治神宮も，都会の中にある森に囲まれた神社として，人気があります。

問5　下線部⑤について，奈良時代につくられた東大寺の大仏のことを述べた文として誤っているものを，次のア〜エから1つ選び，記号で答えなさい。
　ア．大仏づくりは，聖武天皇が命じて行われた。
　イ．大仏づくりは，すぐれた技術をもつ渡来人の子孫が指導した。
　ウ．大仏づくりには，僧の鑑真が協力した。
　エ．大仏の完成式典には，中国やインドから位の高い僧が招かれた。

問6　（　⑥　）にあてはまる語を答えなさい。

問7　下線部⑦について，金閣のことを述べた文として最も適当なものを，次のア〜エから1つ選び，記号で答えなさい。
　ア．武士の力強さと素ぼくさをもった，東山文化の特徴があらわれている建物である。
　イ．貴族の文化と武士の文化がとけ合った，東山文化の特徴があらわれている建物である。
　ウ．武士の力強さと素ぼくさをもった，北山文化の特徴があらわれている建物である。
　エ．貴族の文化と武士の文化がとけ合った，北山文化の特徴があらわれている建物である。

問8　下線部⑧に関連して，右の写真は，現在の栃木県につくられ，室町時代に全国から集まった多くの学生が中国の学問を学んだ学校です。この学校を何といいますか。

問9　下線部⑨について，平氏がほろんだ戦いは，どこでありましたか。右の地図中の**ア～エ**から１つ選び，記号で答えなさい。

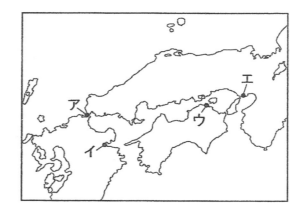

問10　下線部⑩について，明治天皇のことを述べた文として誤っているものを，次のア～エから１つ選び，記号で答えなさい。
　ア．明治天皇が神にちかうという形で，五箇条の御誓文が出された。
　イ．大名が領地と領民を明治天皇に返す，廃藩置県が行われた。
　ウ．明治天皇が国民にあたえるという形で，大日本帝国憲法が発布された。
　エ．日清戦争が始まると，明治天皇は，戦争の指揮・統率を行う機関がおかれた広島にうつった。

C　日本には，さまざまな城があります。特に人気があるのは，天守（天守閣）という高い建物をもつ城で，その多くは⑪16世紀後半～17世紀前半につくられました。世界遺産に登録されている兵庫県の姫路城の天守は，日本の国宝にも指定されています。天守が国宝となっている城は，他に，愛知県の犬山城，（　⑫　）県の松江城，長野県の松本城，滋賀県の彦根城があります。彦根城は，江戸時代の⑬譜代大名であった⑭井伊氏の城で，築城400年祭のイメージマスコットキャラクターとして登場した「ひこにゃん」が有名になりました。また，沖縄県の首里城は，かつての⑮琉球王国の城で，日本の他の城とは異なり，中国の城の影響を大きく受けています。

問11　下線部⑪について，16世紀後半〜17世紀前半のできごとを次のア〜カから4つ
　　　選び，年代の古いものから順番に並べ，記号で答えなさい。
　　ア．室町幕府がほろぼされた。
　　イ．大阪で大塩平八郎の乱がおこった。
　　ウ．大阪の陣で，豊臣氏がほろぼされた。
　　エ．刀狩令が出された。
　　オ．京都で応仁の乱がおこった。
　　カ．桶狭間の戦いで，今川義元がたおされた。

問12　（　⑫　）にあてはまる県名を答えなさい。

問13　下線部⑬について，譜代大名のことを述べた次のあ，いに関して，その正誤の
　　　組み合わせとして正しいものを，下のア〜エから1つ選び，記号で答えなさい。

　　　　あ．譜代大名は，関ヶ原の戦いの後に徳川家に従った大名である。
　　　　い．譜代大名の多くは，幕府にとって重要な地域に配置された。

　　ア．あ，いはどちらも正しい。
　　イ．あは正しいが，いは誤っている。
　　ウ．あは誤っているが，いは正しい。
　　エ．あ，いはどちらも誤っている。

問14　下線部⑭に関連して，江戸幕府の大老となった井伊直弼が，1858年にアメリカ
　　　合衆国との間に結んだ条約を何といいますか。漢字で答えなさい。

問15　下線部⑮について，琉球王国のことを述べた文として誤っているものを，次の
　　　ア〜エから1つ選び，記号で答えなさい。
　　ア．15世紀の初めに，尚氏が沖縄島を統一して琉球王国が建てられた。
　　イ．江戸時代には，国王がかわったときに，幕府の使節が琉球を訪れた。
　　ウ．江戸時代には，琉球王国を通じて，蝦夷地の昆布が中国へ輸出されていた。
　　エ．明治政府は，最後の国王を東京に移住させた。

D　今，世界で，日本のマンガやアニメ（アニメーション）が注目されています。マンガやアニメの原点といわれているものが，物語や実際のできごとなどを描いた絵巻物です。絵巻物は，昔のようすを知る手がかりにもなり，『源氏物語』を題材にした「源氏物語絵巻」を見ると，⑯平安時代の貴族の生活のようすがわかります。また，⑰鎌倉時代に元の大軍が九州北部に攻めてきたときに戦った竹崎季長がつくらせた絵巻物などもあります。

　明治時代には，新聞や雑誌に，政治や世の中を風刺する「漫画」が登場しました。⑱自由民権運動が盛り上がったころには，警察官が演説会を弾圧するようすも描かれました。⑲大正時代には，新聞に４コマのマンガがのるようになりました。子ども向けの雑誌も発行されるようになり，『少年倶楽部』という雑誌では，「のらくろ」という犬が主人公であるマンガの連さいが⑳1931年から始まりました。マンガの中で「のらくろ」が軍隊に入っていくように，日本の戦時体制が強まってくると，戦争を題材にしたマンガが多くなりました。㉑戦後は，週刊の子ども向けマンガ雑誌が次々に発行され，多くのマンガ作品が誕生しました。また，テレビ放送が始まると，㉒アニメ番組も放送されるようになり，マンガやアニメが日本を代表する文化として発展していきました。

問16　下線部⑯について，平安時代の貴族が行っていた年中行事や遊びにあてはまらないものを，次のア～エから１つ選び，記号で答えなさい。
ア．端午の節句　　　イ．囲碁　　　ウ．七夕　　　エ．茶の湯

問17　下線部⑰について，次の絵はこの絵巻物の一部です。絵の中で右側の竹崎季長が，左側の鎌倉幕府の役人に何かをうったえています。竹崎季長のせりふの中にある □□□□ にあてはまる適切な内容を答えなさい。

自分は元軍が攻めてきたとき，けがをしても戦いました。だから，□□□□。

幕府の役人　　　竹崎季長

問18　下線部⑱について，自由民権運動に関する文として正しいものを，次のア～エから1つ選び，記号で答えなさい。

ア．政府の指導者だった西郷隆盛が，国会の開設を主張したことをきっかけに，自由民権運動が始まった。

イ．『学問のすゝめ』をあらわした福沢諭吉は，自由民権運動を指導し，立憲改進党を結成した。

ウ．自由民権運動に参加した若者たちが，のちに五日市憲法とよばれる憲法草案をつくった。

エ．自由民権運動に参加した埼玉県の秩父地方の士族たちが，徴兵令に反対して，大規模な反乱をおこした。

問19　下線部⑲に関連して，大正時代には女性の地位向上をめざす運動が進められ，多くの女性が活やくしました。次の文は，そのうちの1人のことを述べたものです。この人物の名前を答えなさい。

「1920年，平塚らいてうらとともに新婦人協会を設立した。その後，女性の選挙権の獲得をうったえる活動を行った。第二次世界大戦後は，参議院議員として活やくした。」

問20　下線部⑳に関連して，1931年以降のできごとについて述べた文として誤っているものを，次のア～エから1つ選び，記号で答えなさい。

ア．日本軍が南満州鉄道の線路を爆破し，それを中国軍のしわざだとして軍事行動をおこして，満州（中国東北部）を占領した。

イ．シャンハイ（上海）郊外で日本軍と中国軍のしょうとつがおこり，これがきっかけとなって日中戦争が始まった。

ウ．日本軍が中国の首都ナンキン（南京）を占領したとき，武器を捨てた兵士や，女性や子どもをふくむ多くの人々が殺害された。

エ．日本軍がイギリス領のマレー半島とハワイのアメリカ軍基地を攻撃したことで，日本と連合国との戦争が始まった。

問21　下線部㉑に関連して，次のグラフは，戦前と戦後の自作地と小作地の割合の変化を表しています。自作地の割合が増えたのはなぜですか。下の文の〔　　　〕にあてはまる語を答えなさい。

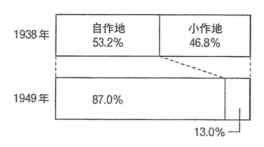

［農林省統計調査局資料より作成］

「〔　　　〕が行われ，小作農家も自分の土地をもてるようになったから。」

問22　下線部㉒について，次の表は，人気アニメ番組の放送が始まった年を表しています。表中の@〜@の時期におこったできごととして誤っているものを，下のア〜エから1つ選び，記号で答えなさい。

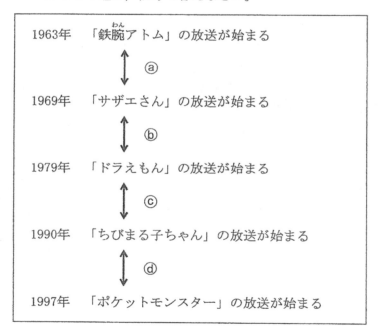

ア．@の時期に，大阪で万国博覧会が開催された。
イ．@の時期に，日本と中華人民共和国の国交が正常化した。
ウ．©の時期に，男女雇用機会均等法が公布された。
エ．@の時期に，阪神・淡路大震災がおこった。

2 愛子さんのクラスでは，社会科の授業で班ごとに決めたテーマについて調べました。1班～7班がまとめた文章や図をよく見て，あとの問いに答えなさい。

【1班】なぜ①北陸地方では雪がたくさん降るのか？

　冬にみられる北西からの季節風は，日本海を渡るときに暖流の（　②　）海流の上で水蒸気をたくわえて，湿った風となります。この風が山々に沿って上昇すると，冷やされて雲ができます。冬は気温が低いため，雲にふくまれる水のつぶは氷の結晶となります。その結果，北陸地方では雪の降る日数が多くなり，日本有数の豪雪地帯となっています。

問1　下線部①について，北陸地方のことを述べた文として正しいものを，次のア～エから1つ選び，記号で答えなさい。
　ア．世界自然遺産に登録された山地がある。
　イ．県庁所在地が政令指定都市となっている県がある。
　ウ．北緯40度の緯線が通っている。
　エ．四大公害病の1つで，大気汚染を原因とするものが発生した市がある。

問2　（　②　）にあてはまる語を答えなさい。

【2班】日本の遠洋漁業の漁獲量が減ったきっかけは何か？

　日本の遠洋漁業は，1970年代から漁獲量が減り続けています。③国際連合によって海の取り決めを話し合う国際会議が，1973年に始まりました。そして，アメリカ合衆国やソ連（現在のロシア連邦）などの国々が④200海里水域を宣言したことで，日本の遠洋漁業の漁場がせばまり，それまで自由に漁に出ていた海へ行けなくなりました。また，1970年代に漁船の燃料費が高くなったことも，遠洋漁業の漁獲量が減った理由の1つです。

問3　下線部③について，次の(1)・(2)の問いにそれぞれ答えなさい。
　(1)　国際連合の本部はどこにありますか。都市名を答えなさい。

　(2)　2016年4月現在，国際連合に加盟している国の数として正しいものを，次のア～エから1つ選び，記号で答えなさい。
　ア．153か国　　　イ．173か国　　　ウ．193か国　　　エ．213か国

問4　下線部④に関連して，日本が現在主張している200海里水域の範囲として正しいものを，次のア～エから1つ選び，記号で答えなさい。

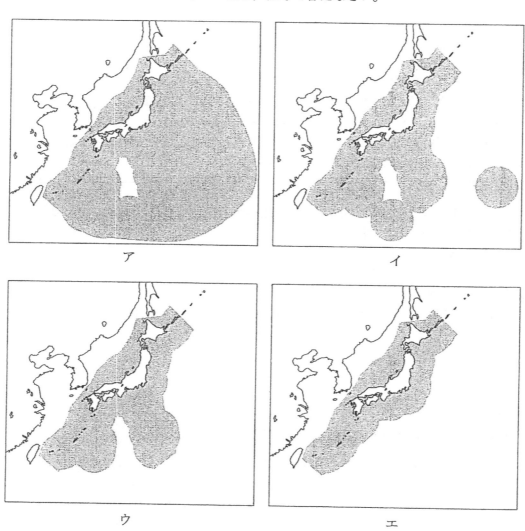

ア

イ

ウ

エ

【3班】日本の貿易はどのように変化したのか？

　　かつて，日本の貿易は，おもに，原料を輸入し製品を輸出する「加工貿易」
でした。⑤高度経済成長が始まったころは，綿花などを輸入して加工したせ
んい製品が輸出の中心でしたが，重化学工業の発達によって，原油などの燃
料や原料の輸入が増え，機械類や自動車などが輸出の中心になっていきまし
た。しかし現在では，製品の輸入も増えています。特に，　｜　　⑥　　｜
工業製品の輸入が増えています。このため，国内で生産している人々の仕事
が減ってしまうこともあります。

　　これからの工業生産を発展させていくためには，⑦「持続可能な社会」の
実現を考える必要があります。そして，世界の結びつきが強まっている中で，
貿易では輸入と輸出のバランスをとっていくことが大切だと思います。

問5　下線部⑤について，日本の高度経済成長が始まった時期として最も適当なもの
　　を，次のア～エから1つ選び，記号で答えなさい。
　　ア．1930年代中ごろ　　　　　　　イ．1940年代中ごろ
　　ウ．1950年代中ごろ　　　　　　　エ．1960年代中ごろ

問6　｜　　⑥　　｜　にあてはまる内容として最も適当なものを，次のア～エから
　　1つ選び，記号で答えなさい。
　　ア．アジアで生産された価格の安い
　　イ．アジアで生産された価格の高い
　　ウ．ヨーロッパで生産された価格の安い
　　エ．ヨーロッパで生産された価格の高い

問7　下線部⑦について，「持続可能な社会」とはどのような社会のことですか。次
　　の語をすべて用いて答えなさい。

　　　資源　　　環境　　　世代

【４班】なぜ日本の製鉄所や石油化学工場は海沿いに位置しているのか？

　製鉄所では，鉄鉱石や，石炭を高熱でむし焼きにしてできた（　⑧　）などを利用して⑨鉄鋼をつくります。また，石油化学工場では，原油などを製品に加工します。⑩鉄鉱石，石炭，原油は輸入に頼っているので，国内で輸送する費用をなるべくかけないようにするためには，海沿いに施設がある方が適しています。特に，大きな港があること，製品の消費地に近いことなどの理由から，製鉄所や石油化学工場は⑪太平洋ベルトに集中しています。

　そして，工業をエネルギーの面から支える（　⑫　）も，燃料となる原油や，石炭，天然ガスを輸入に頼っているので，海沿いに位置していると考えられます。

問8　（　⑧　）にあてはまる語を答えなさい。

（2）［式］

答

（3）［式］

答

2
※

3

（1）［答］

A ⬜⬜⬜ D
B ⬜⬜⬜ C

（2）［答］

A ⬜⬜⬜ D
B ⬜⬜⬜ C

3
※

合計
※
①＋②
※100 点満点
（配点非公表）

問4			問5		
			(1)		(2)
			①	②	③

※

3

問1	問2	問3	問4	問5	
				(1)	(2)
		kg	cm	倍	倍

※

4

問1	問2	問3	問4	問5	問6	問7
				cm^3		

※

	(1)		(2)				※
海流							

問7	※

問8		問9	問10	問11	問12		問13	問14	問15	※

問16		問17	問18	問19		問20	問21	※
						県		

3

問1	※

問2	問3	問4	問5	問6	※
			省		

問7	問8	問9	問10		問11	※
			(1)	(2)		

受験番号		名　前	

２０１７年度　　入学試験問題　　社　会　　解答用紙

※印のところには，何も記入しないでください。

1

問1	問2	問3	問4
貝塚			

※

問5	問6	問7	問8	問9	問10
	氏				

※

問11				問12	問13	問14
(　) → (　) → (　) → (　)				県		条約

※

問15	問16	問17

※

問18	問19	問20	問21	問22

※

【解答

受験番号		名　前	

２０１７年度　　入学試験問題　　理　科　　解答用紙

※印のところには，何も記入しないでください。

1

問1		問2				
（あ）	（う）	①	②	③	④	⑤

※

問3	問4	問5

※

問6	
①	②

※

2

問1	問2		問3	
	(1)	(2)	X	Y

※印のところには，何も記入しないでください。

1

（1）［式］

答_____

（2）［式］

答_____

（3）［式］

答_____

（4）［式］

答_____

1
※

2

（1）［式］

答_____

Ｋ教英出版

【解答用

問9　下線部⑨について，次の図は，日本，中国，アメリカ合衆国のいずれかの粗鋼^{（注）}
の生産量の変化を表しています。図中のあ〜うにあてはまる国名の組み合わせと
して正しいものを，下のア〜カから1つ選び，記号で答えなさい。

（注）まだ加工されていない鋼のかたまりのこと。

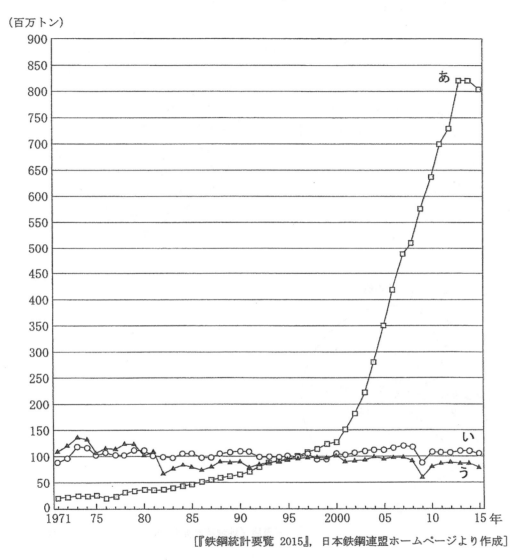

[『鉄鋼統計要覧 2015』，日本鉄鋼連盟ホームページより作成]

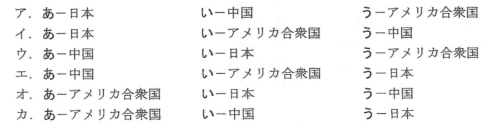

ア．あー日本　　　　　　　い－中国　　　　　　　うーアメリカ合衆国
イ．あー日本　　　　　　　いーアメリカ合衆国　　う－中国
ウ．あー中国　　　　　　　い－日本　　　　　　　うーアメリカ合衆国
エ．あー中国　　　　　　　いーアメリカ合衆国　　う－日本
オ．あーアメリカ合衆国　　い－日本　　　　　　　う－中国
カ．あーアメリカ合衆国　　い－中国　　　　　　　う－日本

問10　下線部⑩について，次のⅠ～Ⅲのグラフは，日本が鉄鉱石，石炭，原油のいずれかを輸入している相手国とその割合（2014年）を表しています。Ⅰ～Ⅲにあてはまる資源名の組み合わせとして正しいものを，下のア～カから１つ選び，記号で答えなさい。

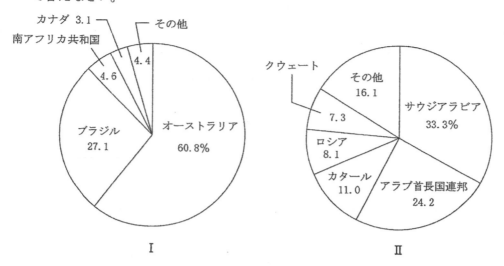

Ⅰ

Ⅱ

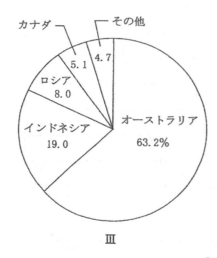

Ⅲ

［二宮書店『地理統計要覧 2016年度版』より作成］

ア．Ⅰ－鉄鉱石　　　　Ⅱ－石炭　　　　Ⅲ－原油
イ．Ⅰ－鉄鉱石　　　　Ⅱ－原油　　　　Ⅲ－石炭
ウ．Ⅰ－石炭　　　　　Ⅱ－鉄鉱石　　　Ⅲ－原油
エ．Ⅰ－石炭　　　　　Ⅱ－原油　　　　Ⅲ－鉄鉱石
オ．Ⅰ－原油　　　　　Ⅱ－鉄鉱石　　　Ⅲ－石炭
カ．Ⅰ－原油　　　　　Ⅱ－石炭　　　　Ⅲ－鉄鉱石

問11　下線部⑪について，次のア～エのうち，太平洋ベルトにふくまれない県を１つ
　　選び，記号で答えなさい。
　ア．岡山県　　　　　イ．静岡県　　　　　ウ．千葉県　　　　　エ．宮城県

問12　（　⑫　）にあてはまる語を，漢字５字で答えなさい。

【５班】なぜ日本の米の生産量は減っているのか？

　次のグラフは，日本の米の生産量と消費量の変化を表しています。このグ
ラフからわかるように，1960年代後半に，米の生産量が消費量を大きく上回
るようになりました。このため，1969年から生産調整が始まりました。一方，
食生活の多様化によって，日本人の米離れが進み，米の消費量は減少し続け
ています。また，農家の減少や働く人の高齢化も，米の生産量が減っている
ことに関係していると考えられます。
　米づくりは日本の大切な文化なので，　　　　　⑬　　　　　などの取り組
みを進めることで，米の生産量や消費量が増えていくとよいと思います。ま
た，それが⑭食料自給率の向上にもつながると思います。

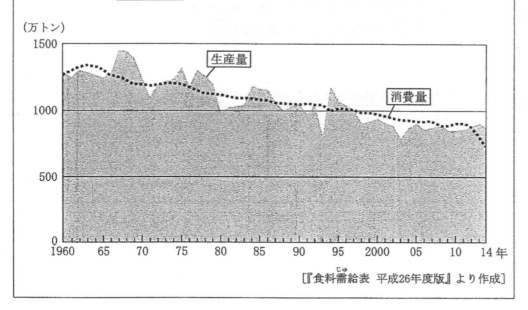

［『食料需給表　平成26年度版』より作成］

- 14 -

問13 ⬛⑬⬛ にあてはまる内容として**適当でないもの**を，次のア～エ
から1つ選び，記号で答えなさい。

ア．パンやめんの原料として米粉の利用を増やす

イ．飼料用の米を作付けする田を増やす

ウ．学校給食で米の利用を増やす

エ．米の生産で使用する農薬や化学肥料を増やす

問14 下線部⑭について，食料自給率を熱量（カロリー）から計算する方法として正
しいものを，次のア～エから1つ選び，記号で答えなさい。

ア $\dfrac{1人1日あたりに供給される国産の食べ物の熱量}{1人1日あたりに供給される食べ物全体の熱量} \times 100$

イ $\dfrac{1人1日あたりに供給される食べ物全体の熱量}{1人1日あたりに供給される国産の食べ物の熱量} \times 100$

ウ $\dfrac{1人1日あたりに供給される外国産の食べ物の熱量}{1人1日あたりに供給される食べ物全体の熱量} \times 100$

エ $\dfrac{1人1日あたりに供給される食べ物全体の熱量}{1人1日あたりに供給される外国産の食べ物の熱量} \times 100$

【6班】なぜ新聞社によって記事の取り上げ方や内容が異なるのか？

　⑮新聞記事の構成は，どの新聞社も似ていますが，記事の取り上げ方や内容は，新聞社によってさまざまです。それは，政治，経済や社会の動きなどに対する関心の強さや考え方が新聞社によって異なるためです。「新聞の顔」ともいえる新聞の一面記事が異なることも少なくありません。同じように，さまざまなニュースに対する新聞社の意見を述べた（　⑯　）も，同じテーマで主張が異なることがあります。

　また，新聞には全国に届けられる「全国紙」と，おもに地方で発行されている「地方紙」があります。地方紙の場合，身近な地域についての記事がくわしく取り上げられることがあります。例えば，広島市に本社がある中国新聞社は，⑰瀬戸内海や中国山地についての報道にも力を入れています。

問15　下線部⑮について，次の新聞記事のＡの部分には何がのっていますか。最も適当なものを，下のア～エから１つ選び，記号で答えなさい。

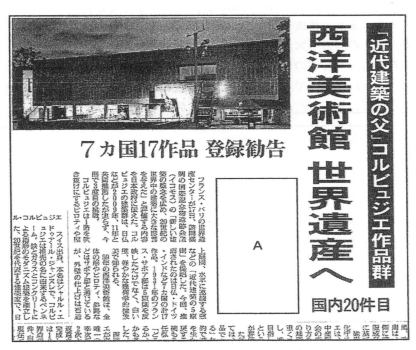

［「朝日新聞」　2016年５月18日］

ア．取材に協力してくれた会社の広告

イ．記事の写真の内容を説明した小さな見出し

ウ．リードとよばれる，記事全体を分かりやすく要約した文章

エ．コラムとよばれる，取材をした記者の意見や感想

- 16 -

問16　（　⑯　）にあてはまる語を，漢字２字で答えなさい。

問17　下線部⑰について，瀬戸内海や中国山地のことを述べた文として適当でないものを，次のア～エから１つ選び，記号で答えなさい。
ア．瀬戸内海では，かきやはまちなどの養しょくがさかんである。
イ．瀬戸内海は，江戸時代に朝鮮通信使が訪れるルートになっていた。
ウ．中国山地には，3000m級の山々が連なっている。
エ．中国山地にある蒜山（ひるぜん）高原では，乳牛の飼育がさかんである。

【７班】なぜ⑱山形県はさくらんぼの生産量が多いのか？

　山形県は，さくらんぼの生産量が日本一で，全国の約４分の３も占めています。それは，山形県の盆（ぼん）地の気候が，さくらんぼの生産にとても適しているからです。山形県は寒冷地で年降水量が少なく，夏と冬の（　⑲　）が大きく，開花して実がなるまでの日照時間が長いので，赤くて甘（あま）いさくらんぼができるのです。また，積極的に品種改良をしたり栽培技術を開発したりするなど，先人たちの努力も大きくかかわっています。

　山形県以外でも，りんごの生産量が日本一の青森県や，ぶどうの生産量が日本一の（　⑳　）県などで，さくらんぼが生産されています。このことから，㉑さくらんぼ，りんご，ぶどうは栽培条件が似ていると考えられます。

問18　下線部⑱について，山形県のことを表した地図として最も適当なものを，次の
　　　ア～エから１つ選び，記号で答えなさい。

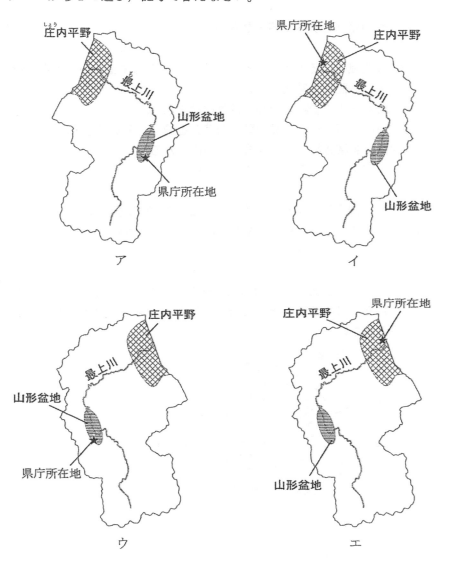

問19　（　⑲　）にあてはまる内容を答えなさい。

問20　（　⑳　）にあてはまる県名を答えなさい。

問21　下線部㉑について，さくらんぼ，りんご，ぶどうが栽培されている地域を地形
　　　図でみてみると，どのような地図記号で表されていますか。その地図記号を答え
　　　なさい。

3 次の各問いに答えなさい。

問1　日本国憲法の３つの原則を**すべて**答えなさい。

問2　日本の国会で法律を制定するしくみについて述べた文として正しいものを，次のア〜エから１つ選び，記号で答えなさい。
　ア．法律案は，衆議院から先に審議を始めなければならない。
　イ．法律案を審議する際，専門家の意見を聞く公聴会を開くことができる。
　ウ．法律案は，本会議で審議された後，委員会で議決される。
　エ．成立した法律は，内閣総理大臣によって公布される。

問3　2016年７月に参議院議員選挙が行われました。この選挙で改選された議席数として正しいものを，次のア〜エから１つ選び，記号で答えなさい。
　ア．121　　　　イ．242　　　　ウ．363　　　　エ．484

問4　次のグラフは，2016年度における日本の国家予算（歳出）を表しています。グラフ中の □□□ にあてはまる金額として最も適当なものを，下のア〜エから１つ選び，記号で答えなさい。

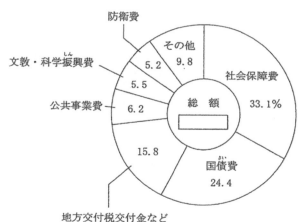

[財務省資料より作成]

　ア．約57兆円　　　イ．約77兆円　　　ウ．約97兆円　　　エ．約117兆円

問5　行政の仕事は，内閣のもとで省や庁が分担して行っています。次にあげた仕事
　　をおもに行っている省の名前を答えなさい。

　　　・病気を予防する。
　　　・働く人が安全で快適に働ける環境をつくる。
　　　・お年寄りが安心して介護を受けられるようにする。
　　　・子育ての支援をして，仕事と家庭の両立を支える。

問6　次のグラフは，地方ごとの水の使用総量と目的別割合（2011年）を表していま
　　す。このグラフについて述べた文として誤っているものを，下のア～エから1つ
　　選び，記号で答えなさい。

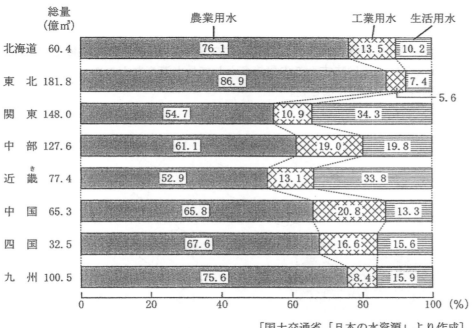

[国土交通省「日本の水資源」より作成]

　　ア．農業用水の使用量が最も多いのは，東北地方である。
　　イ．工業用水の使用量が最も多いのは，中部地方である。
　　ウ．生活用水の使用量が最も多いのは，近畿地方である。
　　エ．すべての地方の水の使用量を目的別に合計すると，使用量が最も少ないのは工
　　　業用水である。

問7 沖縄県にある普天間飛行場は，アメリカ軍の基地の1つで，辺野古に移設する計画があります。辺野古の位置は，右の地図中の a，b のどちらですか。また，辺野古はどこの市に属していますか。辺野古の位置と属する市の組み合わせとして正しいものを，次のア〜エから1つ選び，記号で答えなさい。

ア．a－那覇市
イ．a－名護市
ウ．b－那覇市
エ．b－名護市

問8 中国には50以上の民族が暮らしており，次の地図中の □□□□ の地域には，ある民族が多く生活しています。この民族名として最も適当なものを，下のア〜エから1つ選び，記号で答えなさい。

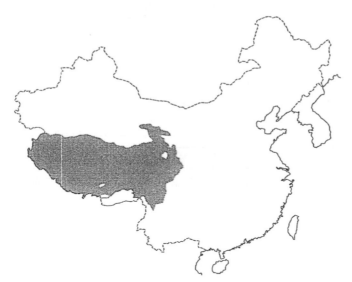

ア．モンゴル族　　イ．ウイグル族　　ウ．チョワン族　　エ．チベット族

問9 日本が行っている海外支援に関する次のあ，いについて，その正誤の組み合わせとして正しいものを，下のア～エから１つ選び，記号で答えなさい。

　　　あ．青年海外協力隊は，ＯＤＡの１つである。
　　　い．自衛隊は，国際連合のＰＫＯに参加したことがある。

　ア．あ，いはどちらも正しい。
　イ．あは正しいが，いは誤っている。
　ウ．あは誤っているが，いは正しい。
　エ．あ，いはどちらも誤っている。

問10 2016年に，ブラジルでオリンピックとパラリンピックが開催されました。ブラジルに関連して，次の(1)・(2)の問いにそれぞれ答えなさい。
(1) ブラジルについて述べた文として**適当でないもの**を，次のア～エから１つ選び，記号で答えなさい。
　ア．日本からの移民の子孫である日系ブラジル人が多く暮らしている。
　イ．おもに使われている言語は，フランス語である。
　ウ．アマゾン川流域の森林が，大規模な開発で急速に失われている。
　エ．コーヒー豆の生産量が，世界一である。

(2) ブラジルは，地球上で日本のほぼ反対側に位置しています。ブラジルのリオデジャネイロで午後８時にテレビをつけたところ，広島からの生中継の映像が画面に映りました。画面に映っている広島のようすとして最も適当なものを，次のア～エから１つ選び，記号で答えなさい。
　ア．会社員が朝，出勤のため路面電車に乗ろうとしているようす
　イ．小学生が昼に給食を食べているようす
　ウ．中学生が夕方，クラブ活動をしているようす
　エ．観光客が夜の花火大会を見物しているようす

問11 2016年の世界のできごとについて述べた文として正しいものを，次のア～エから１つ選び，記号で答えなさい。
　ア．現職のアメリカ合衆国の大統領が，初めて広島と長崎を訪れた。
　イ．フランスは，国民投票でEUから離脱することを決めた。
　ウ．イギリスで，初めての女性の首相が誕生した。
　エ．温室効果ガスを減らすための取り決めであるパリ協定が発効した。

2017(H29) ノートルダム清心中
K 教英出版

問2　力点に加える力の向きと，作用点にはたらく力の向きが同じになるものは，３種類のてこのうちどれですか。最も適当なものを次のア〜カから選び，記号で答えなさい。

　　ア．第１種のてこ　　　　　　　　イ．第２種のてこ
　　ウ．第３種のてこ　　　　　　　　エ．第１種のてこ　と　第２種のてこ
　　オ．第１種のてこ　と　第３種のてこ　　カ．第２種のてこ　と　第３種のてこ

問3　図１のように，長さ180cmの板の右端に100kgの荷物があります。板の右端から20cmの位置に支点を取りつけ，板の左端におもりを置いて荷物を持ち上げます。何kgのおもりを置くと，荷物が持ち上がり，板を水平にすることができますか。ただし，板の重さは考えないものとします。

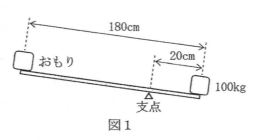

図1

II．清子さんは，てこのしくみを利用したステープラ（ホッチキス）について調べました。多くのステープラは，針を使って紙をとじますが，最近では，針を使わずに紙をとじることのできるもの（針なしステープラと呼びます）があることがわかりました。これは，手で押す力の何十倍もの力をはさんだ紙に加えて，紙どうしをくっつけることで，針のかわりに紙をとじるというしくみになっています。また，紙をはさむ部分（圧着点と呼びます）が，てこの作用点に対応していることもわかりました。

　最初に，図2のように，てこを1つだけ利用した構造の針なしステープラを作ろうと考えました。てこと台は，右端がそろえてあり，右端から5cmの位置に圧着点があります。また，てこは，右端に支点があり，左端を手で押します。

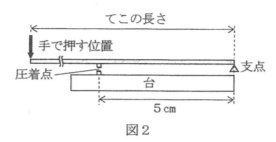

図2

問4　清子さんは，手で押す力の10倍の力が圧着点に加わるために必要なてこの長さを計算しました。すると，とても大きなステープラとなってしまうことがわかりました。このてこの長さは何cmですか。ただし，てこの重さは考えないものとします。

　針なしステープラは，2つのてこが組み合わさった構造だと清子さんは知りました。そこで清子さんは，図3のような装置（手作りステープラ）を作りました。てこX・てこY・台は，右端がそろえてあり，てこYと台の右端から5cmの位置に圧着点があります。また，てこXは，長さ6cmで，左端を手で押します。そして，てこXとてこYは，右端に支点があり，右端から2cmの位置に棒が取りつけられています。この棒は，てこXから受けた力をそのままてこYに伝える役割をしています。

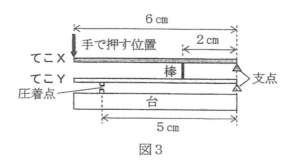

図3

問5　次の(1)と(2)の問いに答えなさい。ただし，てこや棒の重さは考えないものとします。

(1) 図3の手作りステープラの場合，圧着点に加わる力は手で押す力の何倍になりますか。

(2) 図3の手作りステープラの支点や棒の位置を，次のア～エのように変えました。同じ力で押したとき，圧着点に加わる力が最大となるものはどれですか。最も適当なものを選び，記号で答えなさい。また，そのとき圧着点に加わる力は，手で押す力の何倍になりますか。

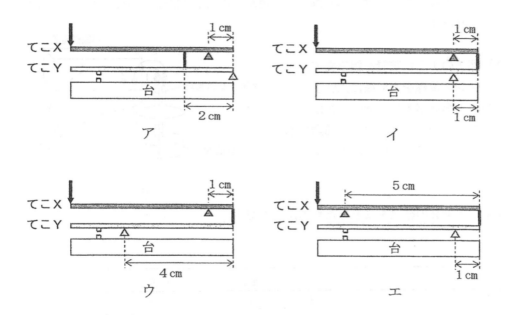

4 次の文を読み，あとの問いに答えなさい。

　　水溶液には，いろいろな性質やはたらきがあります。水溶液の性質には，例えば，「酸性・中性・アルカリ性」や「電気を通す・通さない」などがあります。身近な水溶液の性質やはたらきを調べるために，水と6種類の水溶液（うすい塩酸，うすい水酸化ナトリウム水溶液，食塩水，砂糖水，でんぷん水溶液，石灰水）を使って，次の実験1と実験2をしました。

【実験1】水溶液の性質（酸性・中性・アルカリ性）を調べるために，ムラサキキャベツの葉のしるに，水と6種類の水溶液をそれぞれ加えて，色の変化を観察しました。ムラサキキャベツの葉のしるは，その色から水溶液の酸性・中性・アルカリ性がわかります。

【実験2】図1のような装置を組み立て，ステンレス電極を水溶液に入れます。その水溶液が電気を通すときは，モーターが回ります。水と6種類の水溶液それぞれについて，モーターが回るかどうかを調べました。

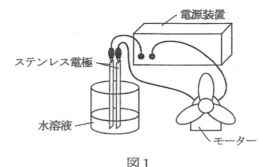

図1

　　実験1と実験2の結果をまとめたものが表1です。

表1

	実験1	実験2
水	むらさき色	回らない
うすい塩酸	赤色	回る
うすい水酸化ナトリウム水溶液	黄色	回る
食塩水	むらさき色	回る
砂糖水	むらさき色	回らない
でんぷん水溶液	むらさき色	回らない
石灰水	黄色	回る

問1　レモンのしるをムラサキキャベツの葉のしるに加えると，赤色になりました。レモンのしるにＢＴＢ溶液を加えると何色になりますか。

問2　ある気体を水に溶かした水溶液をムラサキキャベツの葉のしるに加えると，黄色になりました。溶かした気体として，最も適当なものを次のア〜オから選び，記号で答えなさい。

　　　ア．アンモニア　　　　イ．酸素　　　　　　ウ．水素
　　　エ．二酸化炭素　　　　オ．ちっ素

問3　実験１と実験２の結果より，水溶液の「酸性・中性・アルカリ性」と「電気を通す・通さない」性質の関係について述べたものとして，最も適当なものを次のア〜エから選び，記号で答えなさい。
　　　ア．酸性の水溶液だけが電気を通す。
　　　イ．アルカリ性の水溶液だけが電気を通す。
　　　ウ．中性の水溶液は電気を通さない。
　　　エ．酸性・中性・アルカリ性と電気を通すかどうかは関係ない。

うすい塩酸にアルミニウム板を入れると，アルミニウム板の表面に水素のあわが発生します。しかし，図2のように，アルミニウム板と銅板を導線でつないだものをうすい塩酸に入れると，アルミニウム板の表面ではあわは見られず，銅板の表面でのみ水素のあわが発生します。また，あわが発生した後のそれぞれの金属板の重さをはかると，アルミニウム板のみ重さが減少します。

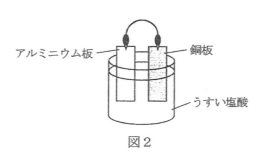

図2

このとき，銅板の表面で発生した水素の体積と減ったアルミニウム板の重さには，表2のような関係があることが知られています。

表2

発生した水素の体積 （cm³）	55	110	220	330	550
減ったアルミニウム板の重さ （mg）	45	90	180	270	450

問4　水素について述べた文として，正しいものを次のア～キからすべて選び，記号で答えなさい。

　　ア．空気中に約80％ふくまれている。

　　イ．空気中に約20％ふくまれている。

　　ウ．においがない。

　　エ．においがある。

　　オ．ものを燃やすはたらきがある。

　　カ．燃える性質があり，近年，車の燃料などに利用されている。

　　キ．呼吸によって，からだの外にはき出される。

問5　うすい塩酸に，それぞれ30.0gのアルミニウム板と銅板を導線でつないだものを入れました。銅板であわを発生させた後，金属板をうすい塩酸から取り出して，それぞれの重さをはかりました。すると金属板の重さは，銅板は30.0gのままでしたが，アルミニウム板は29.7gになりました。このとき銅板の表面で発生した水素の体積は何cm³ですか。割り切れない場合は小数第1位を四捨五入して，整数で答えなさい。

試験問題は次に続きます。

図２の装置で使った導線の代わりに，間にモーターを入れた導線を金属板につなげると，モーターが回ります。これは，水溶液に導線でつないだ２枚の金属板を入れたことで，電気がつくられ，導線に電気が流れたためです。食塩水でも，導線でつないだ２枚の金属板を入れると，電気がつくられることが知られています。このような，電気をつくる装置は「電池」と呼ばれています。このしくみを調べるために，実験３をしました。

【実験３】 ３種類の金属板（アルミニウム，鉄，銅）と食塩水，モーターを準備して，図３のような装置を組み立てました。２枚の金属板の組み合わせを変えて，端子A，端子Bにつなぎ，モーターの回り方を調べました。その結果が表３です。

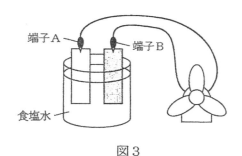

図３

表３

		端子B		
		アルミニウム	鉄	銅
端子A	アルミニウム	回らない	左回り	左回り
	鉄	右回り	回らない	左回り
	銅	右回り	右回り	回らない

問６　実験３の結果より，ここで使った３種類の金属板について述べた文として，正しいものを次のア～エからすべて選び，記号で答えなさい。
　　ア．２枚の金属板が同じ種類の金属のとき，電気をつくることができる。
　　イ．２枚の金属板がちがう種類の金属のとき，電気をつくることができる。
　　ウ．金属の組み合わせが同じでも，端子A，端子Bを入れかえると，導線中を流れる電気の向きは逆になる。
　　エ．金属の組み合わせが同じだと，端子A，端子Bを入れかえても，導線中を流れる電気の向きは変わらない。

【実験４】 食塩水の代わりに，水と４種類の水溶液（うすい塩酸，でんぷん水溶液，石灰水，レモンのしる）を使って，実験３と同じ方法でモーターの回り方を調べました。その結果が表４です。

表４

結　果	水溶液
食塩水と同じ結果になったもの	うすい塩酸，石灰水，レモンのしる
金属板の種類や組み合わせを変えても，回らなかったもの	水，でんぷん水溶液

問7 実験1～4の結果からわかった「電池」の条件から考えて，豆電球がつくものを次のア～エから1つ選び，記号で答えなさい。ただし，豆電球は3つの電池が直列に並んでいるときにつくものとします。

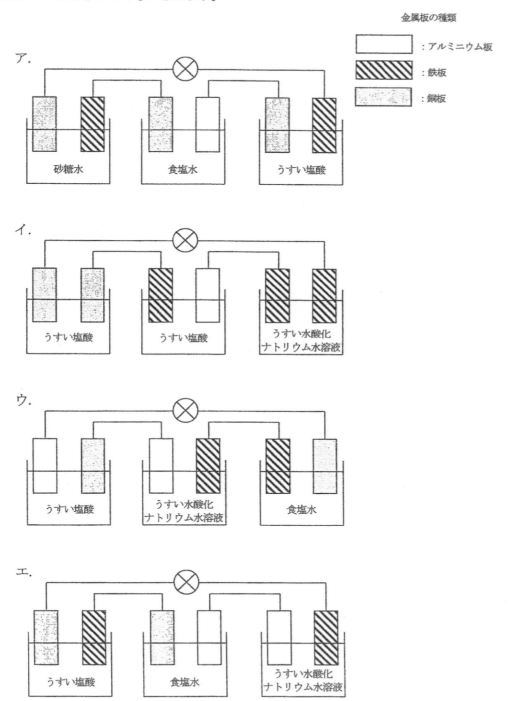

金属板の種類

☐ ：アルミニウム板

▨ ：鉄板

▨ ：銅板

ア．
砂糖水　　　　食塩水　　　うすい塩酸

イ．
うすい塩酸　　うすい塩酸　　うすい水酸化
　　　　　　　　　　　　　　　ナトリウム水溶液

ウ．
うすい塩酸　　うすい水酸化　　食塩水
　　　　　　　ナトリウム水溶液

エ．
うすい塩酸　　食塩水　　　うすい水酸化
　　　　　　　　　　　　　　ナトリウム水溶液

3 正方形の紙があり，図1のように，4つの頂点をそれぞれA，B，C，Dとし，
対角線が交わる点をOとします。

この正方形の紙を直線BDを折り目として折り，次に直線AOを折り目として
折り，さらに，AとBが重なるように半分に折ったものが図2の三角形です。
また，図2において，AとOでない残りの頂点をEとします。

問題用紙や解答用紙を折ったり切ったりしないで，下の問いに答えなさい。

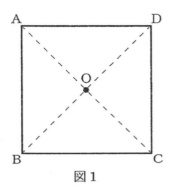

図1

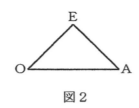

図2

(1) 図3のように，三角形AEOを，辺AEの真ん中の
点を通り，辺EOに平行な直線で切ります。大きい方
の紙を広げたときの形をかきなさい。**ぬりつぶす必要
はありません。**

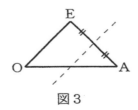

図3

(2) 図4のように，三角形AEOを，辺EOの真ん中の
点を通り，辺AEに平行な直線で切ります。大きい方
の紙を広げたときの形をかきなさい。**ぬりつぶす必要
はありません。**

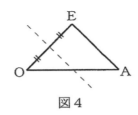

図4

2017(H29) ノートルダム清心中

K 教英出版

受験番号		名　前	

52円のはがきと82円の切手をあわせて65枚買うと，代金は4010円でした。はがきを何枚買いましたか。

[答]

　　　　　　　　　枚

えんぴつ7本とノート3冊をあわせた値段は，えんぴつ2本とノート6冊をあわせた値段と同じです。えんぴつ15本の値段でノートは何冊買えますか。

[答]

　　　　　　　　　冊

ある小学校の6年生の女子は63人です。この小学校の全校児童の60％が女子で，女子の12％が6年生です。この小学校の全校児童は何人ですか。

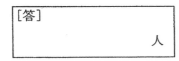

[答]

　　　　　　　　　人

下の図の正方形の中にある，斜線部分の周りの長さは何cmですか。ただし，円周率は3.14とします。

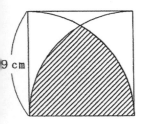

9 cm

[答]

　　　　　　　　　cm

合計
※
①+②
※100点満点
（配点非公表）

受験番号		名　前	

大，中，小の３つのさいころを同時に投げて，出た目の和が６となる目の出方は何通り
りますか。

答　　　　　　　　通り

現在，父は37才で，２人の子どもは５才と３才です。子どもの年れいの和の２倍が，父の
れいと等しくなるのは，何年後ですか。

答　　　　　　　　年後

４月８日が水曜日のとき，この年の９月25日は何曜日ですか。

答　　　　　　　　曜日

次の図は，１辺が８cmの正方形と，同じ大きさの４個の円でできています。░░の部分の
面積を求めなさい。ただし，円周率は3.14とします。

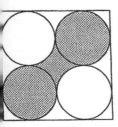

合計
※

答　　　　　　　　cm²

２０１４年度

ノートルダム清心中学校　入学試験問題

算　数　その②

【３５分】

受験上の注意

（試験問題・解答用紙について）

１．試験問題は，１ページから３ページまで３問あります。

２．解答用紙は，問題用紙とは別に１枚あります。

３．問題用紙を切り取ることは，しないでください。

４．この表紙と問題用紙は，監督の先生の指示にしたがって持って帰って
　　ください。

1 ある学校では，今年の女子の人数は，全校生徒の52％で，男子の人数より18人多いです。また，今年は昨年に比べて，男子は8％増え，女子は2.5％減りました。次の問いに答えなさい。

（1）今年の全校生徒の人数を求めなさい。

（2）今年の女子の人数を求めなさい。

（3）昨年の女子の人数を求めなさい。

（4）今年の全校生徒の人数は，昨年に比べて，何％増えましたか。四捨五入して小数第一位まで求めなさい。

２０１４年度

ノートルダム清心中学校　入学試験問題

理　科

【４０分】

受験上の注意

（試験問題・解答用紙について）

1. 試験を始める合図があるまで，試験問題を見てはいけません。

2. 試験問題は 1 ページから 16 ページまであります。解答用紙は 1 枚あります。

3. 解答は解答用紙に記入してください。

（試験について）

4. 「始めてください」の指示で鉛筆をとり，「やめてください」の指示があったら
　　すぐに鉛筆を置いてください。

5. 試験が始まったら，最初に受験番号と名前を書いてください。

6. 印刷のわからないところやページのぬけているところがあったら，手をあげて
　　監督の先生に知らせてください。

7. 解答用紙を集めるまで席を立たないでください。

（その他）

8. 試験問題は監督の先生の指示にしたがって持って帰ってください。

※このページに問題は印刷されておりません。

（次ページより問題が始まります。）

1 次のⅠとⅡの文を読み，それぞれあとの問いに答えなさい。

Ⅰ．日本では，四季があり季節ごとに気温や天気が変化しています。

問1　学校の校庭などには「百葉箱」が設置されています。この百葉箱で，正しく気温を
　　はかるためにいくつかの工夫がされています。その工夫として正しいものを，次の
　　ア～キからすべて選び，記号で答えなさい。

　　ア．温度計を地中にうめこんでいる。
　　イ．とびらは北向きにつくられている。
　　ウ．記録をすぐにとれるように，建物に近い場所に設置している。
　　エ．温度計を地面からできるだけ高いところに置いておく。
　　オ．地面をおおうものがないようにコンクリートや土の上に設置している。
　　カ．建物から離れた風通しの良い場所に設置している。
　　キ．日当たりの良い場所に設置している。

問2　ある晴れた日（日の出の時刻は午前6時，日の入りの時刻は午後6時）の，①気温
　　が最も高くなる時刻，②地面の温度が最も高くなる時刻，③気温が最も低くなる時
　　刻の組み合わせとして最も適当なものを，次のア～エから選び，記号で答えなさい。

	①	②	③
ア．	午後1時ごろ	午後2時ごろ	午前2時ごろ
イ．	午後2時ごろ	午後1時ごろ	午前2時ごろ
ウ．	午後1時ごろ	午後2時ごろ	午前5時ごろ
エ．	午後2時ごろ	午後1時ごろ	午前5時ごろ

Ⅱ．気温や天気の変化には，水も深くかかわっています。たと
　　えば，気温は上空に上がるにつれて，一定の割合で変化して
　　いきますが，雲があり雨が降っている場合と，そうでない場
　　合とでは，気温の変化の割合が異なります。
　　　図1は，地上0mで16℃であった空気が山のしゃ面を上
　　がっていくときのようすを示したものです。空気が地上900
　　mから上に上がると，雲ができ雨が降りはじめました。また，
　　次の表1は，そのときの気温の変化のようすを示したもので
　　す。

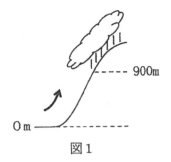

図1

表1

地上からの高さ(m)	0	200	400	600	800	1000	1200	1400
気温(℃)	16.0	14.0	12.0	10.0	8.0	6.5	5.5	4.5

問3　図1や表1について，次の(1)～(3)の問いに答えなさい。

(1) この表をもとに，地上からの高さ(m)と気温(℃)の関係をグラフに表すとどのようになりますか。解答らんのグラフに表しなさい。

(2) 雲ができているときと，雲ができていないときでは，どちらが気温の変化が大きいですか。また，変化の小さい方では，空気が上空に 100m 上がると気温は何℃下がりますか。

(3) 図2のように，地上 0 m で 12℃であった空気が上空に上がり，標高 1400m の山をこえて風下側の地上に降りたとき，風上側のしゃ面では，地上 800m から 1400m で雲ができていました。また，山頂で雲は消えて，風下側のしゃ面では雲はできていませんでした。風下側の地上 0 m での気温を答えなさい。ただし，雲ができているときと雲ができていないときの気温の変化の割合は表1と同じとします。

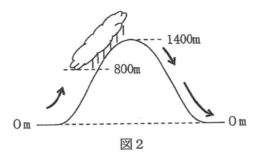

図2

問4　次の①～③と最も関係があると思われるものをAとBからそれぞれ選び，それらの組み合わせとして正しいものを，下のア～カから選び，記号で答えなさい。

①　地面に水をまくとすずしい
②　雲ができている
③　冬の室内の窓ガラスの内側に水てきがついていた

A．空気中の水蒸気が水になる
B．地面から水が蒸発する

	ア	イ	ウ	エ	オ	カ
①	A	A	A	B	B	B
②	A	B	B	A	A	B
③	B	A	B	A	B	A

問5　地球上には水がさまざまな姿で存在しています。地球上の水の約97%は海にたくわえられています。陸には、水が、雪や氷の形で約2%が存在し、他に地下水や河川水などとして存在しています。大気中には、地球上の水の約0.001%が存在しています。

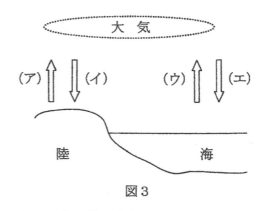

図3

　図3の（ア）～（エ）は、大気と陸や海との間で、水が移動するようすを示したものです。その他にも、河川や氷河など、陸から海への移動もあります。年間の蒸発量と降水量について、海では蒸発量の方が、陸では降水量の方が多くなっています。

(1) 図3の（ア）～（エ）の水の移動は、蒸発と降水によるものです。蒸発に相当するものをすべて選び、記号で答えなさい。

(2) 図3の（ア）～（エ）の1年間の移動量は、次の①～④のいずれかにあてはまります。（ア）と（エ）にあてはまるものをそれぞれ選び、記号で答えなさい。

　　①　418兆トン　　②　383兆トン　　③　100兆トン　　④　65兆トン

(3) (2)の値を使って計算すると、陸から海への1年間の移動量は何兆トンになりますか。

問6　次の文は、さまざまな姿で存在する地球上の水が、気温の変化に影響をあたえていることについて述べたものです。文中の①～⑤にあてはまることばを（　）内からそれぞれ選び、記号で答えなさい。

> 　ある場所で夕方に気温が下がっていくとき、表1から考えると、その場所に降水があれば、降水がないときに比べ、気温が　①（ア．下がりやすい　イ．下がりにくい　ウ．変わらない　）。つまり、降水があるときは降水がないときに比べて、気温を　②（ア．上げる　イ．下げる　ウ．変えない　）効果があると考えられる。したがって、図3で降水量と蒸発量を比べて考えたとき、陸では気温を　③（ア．上げる　イ．下げる　）効果が大きく、海では気温を　④（ア．上げる　イ．下げる　）効果が大きいが、地球全体で考えると、地球の気温を　⑤（ア．上げる　イ．下げる　）効果の方が大きいことが分かる。

次ページ以降にも問題が続きます。

2 生物は，まわりから影響を受けて反応する性質を持っています。このことについて，次のⅠ～Ⅲの文を読み，それぞれあとの問いに答えなさい。

Ⅰ．植物の種子が発芽するとき，根が横向きに出てきたとしても，しだいに下向きに曲がりながらのびていきます。この反応について調べるために，次の実験1と実験2をしました。

【実験1】ある植物の種子について，発芽後，下向きにまっすぐのびはじめた根に，図1のAのように1.0mmごとに印をつけました。印と印の間の部分を，先たんに近い方からa～eとして，2時間後に観察すると，図1のBのようにのびていました。

【実験2】この植物の種子について，発芽後，のびはじめた根を横向きにして，実験1と同じように1.0mmごとに印をつけて（図2のA），2時間後に観察しました。すると，根は図2のBのように下向きにのびていました。

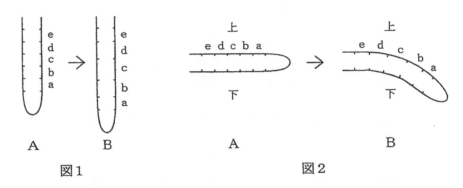

図1　　　　　　　　　　　　図2

問1　種子は，発芽してある場所に根をはると，ふつう，その場所から動けません。そこで植物のなかには，種子に羽や毛のようなものをつけて，できるだけ遠くに種子を飛ばし，広いはんいに子孫を残す工夫をしているものがあります。そのような工夫をしている植物の例を1つ答え，その種子の図をかきなさい。ただし，羽や毛のようなものもいっしょにかきなさい。

問2　種子のなかには，発芽後，植物のからだになっていく部分が入っています。右の図3は，インゲンマメの種子を開いたようすです。子葉の部分と，発芽後に根となる部分はどこですか。図3のア～エからそれぞれ選び，記号で答えなさい。

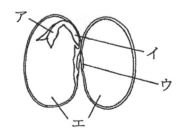

図3

問3　実験1の結果から，この根のa～eの部分ののびについて考えられることは何ですか。最も適当なものを次のア～エから選び，記号で答えなさい。

　　ア．先たんの部分ほどよくのびる。
　　イ．よくのびる部分とあまりのびない部分がある。
　　ウ．縮む部分もある。
　　エ．どの部分も同じようにのびる。

問4　実験結果から，発芽後に横向きになった根が下向きにのびていくしくみとして重要なことは，横向きになったときのcの部分ののび方（実験2）と，下向きにまっすぐにのびているときのcの部分ののび方（実験1）のちがいであると考えられます。

次の表は，実験1と実験2における，2時間後のcの部分の長さを測定した結果です。実験2におけるcの部分の上側と下側ののびについて述べた文として，最も適当なものを下のア～エから選び，記号で答えなさい。

表　2時間後のcの部分の長さ　（mm）

実験1	実験2	
	上側	下側
1.7	1.7	1.4

　　ア．上側はのびているが，下側は縮んでいる。
　　イ．上側はのびても縮んでもいないが，下側は縮んでいる。
　　ウ．上側，下側のどちらものびているが，実験1に比べて，上側ののびが大きくなっている。
　　エ．上側，下側のどちらものびているが，実験1に比べて，下側ののびが小さくなっている。

Ⅱ．池や川の水の中には，目に見えないくらいの小さな生物がたくさんすんでいて，その生物の1つにゾウリムシがいます。ゾウリムシをけんび鏡で観察すると，からだのまわりに細く短い毛がたくさんついていることがわかります。

問5　池や川の中にすんでいる次のア～エの生物について，下の(1)と(2)の問いに答えなさい。ただし，ア～エの生物の実際の大きさはちがいますが，同じ大きさにそろえています。

　　　　　　ア　　　　　　　　イ　　　　　　　　ウ　　　　　　　　エ

(1)　ゾウリムシはどれですか。上のア～エから選び，記号で答えなさい。ただし，図では，からだのまわりについている細く短い毛は省略しています。
(2)　実際に一番小さい生物はどれですか。上のア～エから選び，記号で答えなさい。

問6　けんび鏡の使い方や特ちょうについて述べた文として，正しいものを次のア～オからすべて選び，記号で答えなさい。

　　ア．最初から対物レンズを高い倍率にして観察する方が，ピントを合わせやすい。
　　イ．ピントは，プレパラートに対物レンズを近づけながら合わせる。
　　ウ．ピントが合ったときのプレパラートと対物レンズとの間は，対物レンズが高い倍率のときほどせまくなる。
　　エ．反射鏡を動かして明るく見えるようにしたあと，対物レンズを高い倍率に変えると，さらに明るく見えるようになる。
　　オ．けんび鏡をのぞいたとき，右上に見えているものを真ん中に動かしたい場合は，プレパラートを右上の方向に動かす。

問7　けんび鏡で，ある生物を 50 倍の倍率で観察したところ，図4のように見えました。プレパラートは動かさずに，けんび鏡の倍率を 100 倍に変えると，見え方はどのようになりますか。最も適当なものを次のア～エから選び，記号で答えなさい。ただし，生物はその場から動かないものとします。

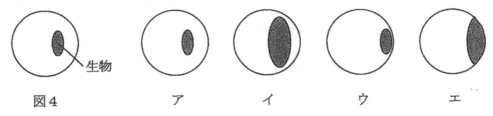

図4　　　　ア　　　　イ　　　　ウ　　　　エ

Ⅲ．ゾウリムシは，からだのまわりについている細く短い毛を動かして，自由に泳ぎ回ることができます。ゾウリムシをたくさん集めて，水の入った容器に入れてしばらく観察したところ，水面近くにたくさん集まってくることがわかりました。この反応について調べるために，次の実験3をしました。

【実験3】細いガラス管の一方を閉じて水を入れ，その中にゾウリムシを入れた後，もう一方も閉じました。このような容器を2本つくり，1本はそのまま，もう1本は，逆さにしてしばらく置きました。すると図5のように，どちらの容器でもゾウリムシは上の方に集まりました。ただし，逆さにした容器の水は，ガラス管が細いために下には落ちず，容器の下側には空気がたまったままでした。

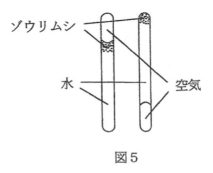

図5

問8　実験3の結果から，ゾウリムシの泳ぎにはどのような特ちょうがあると考えられますか。最も適当なものを次のア～エから選び，記号で答えなさい。
　　ア．空気があれば，その方向に泳ぐ。
　　イ．空気があれば，その反対側の方向に泳ぐ。
　　ウ．空気がなければ，自由な方向に泳ぐ。
　　エ．空気のあるなしに関係なく，上の方向に泳ぐ。

問9　からだのまわりにある細く短い毛がはたらかなくなったゾウリムシを準備しました。そして，そのゾウリムシを水の入った容器に入れて，しばらくたってから観察したところ，ゾウリムシはすべて容器の底に集まっていました。これは，実験3の結果について，どのようなことを確かめようとしたのですか。最も適当なものを次のア～エから選び，記号で答えなさい。
　　ア．ゾウリムシが下の方向にも泳ぐ能力があることを確かめるため。
　　イ．細く短い毛をはたらかなくしても，ゾウリムシが死なないことを確かめるため。
　　ウ．ゾウリムシが，自然に浮いているのではないことを確かめるため。
　　エ．ゾウリムシの重さを正確にはかるため。

問10　ゾウリムシのからだの中に鉄粉を取りこませ，そのゾウリムシを水の入った試験管に入れて，横から磁石を近づけました。するとゾウリムシは，磁石の反対側に集まりました（図6）。また，鉄粉を取りこませた後，からだのまわりにある細く短い毛がはたらかなくなったゾウリムシを準備し，水の入った試験管に入れて，横から磁石を近づけました。すると今度は，ゾウリム

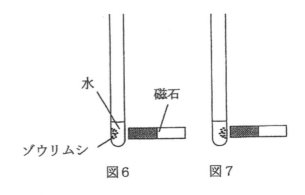

図6　　　　図7

シは磁石の方に引き寄せられました（図7）。次の文は，この結果や，実験3，問9の結果を参考にして，ゾウリムシの泳ぐ方向の特ちょうについて説明したものです。文中の（　　　　　　）に言葉を入れて，文を完成させなさい。

　　「ゾウリムシは，自分を（　　　　　　　　）方向と反対側の方向に泳ぐ特ちょうがある。」

２０１４年度

ノートルダム清心中学校　入学試験問題

社　会

【４０分】

受験上の注意

（試験問題・解答用紙について）

1. 試験を始める合図があるまで，試験問題を見てはいけません。

2. 試験問題 は１ページから 24 ページまであります。解答用紙は１枚あります。

3. 解答は解答用紙に記入してください。

（試験について）

4. 「始めてください」の指示で鉛筆をとり，「やめてください」の指示があったら
   すぐに鉛筆を置いてください。

5. 試験が始まったら，最初に受験番号と名前を書いてください。

6. 印刷のわからないところやページのぬけているところがあったら，手をあげて
   監督の先生に知らせてください。

7. 解答用紙を集めるまで席を立たないでください。

（その他）

8. 試験問題は監督の先生の指示にしたがって持って帰ってください。

※このページに問題は印刷されておりません。

（次ページより問題が始まります。）

1 次のA～Ⅰの文章と写真について，あとの問いに答えなさい。

A　右の建物は，奈良時代に①中国から
渡ってきた鑑真によって建てられた寺
院の金堂です。この寺院では，鑑真が
なくなってからも建物の建設が続けら
れ，②平安時代になって寺院全体が完
成しました。

問1　下線部①について，鑑真が渡ってきたころの中国の国名を答えなさい。

問2　下線部②に関連して，平安時代につくられた作品として正しいものを，次のア
　　～エから1つ選び，記号で答えなさい。

ア

イ

ウ

エ

B　右の部屋は，③銀閣の近くにある東求堂とよばれる建物の中にあります。この部屋は，たたみがしきつめられ，障子やふすまで仕切られています。こうしたつくりを（　④　）といい，現在の和室に受けつがれています。⑤この時代に生まれた文化には，現在まで残されているものがたくさんあります。

問3　下線部③について，次の(1)・(2)の問いにそれぞれ答えなさい。

(1)　銀閣を建てた将軍はだれですか。名前を答えなさい。

(2)　銀閣が建てられたころのできごととして正しいものを，次のア〜エから１つ選び，記号で答えなさい。

ア．一向宗の信者たちが，加賀国で一揆をおこした。

イ．建武の新政とよばれる政治が始まった。

ウ．御成敗式目が定められた。

エ．北朝と南朝に分かれていた朝廷が一つになった。

問4　（　④　）にあてはまる語を答えなさい。

問5　下線部⑤について，この時代に生まれた文化のうち，人々の生活や感情をおかしみのある演技であらわした劇を何といいますか。

C 右の星形の建築物は，⑥北海道の⑦函館市にある五稜郭という西洋風の城です。この城は，日米和親条約によって函館が開港されたときに建設が計画され，⑧1860年代に完成しました。その後，この城で旧江戸幕府軍と明治新政府軍の最後の戦いが行われました。

問6　下線部⑥に関連して，北海道やアイヌの人々のことを述べた文として誤っているものを，次のア～エから1つ選び，記号で答えなさい。
　　ア．江戸時代，アイヌの人々は，狩りや漁で得たものを中国の商人と取り引きしていた。
　　イ．第1回衆議院議員総選挙では，北海道の人々は投票することができなかった。
　　ウ．太平洋戦争が始まると，北海道には警備のために屯田兵が置かれた。
　　エ．1990年代後半に，アイヌの文化を守る新しい法律が制定された。

問7　下線部⑦について，函館市の場所として正しいものを，右の地図中のア～エから1つ選び，記号で答えなさい。

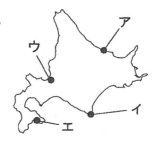

問8　下線部⑧に関連して，次のあ～うは1860年代におきたできごとです。年代の古い順に正しく並べたものを，下のア～カから1つ選び，記号で答えなさい。
　　あ．薩長同盟が成立した。
　　い．桜田門外の変がおこった。
　　う．王政復古の大号令が出された。
　　ア．あ → い → う　　　　イ．あ → う → い　　　　ウ．い → あ → う
　　エ．い → う → あ　　　　オ．う → あ → い　　　　カ．う → い → あ

- 3 -

D　右の塔は，東京都墨田区にある東京スカイツリーで，
⑨1950年代に完成した東京タワーにかわる電波塔です。
墨田区の辺りは⑩江戸時代に町の整備が進められました
が，地盤の弱い所も多く，⑪関東大震災では大きな被害
を受けました。東京スカイツリーは⑫聖徳太子が建てた
寺院の五重塔などのつくりを参考にし，地震や風などの
ゆれに非常に強い設計になっています。

問9　下線部⑨に関連して，1950年代の日本国内のようすとして正しいものを，次の
　　ア～エから１つ選び，記号で答えなさい。
　　ア．経済が急速に発展し，個人所得が戦前の水準に回復した。
　　イ．オリンピック東京大会が開催され，高速道路や新幹線などが整備された。
　　ウ．農地改革が始まり，小作農家も自分の農地を持てるようになった。
　　エ．家庭に，クーラーやパソコンなどの電化製品が普及していった。

問10　下線部⑩に関連して，右のグラフは，江戸時代の身分
　　ごとの人口割合を表しています。グラフ中のあの身分の
　　人々について述べた文として正しいものを，次のア～エ
　　から１つ選び，記号で答えなさい。
　　ア．武家諸法度によって，守るべき義務が定められていた。
　　イ．農業や漁業，林業などを営み，五人組の制度で統制さ
　　れていた。
　　ウ．城下町の中で，商業や手工業などの自由な活動が認め
　　られていた。
　　エ．服装や行事・祭りの参加などで制約を受け，厳しく差別された。

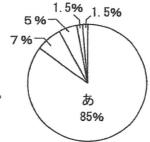

問11　下線部⑪について，関東大震災がおきたのは今から約何年前ですか。最も適当
　　なものを，次のア～エから１つ選び，記号で答えなさい。
　　ア．約70年前　　　イ．約80年前　　　ウ．約90年前　　　エ．約100年前

問12　下線部⑫について，現在残る世界最古の木造建築であるこの寺院を何といいま
　　すか。

E　右の建物は，⑬島根県にある神社です。2008年から
2013年にかけて，祭られている神様を別の場所に移し
て本殿を改修する「平成の大遷宮（せんぐう）」が行われました。
この神社の近くの遺跡（せき）からは，大量の⑭青銅器が見つ
かっています。

問13　下線部⑬について，この神社を何といいますか。

問14　下線部⑭について，右の写真の青銅器を何といいますか。

F　右の建物は，⑮同志社大学の建物の一
部で，1884年に完成しました。⑯明治政
府が西洋の制度や技術を取り入れる政策
をとったため，明治時代には，このよう
な西洋様式の建物が増えました。

問15　下線部⑮に関連して，のちに同志社大学となる，同志社英学校を設立した人物
　　　はだれですか。正しいものを，次のア～エから１つ選び，記号で答えなさい。
　　　ア．新島襄（にいじまじょう）　　　イ．津田梅子（つだうめこ）　　　ウ．福沢諭吉（ふくざわゆきち）　　　エ．大隈重信（おおくましげのぶ）

問16　下線部⑯について，明治政府が西洋の制度や技術を取り入れて行ったこととし
　　　て正しいものを，次のア～エから１つ選び，記号で答えなさい。
　　　ア．西洋人の技師を招いて，ラジオ放送を全国で開始した。
　　　イ．西洋の技術や支援（えん）で，新橋－横浜（はま）間に鉄道を建設した。
　　　ウ．西洋の医学を取り入れて，『解体新書』をまとめさせた。
　　　エ．西洋の学校制度にならい，９年間の義務教育を定めた。

G　右の城は，熊本城の天守です。熊本城は
⑰豊臣秀吉に仕えた加藤清正によって築か
れましたが，西南戦争のときに城の主要な
建物が火事で失われ，現在の天守は1960年
に再建されました。西南戦争は最後の⑱士
族反乱となり，その後の反政府運動は言論
を中心に行われ，熊本県でも⑲自由民権運
動が高まっていきました。

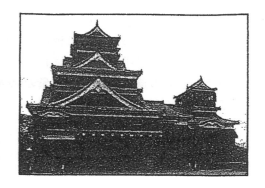

問17　下線部⑰について，豊臣秀吉のことを述べた文として誤っているものを，次の
　　　ア〜エから１つ選び，記号で答えなさい。
　　　ア．大阪城を築いて，政治の拠点とした。
　　　イ．名護屋城を拠点として，朝鮮に大軍を送った。
　　　ウ．長崎に人工の島をつくり，外国船の来航を制限した。
　　　エ．石見銀山などを支配して，ばく大な財力をたくわえた。

問18　下線部⑱について，士族反乱がおこった理由として適当でないものを，次のア
　　　〜エから１つ選び，記号で答えなさい。
　　　ア．満20才以上の男子に兵役の義務が定められたこと。
　　　イ．陸海軍を指揮する権限が内閣総理大臣に与えられたこと。
　　　ウ．刀をさすことを禁止する法令が出されたこと。
　　　エ．華族や士族に対する国からの給与が廃止されたこと。

問19　下線部⑲に関連して，運動を進めた板垣退助が，1881年に結成した政党の名前
　　　を答えなさい。

H　右の建物は広島市内にある百貨店で，⑳日中戦争中に開館しました。㉑第二次世界大戦のころ，日本軍や国の機関が建物を利用し，原爆による被害も受けましたが，戦後まもなく営業を再開しました。㉒1970年代には，建物の中に映画館も設置されました。

問20　下線部⑳に関連して，日中戦争が始まってからのできごととして正しいものを，次のア〜エから1つ選び，記号で答えなさい。

ア．新婦人協会が設立された。

イ．満州国が建国された。

ウ．五・一五事件がおこった。

エ．米の配給制が始まった。

問21　下線部㉑について，第二次世界大戦のころの世界や日本のようすを述べた文として誤っているものを，次のア〜エから1つ選び，記号で答えなさい。

ア．ドイツのポーランド侵略をきっかけに，第二次世界大戦が始まった。

イ．第二次世界大戦が始まると，日本はイギリスやフランスと軍事同盟を結んだ。

ウ．東南アジアでは，日本軍が現地の人々や捕虜を使って鉄道を建設した。

エ．アメリカ軍が上陸した沖縄では，はげしい地上戦が行われた。

問22　下線部㉒に関連して，1970年代のできごととして正しいものを，次のア〜エから1つ選び，記号で答えなさい。

ア．日中平和友好条約が結ばれた。

イ．ベルリンの壁が崩壊した。

ウ．日朝首脳会談が北朝鮮で開かれた。

エ．ベトナム戦争が始まった。

I　右の煙突は，福岡県の炭鉱で使われていたものです。この炭鉱は，戦前の日本で最大の石炭産出量をほこった筑豊炭田にありました。石炭は，㉓製鉄の原料や，鉄道・船舶の燃料などに用いられ，㉔日本の近代産業の発展を支えました。

問23　下線部㉓について，右のグラフは19世紀末から20世紀初めにかけての日本の鉄生産高を表しています。グラフ中のＸの時期に鉄生産高が増加した理由を述べた次の文の　あ　・　い　にあてはまる内容を，それぞれ答えなさい。

（1894年を100としたとき）

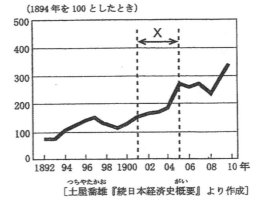

［土屋喬雄『続日本経済史概要』より作成］

「戦争で得た賠償金を使って　あ　ことや，　い　ために武器や船舶などの生産が必要となったから。」

問24　下線部㉔について，次の文は日本の近代産業の発展を支えた人物の説明です。この人物として正しいものを，下のア～エから１つ選び，記号で答えなさい。

「銀行や紡績会社など，多くの会社の設立に関わり，日本の近代化に力をつくした。外国との友好関係を大切にし，晩年には，アメリカとの間で人形を交換する事業を行った。」

ア．森鷗外　　イ．大原孫三郎　　ウ．田中正造　　エ．渋沢栄一

2 次のA，Bについて，あとの問いに答えなさい。

A 下の地図は，長野県を中心とした地図で，①〜⑧は長野県の周りにある８つの都道府県を表しています。

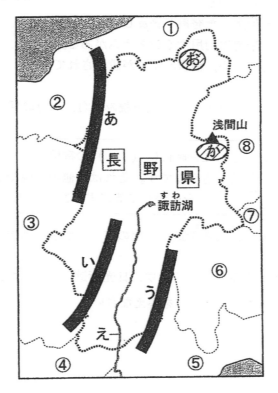

問1 地図中の②，④，⑥，⑧の県名の組み合わせとして正しいものを，次のア〜エから１つ選び，記号で答えなさい。

ア．②－石川県　　④－愛知県　　⑥－静岡県　　⑧－岐阜県
イ．②－富山県　　④－愛知県　　⑥－山梨県　　⑧－群馬県
ウ．②－富山県　　④－三重県　　⑥－静岡県　　⑧－群馬県
エ．②－石川県　　④－三重県　　⑥－山梨県　　⑧－岐阜県

問2 地図中の山脈あ〜うは，まとめて何とよばれていますか。

問3 地図中の河川えとして正しいものを，次のア〜エから１つ選び，記号で答えなさい。

ア．富士川　　　イ．多摩川　　　ウ．天竜川　　　エ．長良川

問4　地図中の地域おは，全国でも有数の豪雪地帯です。雪国各地で行われているくらしの工夫の説明として適当でないものを，次のア～エから１つ選び，記号で答えなさい。

ア．雪よけのために，通りに面した家のひさしを長くはり出し，人々がその下を通路として通れるようにしている。

イ．屋根に積もった雪を利用した発電が普及している。

ウ．雪を夏まで貯蔵し，冷房に利用するシステムがある。

エ．道路がこおるのを防ぐため，消雪パイプが設置されている。

問5　地図中の地域かについて述べた次の文を読み，(1)・(2)の問いにそれぞれ答えなさい。

> 地域かにある軽井沢町は，江戸時代に（　　　）の宿場として栄えました。現在，地域かはレタスの栽培がさかんです。それは，他の地域で収穫が少なくなる夏の時期に，□□□□□□□を生かして栽培することができるからです。

(1)　文中の（　　）にあてはまる街道を，次のア～エから１つ選び，記号で答えなさい。

ア．中山道　　　イ．東海道　　　ウ．日光街道　　　エ．奥州街道

(2)　文中の□□□□にあてはまる内容を答えなさい。

問6 諏訪湖に関連して，次の(1)・(2)の問いにそれぞれ答えなさい。
(1) 次の地図は，諏訪湖周辺の2万5千分の1の地形図です。この地形図について述べた文として誤っているものを，下のア～エから1つ選び，記号で答えなさい。

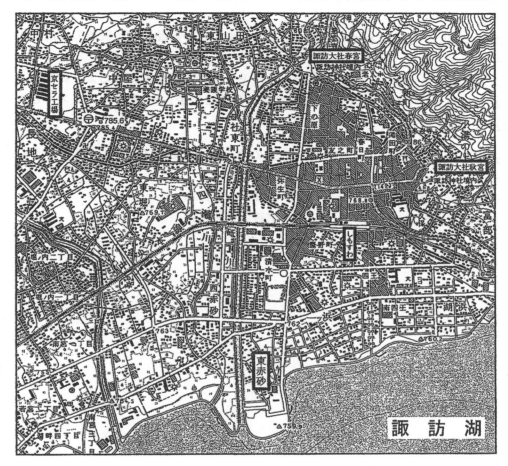

ア．「東赤砂」のあたりには，果樹園がみられる。
イ．「諏訪大社春宮」は，「諏訪大社秋宮」から見て北西の位置にある。
ウ．湖岸と「京セラ工場」の近くにある郵便局との標高差は，約25mである。
エ．「しもすわ」駅から「諏訪大社春宮」の直線距離は，約2000mである。

(2)　諏訪湖周辺の産業について述べた次の文ア～エを，古いものから順番に並べ，記号で答えなさい。

ア．製糸工場がつくられ，野麦峠を越えてやってきた貧しい山村の娘が女工として働くようになる。

イ．高速道路沿いにＩＣをつくる工場が進出して，電子部品や電子機器の生産が行われるようになる。

ウ．冬が長く寒さが厳しいため，農家の副業として，養蚕が営まれるようになる。

エ．時計，カメラ，計測器などの精密機械を大量に生産し，「東洋のスイス」とよばれるようになる。

問7　長野県のように海に面していない府県の組み合わせとして正しいものを，次のア～エから１つ選び，記号で答えなさい。

ア．佐賀県・兵庫県　　　　　　イ．奈良県・福島県
ウ．京都府・福井県　　　　　　エ．滋賀県・栃木県

験番号		名　前	

3）[式]

答　_____

2
※

1）[答]

2）[式]

答　_____

3）[式]

3
※

合計
※

答　_____

図

問7	問8	問9	問10

※

※

3

問1	問2		問3		問4	問5	問6
	㋐	㋑	(1)	(2)			
					秒		

※

4

問1	問2	問3		問4
		コップ	鉄球	
	秒	g	g	

問5	問6	問7
	秒	

※

※

問6		問7
(1)	(2) 〔　　〕→〔　　〕→〔　　〕→〔　　〕	

※

問8	問9		問10				問11
	番号	都道府県名	(1)	(2)	(3)	(4)	

※

3

問1		問2	問3		
(1)	(2) ①　　　②		(1)	(2)	(3)

※

4

問1	問2

※

問3	問4	問5	問6	問7	問8
	裁判所				条

※

5

問1	問2	問3	問4	問5	問6		問7
					国名　　　　　位置		

※

問8

※

2014(H26) ノートルダム清心中

K 教英出版

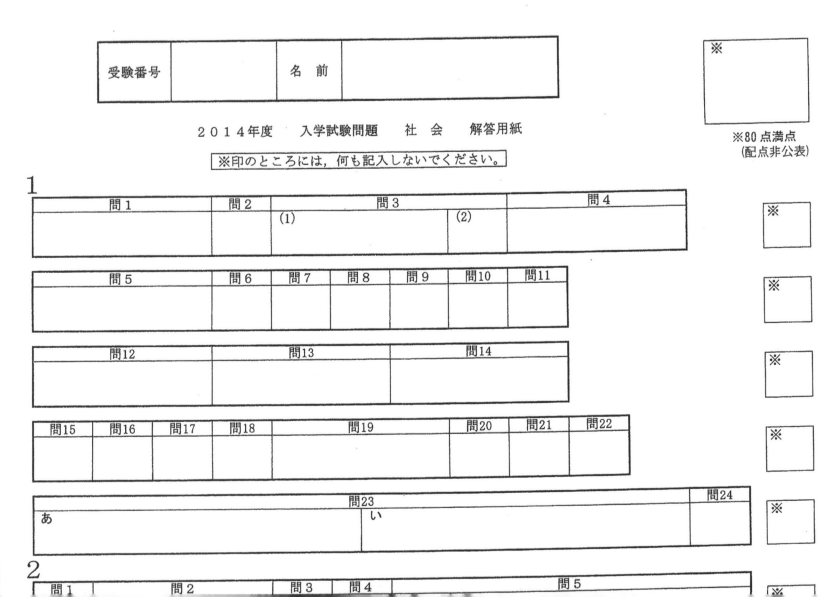

受験番号		名前	

2014年度　入学試験問題　社　会　解答用紙

※印のところには，何も記入しないでください。

※80点満点
（配点非公表）

1

問1	問2	問3		問4
		(1)	(2)	

問5	問6	問7	問8	問9	問10	問11

問12	問13	問14

問15	問16	問17	問18	問19	問20	問21	問22

問23		問24
あ	い	

2

問1	問2	問3	問4	問5

受験番号		名　前	

※80点満点
(配点非公表)

２０１４年度　　入学試験問題　　理　科　　解答用紙

※印のところには，何も記入しないでください。

1

問1	問2	問3		
		(1)	(2)	

問3 (1):

地上からの高さ(m): 縦軸 0, 200, 400, 600, 800, 1000, 1200, 1400
気温(℃): 横軸 0, 5, 10, 15

問3 (2): 雲ができて　　　　とき　　　　℃

(3)　　　　℃

問4	問5			問6				
	(1)	(2)	(3)	①	②	③	④	⑤
		ア　　エ	兆トン					

2

問1	問2	問3	問4	問5	問6

※印のところには，何も記入しないでください。

①＋②
※100点満点
（配点非公表）

1

（1）［式］

答　＿＿＿＿＿＿＿＿＿

（2）［式］

答　＿＿＿＿＿＿＿＿＿

（3）［式］

答　＿＿＿＿＿＿＿＿＿

（4）［式］

答　＿＿＿＿＿＿＿＿＿

1
※

2

（1）［式］

答　＿＿＿＿＿＿

（2）
(cm²)

【解答用

B　下の地図は，千葉県を中心とした地図で，①～④は，千葉県の周りにある４つの都道府県を表しています。

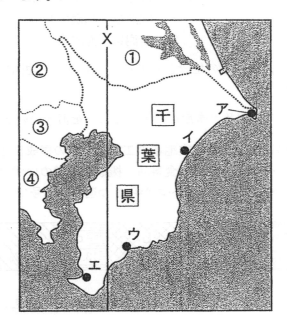

問8　地図中の直線Ｘの経度を，次のア～エから１つ選び，記号で答えなさい。
　ア．東経１３５度　　　　　　　　イ．東経１４０度
　ウ．東経１４５度　　　　　　　　エ．東経１５０度

問9　地図中の①～④のうち，政令指定都市が３つあるものを１つ選び，番号を答えなさい。また，その都道府県名を答えなさい。

問10　千葉県の農業や漁業に関連した次の文を読み，(1)～(4)の問いにそれぞれ答えなさい。

　　　千葉県では，大消費地に近いことを生かし，ⓐ農業や畜産業がさかんです。ⓑ都道府県別の農業生産額では，千葉県は全国４位（2011年）です。また，漁業もさかんで，ⓒ銚子港は全国でも有数の年間水揚げ量が多い漁港です。銚子港の近くにはⓓ暖流が流れており，イワシやサバなどがたくさんとれます。

(1)　下線部ⓐに関連して，千葉県が生産量全国１位の農産物の組み合わせとして正しいものを，次のア～エから１つ選び，記号で答えなさい。
　ア．ピーマン・日本なし・いぐさ
　イ．ピーマン・もも・らっかせい
　ウ．ねぎ・もも・いぐさ
　エ．ねぎ・日本なし・らっかせい

(2) 下線部ⓑに関連して，千葉県よりも農業生産額が多い都道府県の組み合わせとして正しいものを，次のア～エから１つ選び，記号で答えなさい。

　ア．北海道・鹿児島県　　　　　　　イ．北海道・和歌山県
　ウ．新潟県・福岡県　　　　　　　　エ．新潟県・熊本県

(3) 下線部ⓒについて，銚子港の位置として正しいものを，地図中のア～エから１つ選び，記号で答えなさい。

(4) 下線部ⓓに関連して，暖流と寒流が出合うところを何といいますか。

問11　次の図は，千葉県にある京葉工業地域の工業出荷額の構成割合を表したものです。また，図中のａ～ｄは，金属，食料品，機械，化学のいずれかを表しています。ａにあてはまるものを，下のア～エから１つ選び，記号で答えなさい。

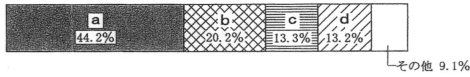

[『日本国勢図会2013/14』より作成]

　ア．金属　　　　イ．食料品　　　　ウ．機械　　　　エ．化学

3 表や地図について，あとの問いに答えなさい。

問1　次の表は，日本の主な港で，輸出入される貿易品の上位3品目を示したものです。
　　(1)・(2)の問いにそれぞれ答えなさい。

(2012年)

港	輸出額	輸出品	輸入額	輸入品
名古屋港	9兆6764億円	1位：自動車 2位：自動車部品 3位：内燃機関	4兆6387億円	1位：〔 ① 〕 2位：石油 3位：衣類
成田国際 空　港	7兆8397億円	1位：〔 ② 〕 2位：科学光学機器 3位：金	9兆4328億円	1位：通信機 2位：医薬品 3位：〔 ② 〕
横浜港	6兆7784億円	1位：自動車 2位：自動車部品 3位：金属加工機械	3兆6659億円	1位：石油 2位：〔 ① 〕 3位：衣類
A	5兆　98億円	1位：プラスチック 2位：建設・鉱山用機械 3位：織物類	2兆6236億円	1位：衣類 2位：たばこ 3位：有機化合物
B	4兆6877億円	1位：コンピュータ部品 2位：自動車部品 3位：プラスチック	8兆4585億円	1位：衣類 2位：コンピュータ 3位：魚かい類

［『日本国勢図会2013/14』より作成］

(1)　表中のA・Bの港の組み合わせとして正しいものを，次のア〜カから1つ選び，
　　記号で答えなさい。
　　ア．A－東京港　　　　　B－神戸港
　　イ．A－東京港　　　　　B－関西国際空港
　　ウ．A－神戸港　　　　　B－東京港
　　エ．A－神戸港　　　　　B－関西国際空港
　　オ．A－関西国際空港　　B－東京港
　　カ．A－関西国際空港　　B－神戸港

(2)　表中の〔 ① 〕・〔 ② 〕にあてはまる貿易品目を，次のア〜カからそれぞれ1つ
　　ずつ選び，記号で答えなさい。
　　ア．船　舶　　　　　イ．液化ガス　　　　　ウ．鉄　鋼
　　エ．集積回路　　　　オ．とうもろこし　　　カ．肉　類

問2　次の表は，国別の二酸化炭素総排出量と国民一人当たりの排出量を示したもので
す。また，表中のC～Eは，アメリカ合衆国，インド，中国のいずれかの国を表し
ています。C～Eの国名の組み合わせとして正しいものを，下のア～カから1つ選
び，記号で答えなさい。

(2010年)

国　名	総排出量（億トン）	一人当たりの排出量（トン）
C	73	5.4
D	54	17.3
E	16	1.4
日　本	11	9.0

［『日本国勢図会2013/14』より作成］

ア．C－アメリカ合衆国　　　D－中　国　　　　　E－インド
イ．C－アメリカ合衆国　　　D－インド　　　　　E－中　国
ウ．C－中　国　　　　　　　D－アメリカ合衆国　E－インド
エ．C－中　国　　　　　　　D－インド　　　　　E－アメリカ合衆国
オ．C－インド　　　　　　　D－アメリカ合衆国　E－中　国
カ．C－インド　　　　　　　D－中　国　　　　　E－アメリカ合衆国

問3　次の地図について，(1)～(3)の問いにそれぞれ答えなさい。

(1)　地図中のX－X'の線に沿って日本海側から順に見られる地形として最も適当な
　　ものを，次のア～エから1つ選び，記号で答えなさい。

ア．石狩平野　→　北見山地　→　根釧台地

イ．根釧台地　→　日高山脈　→　石狩平野

ウ．石狩平野　→　日高山脈　→　十勝平野

エ．十勝平野　→　北見山地　→　石狩平野

(2) 地図中のY－Y'の線で切ったときのおよその断面図として最も適当なものを，次のア～エから1つ選び，記号で答えなさい。

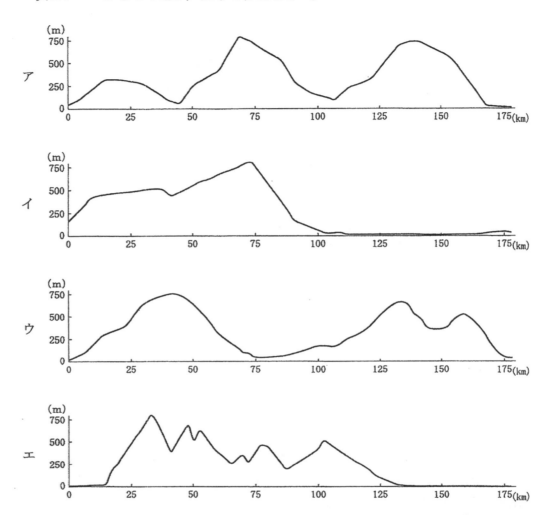

(3) 地図中の島a～dについて述べた文として誤っているものを，次のア～エから1つ選び，記号で答えなさい。

ア．島aには，かつて日本最大の金山があった。

イ．島bは，2013年に世界ジオパークに認められた。

ウ．島cは，1995年におきた大きな地震で被害を受けた。

エ．島dには，古くから貿易で栄えた那覇港がある。

4 日本国憲法について，次の各問いに答えなさい。なお，この問題では日本国憲法を憲法と表記します。

問1 天皇は，憲法に定められている仕事（国事行為）を行います。国事行為にあてはまらないものを，次のア〜エから1つ選び，記号で答えなさい。

ア．国務大臣を任命する。
イ．勲章を授与する。
ウ．外国訪問を行う。
エ．総選挙を行うことを国民に知らせる。

問2 憲法では，国会は衆議院と参議院の両議院で構成すると定められています。このような制度がとられている目的を，「議案」という語を使って説明しなさい。

問3 憲法では，内閣の仕事として，憲法や法律で定められたことを実施するために，命令を制定することがあげられています。この命令を何といいますか。漢字で答えなさい。

問4 憲法では，司法権をになうのは裁判所であると定められています。日本では，裁判のまちがいを防ぐために三審制をとっています。三審制のしくみを表している右の図の（ A ）にあてはまる語を漢字で答えなさい。

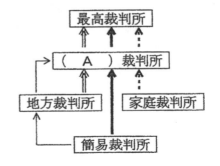

問5 憲法では，条約や外交に関してさまざまなことが定められています。憲法で定められている内容として誤っているものを，次のア〜エから1つ選び，記号で答えなさい。

ア．内閣が外国との交渉を行う。
イ．内閣が条約を結ぶ。
ウ．国会が条約を承認する。
エ．国会が条約を公布する。

問６　憲法では，納税が国民の義務として定められています。現在の日本の税金に関連して述べた文として正しいものを，次のア〜エから１つ選び，記号で答えなさい。

　ア．地方公共団体は，税金を集めることができない。
　イ．国の支出は，すべて税金でまかなうことができている。
　ウ．高齢者が受け取る年金は，すべて税金を財源として支給されている。
　エ．小学生が使用する教科書は，税金によって無償で支給されている。

問７　憲法第９条の内容として正しいものを，次のア〜エから１つ選び，記号で答えなさい。

　ア．国民主権
　イ．戦争の放棄
　ウ．法の下の平等
　エ．学問の自由

問８　次の条文は憲法第何条ですか。ただし，条文のかなづかいは，現代のものに改めています。

　「この憲法の改正は，各議院の総議員の３分の２以上の賛成で，国会が，これを発議し，国民に提案してその承認を経なければならない。この承認には，特別の国民投票又は国会の定める選挙の際行われる投票において，その過半数の賛成を必要とする。」

5　次の文章を読んで，あとの問いに答えなさい。

　日本では，2012年12月に安倍晋三氏が内閣総理大臣に就任し，この安倍政権によって，①「アベノミクス」とよばれる経済政策が進められてきました。昨年7月に行われた②第23回参議院議員選挙の結果，国会の「ねじれ」状態が解消しましたが，この結果について新聞などでは，安倍政権の政策が支持されたことによるものと報じられました。また，③8月に内閣府が発表した「国民生活に関する世論調査」では，生活に満足している人の割合が18年ぶりに7割をこえ，政府はこれを「アベノミクス」の効果であるとしました。

　外交面では，④中国や韓国との関係を改善することが大きな課題となっています。一方，⑤TPPの交渉に正式に参加するなど，今後，日本と世界の国々とのつながりは，ますます強くなっていくと考えられます。また，2020年に東京で⑥夏のオリンピックとパラリンピックを開催することが決定しました。スポーツを通した人々の交流が，日本と世界の国々とのよりよい関係につながると期待されています。

　現代は，交通や⑦通信技術が発達し，政治・経済・文化などで国をこえた活動や交流がさかんになり，⑧地球全体の一体化が進んでいます。そのため，世界各地のできごとは，いろいろなかたちで私たちの生活との関わりをもっています。日本だけでなく，世界のさまざまな動きに関心をもつことは，とても大切なことです。

　（注）世論調査…「世論」は，多くの人々の意見や要求がまとまったもののこと。「世論調査」は，政治・経済・社会などについての国民の意見や態度を調べること。

問1　下線部①について，この経済政策として適当でないものを，次のア～エから1つ選び，記号で答えなさい。
　ア．円高をめざす。
　イ．物価上昇をめざす。
　ウ．公共事業を増やす。
　エ．新しい産業技術の開発を支援する。

問2　下線部②について，第23回参議院議員選挙の結果を述べた文として正しいものを，次のア～エから1つ選び，記号で答えなさい。
　ア．野党である民主党とみんなの党が，参議院の過半数の議席を獲得した。
　イ．与党である民主党とみんなの党が，参議院の過半数の議席を獲得した。
　ウ．野党である自由民主党と公明党が，参議院の過半数の議席を獲得した。
　エ．与党である自由民主党と公明党が，参議院の過半数の議席を獲得した。

問3　下線部③について，次の図は，この調査の中で「働く目的は何か」という質問に対して回答した人の割合を表しています。この図から読み取れる結果として適当でないものを，次のページのア～エから１つ選び，記号で答えなさい。

図　働く目的は何か

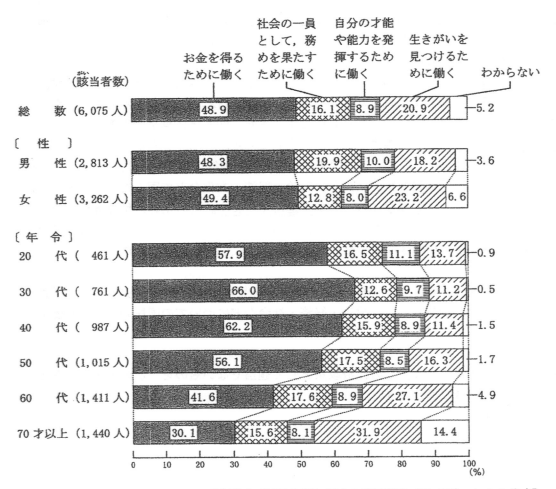

［内閣府「国民生活に関する世論調査（2013年）」により作成］

＊「あなたが働く目的は何ですか。あなたの考えに近いものを，この中から１つお答えください。」
　とたずねた質問に対し，回答した人の割合。
＊回答者は，全国20才以上の男女6,075人。

ア．「社会の一員として，務めを果たすために働く」と答えた人の割合は，女性より男性の方が高いが，「生きがいを見つけるために働く」と答えた人の割合は，男性より女性の方が高い。

イ．「自分の才能や能力を発揮するために働く」と答えた人は，年令別では20代が最も割合が高いが，「わからない」と答えた人を除いて比べると，どの年令層でも最も割合が低い。

ウ．「お金を得るために働く」と答えた人は，男女ともほぼ半数であり，どの年令層でも最も割合が高い。

エ．「社会の一員として，務めを果たすために働く」と答えた人は，20代から50代までは2番目に割合が高いが，60代と70才以上では3番目に割合が高い。

問4　下線部④について，中国のことを述べた文として，波線部が誤っているものを，次のア～エから1つ選び，記号で答えなさい。

ア．孔子によって説かれた儒教は，朝鮮や日本に大きな影響を与えた。

イ．世界文化遺産に登録されている万里の長城は，北方の民族の侵入を防ぐために築かれた。

ウ．国内最大の商工業都市シャンハイは，黄河の河口の近くにある。

エ．中華人民共和国の国旗に描かれている大きな星は，中国共産党を表している。

問5　下線部⑤について，ＴＰＰのことを述べた文として最も適当なものを，次のア～エから1つ選び，記号で答えなさい。

ア．東アジアの国々が，貿易の自由化を進めることをめざしている。

イ．太平洋を囲む国々が，貿易の自由化を進めることをめざしている。

ウ．東アジアの国々が，核兵器の廃絶を実現することをめざしている。

エ．太平洋を囲む国々が，核兵器の廃絶を実現することをめざしている。

問6　下線部⑥について，2016年の夏のオリンピックとパラリンピックが開催される都市がある国はどこですか。国名を答えなさい。また，その国の位置を右の地図中の**ア〜エ**から１つ選び，記号で答えなさい。

問7　下線部⑦に関連して，日本の情報社会のようすについて述べた文として**誤っているもの**を，次の**ア〜エ**から１つ選び，記号で答えなさい。
　ア．携帯電話とパソコンを合わせたような，たくさんの機能を持つ高性能のスマートフォンが，急速に普及している。
　イ．ＳＮＳ（ソーシャル・ネットワーキング・サービス）によって，インターネット上で多くの人々と意見の交換ができるようになっている。
　ウ．患者のいる病院から遠く離れた所にいる専門医の診断を，インターネットで受けることができるようになった。
　エ．国会議員の選挙の投票が，投票所に行かずに，インターネットでもできるようになった。

問8　下線部⑧について，地球全体の一体化が進んでいることを何といいますか。

3 次の文を読み，あとの問いに答えなさい。

　　温かいものと冷たいものをふれさせると，温かいものは温度が下がり，冷たいものは
温度が上がり，やがて同じ温度になります。これは，温かいものの熱が，冷たいものに
伝わることによって起こっています。また，温かい液体と冷たい液体を混ぜあわせた場
合も，同じ温度になります。このときも，温かい液体の熱が冷たい液体に伝わり，同じ
温度になったと考えることができます。このことについて調べるために，次の実験1〜
3をしました。

【実験1】いろいろな重さ，温度の水を準備し，それらの水を混ぜ合わせた後の温度をは
　　　　かりました。その結果が表1です。ただし，表1では，温度が高い方の水をA，
　　　　低い方をB，混ぜ合わせた後をCとしています。

表1

A	重さ（g）	100	60	100	60	100	60
	温度（℃）	50.0	50.0	40.0	40.0	50.0	50.0
B	重さ（g）	100	60	100	60	60	100
	温度（℃）	20.0	20.0	20.0	20.0	30.0	30.0
C	重さ（g）	200	120	200	120	160	160
	温度（℃）	35.0	35.0	30.0	X	42.5	37.5

問1　次のア〜オの現象のうち，熱が伝わることによって**起こっていないもの**を2つ選
　　び，記号で答えなさい。
　　ア．温かいお茶を部屋においておくと，お茶が冷めた。
　　イ．氷に食塩をかけると，氷の温度が下がった。
　　ウ．リンゴを冷蔵庫の中に入れておくと，リンゴが冷えた。
　　エ．こたつの中に足を入れておくと，足が温まった。
　　オ．手をこすりあわせると，手が温まった。

問2　ビーカーに入れた水を，図のあとⓘの矢
　　印の方向から加熱しました。そのとき，ビー
　　カーの中の水の動きはどのようになりますか。
　　最も適当なものを次のア〜カからそれぞれ選
　　び，記号で答えなさい。ただし，すべて同じ
　　強さで，ゆっくりと加熱したとします。

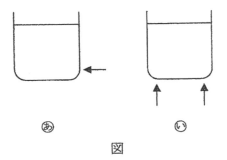

図

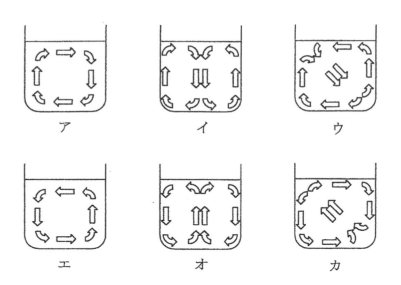

問3　実験1の結果を参考にして，次の(1)と(2)の問いに答えなさい。

(1) 表1の**X**に当てはまる数字を答えなさい。

(2) 重さと温度の異なる水を混ぜ合わせた後の温度を求める式として，最も適当なものを次のア〜エから選び，記号で答えなさい。

ア． $\dfrac{(Aの温度)＋(Bの温度)}{2}$

イ． $(Aの温度)－(Bの温度)$

ウ． $\dfrac{(Aの重さ)×(Aの温度)＋(Bの重さ)×(Bの温度)}{(Aの重さ)＋(Bの重さ)}$

エ． $\dfrac{(Aの重さ)×(Aの温度)－(Bの重さ)×(Bの温度)}{(Aの重さ)＋(Bの重さ)}$

【実験2】さまざまな液体の温まりやすさのちがいを調べるために，水と，水とは異なる液体①〜③を準備しました。それぞれ 100ｇずつを別々のビーカーに入れ，よくかき混ぜながら同じ強さで加熱しました。その結果が表2です。

表2

加熱時間(分)		0	1	2	3
温度(℃)	水	20.0	23.0	26.0	29.0
	液体①	20.0	27.5	35.0	42.5
	液体②	20.0	35.0	50.0	65.0
	液体③	20.0	26.0	32.0	38.0

問4　実験2のときと同じ強さで加熱すると，23℃の液体③100ｇを36.5℃にするには何秒間加熱すればよいですか。

【実験3】水，液体①〜③について，いろいろな温度の液体 100ｇを準備し，それらの液体を混ぜ合わせた後の温度をはかりました。その結果が表3です。ただし，水とは異なる液体の場合でも，同じ液体どうしを混ぜ合わせると，水と同じような温度の変わり方をします。また，異なる種類の液体を混ぜ合わせても，それぞれの量が減ったり，別の新しいものができたりすることはありません。

表3

混ぜ合わせる液体		混ぜ合わせた後の温度(℃)
50℃の水	15℃の液体①	40.0
50℃の液体①	15℃の水	25.0
60℃の液体②	42℃の液体③	47.1

問5　実験2，実験3の結果からわかることを述べた次のア〜カの文のうち，正しいものを2つ選び，記号で答えなさい。
　　ア．水，液体①〜③のうち，2番目に温まりにくい液体は，液体②である。
　　イ．水，液体①〜③のうち，2番目に温まりやすい液体は，液体①である。
　　ウ．水は液体①より冷めにくく，液体①は水より温まりにくい。
　　エ．水は液体①より冷めやすく，液体①は水より温まりやすい。
　　オ．液体②は液体③より冷めにくく，液体③は液体②より温まりやすい。
　　カ．液体②は液体③より冷めやすく，液体③は液体②より温まりにくい。

問6　60℃の液体①100 g と 42℃の液体③100 g を混ぜ合わせると，何℃になりますか。最も適当なものを次のア～エから選び，記号で答えなさい。

　　　ア．46.0℃　　　イ．50.0℃　　　ウ．52.0℃　　　エ．56.0℃

4 次の文を読み，あとの問いに答えなさい。

清子さんは，いろいろな仕掛(しか)けのあるコースを鉄球が転がっていくようすに感動しました。自分でもこのような仕掛けのあるコースをつくってみたいと思い，次の実験1～3をしました。

【実験1】図1のように，直線状のレールで坂道をつ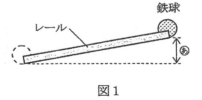くりました。レールの右端(はし)に鉄球を置き静かに放すと，鉄球はレールを転がり始めました。そして，鉄球がレールの左端に着くまでの時間をはかりました。レールの長さや坂道のかたむきをいろいろに変えて実験した結果が表1～3です。図中の⑧の距離(きょり)は，レールの両端の高さの差を表しています。

図1

表1　長さ20cmのレール

⑧の距離(cm)	0.5	1	1.5	2	2.5	3
時間(秒)	1.28	0.90	0.74	0.64	0.57	0.52

表2　長さ30cmのレール

⑧の距離(cm)	0.5	1	1.5	2	2.5	3
時間(秒)	1.92	1.36	1.11	0.96	0.86	0.78

表3　長さ40cmのレール

⑧の距離(cm)	0.5	1	1.5	2	2.5	3
時間(秒)	2.56	1.81	1.48	1.28	1.14	1.04

問1　表1～3の結果から考えられることとして，適当なものを次のア～エから2つ選び，記号で答えなさい。

　ア．同じ長さのレールの場合，⑧の距離を4倍にすると，時間は4分の1倍になる。
　イ．同じ長さのレールの場合，⑧の距離を4倍にすると，時間は2分の1倍になる。
　ウ．⑧の距離が同じ場合，レールの長さを4倍にすると，時間は4倍になる。
　エ．⑧の距離が同じ場合，レールの長さを4倍にすると，時間は2倍になる。

問2　図2のように，長さ40cmのレールで，⑧の距離を3cmにして，鉄球をレールの中央の位置から静かに放しました。鉄球がレールの左端に着くまでの時間は何秒と考えられますか。

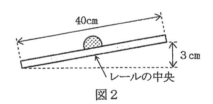

図2

【実験2】実験1で使った長さ 40cm のレールの中央に軸を取り付け，軸を壁に固定しました。レールは軸を支点にして自由に動くことができます。また，レールの左端に糸でコップをつり下げました。図3のように，レールに鉄球を置き，レールが水平になるように，コップの中におもりを入れました。鉄球を置く位置とコップに入れたおもりの重さとの関係は表4のようになりました。図中の⑥の距離は，軸から鉄球を置く位置までを表しています。

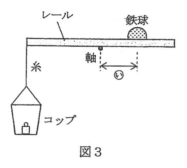

図3

表4

⑥の距離(cm)	5	10	15	20
おもりの重さ（g）	5	25	45	65

問3　コップと鉄球の重さはそれぞれ何gですか。ただし，糸の重さは考えないものとします。

【実験3】図4のように，ある重さの磁石を糸の先にぶら下げてふりこをつくりました。そして，ふれはばを 40° にして，ふりこが1往復する時間をはかりました。ふりこの長さをいろいろに変えて実験した結果が表5です。

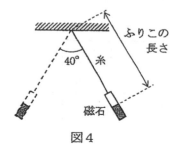

図4

表5

ふりこの長さ(cm)	20	40	60	80	100
時間(秒)	0.90	1.27	1.55	1.80	2.01

問４　ふりこの性質について述べた次のア～カの文のうち，正しいものをすべて選び，記号で答えなさい。

　　　ア．ふりこの長さが長いほど，ふりこが１往復する時間は長い。
　　　イ．磁石の重さが重いほど，ふりこが１往復する時間は長い。
　　　ウ．ふれはばが大きいほど，ふりこが１往復する時間は長い。
　　　エ．ふりこの長さが同じなら，ふりこが１往復する時間は同じ。
　　　オ．磁石の重さが同じなら，ふりこが１往復する時間は同じ。
　　　カ．ふれはばが同じなら，ふりこが１往復する時間は同じ。

問５　ふりこが１往復する時間をできるだけ正確に求めるにはどうすればよいですか。簡単に答えなさい。

　次に，清子さんは，実験１～３で使った装置を組み合わせて，図５のような仕掛けのあるコースをつくりました。レール１とレール２の長さはどちらも 40cm です。また，ストッパーを壁に固定することで，図５のように，レール２を水平に支えたり，図６のように，レール２をかたむけて支えたりできるようにしました。

　この仕掛けのしくみは次のとおりです。

　　①　図５のように，レール２に鉄球Ｂを置いておき，鉄球Ａと磁石を同時に図５の位置から静かに放す。
　　②　レール１を転がってきた鉄球Ａがコップに入る。
　　③　レール２が図６のようにかたむく。
　　④　鉄球Ｂがレール２を転がる。
　　⑤　図６のように，磁石が右いっぱいにふれると同時に，鉄球Ｂがレール２の左端にたどり着き，鉄球Ｂは磁石にくっつく。
　　⑥　磁石は鉄球Ｂをくっつけたまま，いっしょにふれ続ける。

　鉄球Ｂと磁石が引き合うのは，図６の位置にあるときだけとして，次の問いに答えなさい。

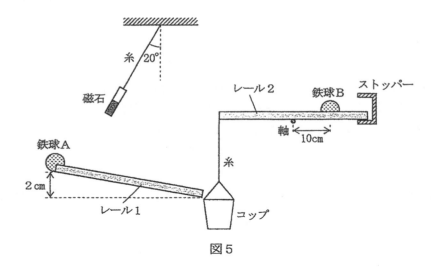

図5

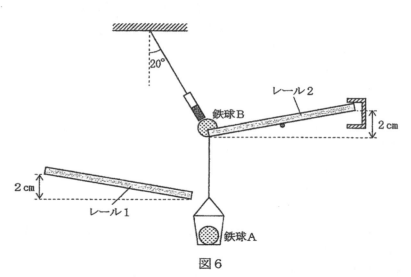

図6

問6　鉄球Aと磁石を同時に放してから，鉄球Bが磁石にくっつくまでの時間は何秒ですか。ただし，鉄球Bはレール2が図6のようにかたむいてから動き始めるとし，鉄球Aがレール1から離れてコップに入り，鉄球Bが動き始めるまでの時間を 0.31 秒とします。

問7　ふりこの長さは何 cm ですか。最も適当なものを次のア～カから選び，記号で答えなさい。
　　　ア．20cm　　イ．40cm　　ウ．60cm　　エ．80cm　　オ．100cm　　カ．160cm

2 次の図の台形は，辺ＡＢの長さが12cm，辺ＢＣの長さが6cmです。点Ｐが
この台形の辺上をＡから出発してＢ，Ｃを通り，Ｄまで進みます。ＡＢ上を
秒速1cm，ＢＣ上を秒速2cm，ＣＤ上を秒速3cmで進むと，ＡからＤまで
20秒かかります。次のグラフは，点ＰがＡを出発してからの時間と，三角形
ＡＤＰの面積の関係を，4秒後まで表したものです。下の問いに答えなさい。

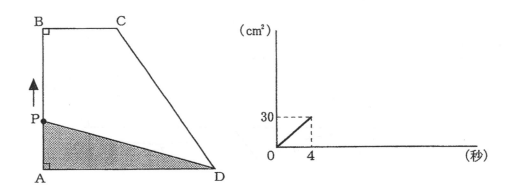

（1）辺ＡＤの長さを求めなさい。

（2）グラフを完成させなさい。

（3）三角形ＡＤＰの面積が2度目に40cm²となるのは，点ＰがＡを出発してから
　　何秒後ですか。

3 次の展開図について，下の問いに答えなさい。

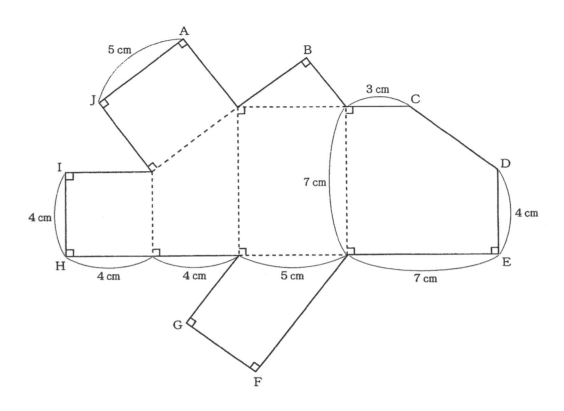

（1）この展開図を組み立てたとき，Aと重なるのはB〜Jのうち，どれですか。
　　すべて答えなさい。

（2）この展開図の面積を求めなさい。

（3）この展開図を組み立ててできる立体の体積を求めなさい。

２０１４年度　　　入学試験問題　　　算　数　　　その①

※印のところには，何も記入しないでください。

1　次の計算をしなさい。

（1）　$0.012 \times 2300 - 162400 \div 580000$

答＿＿＿＿＿＿＿＿＿＿

（2）　$\dfrac{7}{90} \div \left(0.03 \div \dfrac{9}{10}\right) - \dfrac{1}{3} \div \dfrac{1}{2}$

答＿＿＿＿＿＿＿＿＿＿

2　時速４kmで歩くと１時間30分かかる道のりを，時速45kmの自動車で行くと，何分かかりますか。

答＿＿＿＿＿＿＿＿分

3　１個70円のみかんと，１個120円のりんごをあわせて20個買い，150円のかごに入れてもらったところ，代金は1900円でした。みかんを何個買いましたか。

答＿＿＿＿＿＿＿個

4　持っているおこづかいの$\dfrac{3}{5}$で本を買い，残りの$\dfrac{2}{3}$でおかしを買うと，180円残りました。最初に持っていたおこづかいは何円ですか。

答＿＿＿＿＿＿＿円

181を割っても，146を割っても6余る整数をすべて求めなさい。

答_____

ご石が何個かあります。正方形の形に並べると14個余りました。そこで，たてと横を1列ずつ増やして並べようとしたところ，9個不足しました。ご石は何個ありますか。

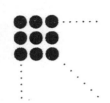

答_____個

ももをいくつか買うと代金は2880円でした。1個の値段がももより4割安いりんごに代えると，ちょうど同じ代金で，ももより6個多く買えます。もも1個の値段を求めなさい。

答_____円

下の図の，四角形ABCDは正方形で，三角形AEBは正三角形です。角アの大きさを求めなさい。

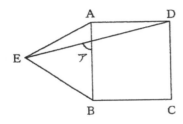

合計
①＋②
※100点満点
（配点非公表）

答_____度

２０１５年度

ノートルダム清心中学校　入学試験問題

算　数　その②

【３５分】

受験上の注意

（試験問題・解答用紙について）

１．試験問題は，１ページから３ページまで３問あります。

２．解答用紙は，問題用紙とは別に１枚あります。

３．問題用紙を切り取ることは，しないでください。

４．この表紙と問題用紙は，監督の先生の指示にしたがって持って帰って
　　ください。

1 学校と図書館を結ぶ道の，ちょうど真ん中に公園があります。清子さんは，毎分45mの速さで学校から図書館へ，愛子さんは，毎分60mの速さで図書館から学校へ向かって歩きます。2人が同時に出発すると，公園から120mはなれているところで出会います。次の問いに答えなさい。

（1） 学校から図書館までの道のりは，何mですか。

（2） 2人が公園で出会うためには，清子さんは愛子さんより何分何秒早く出発すればよいですか。

（3） 清子さんと愛子さんは同時に出発しましたが，愛子さんは忘れ物に気づき，そこから毎分100mの速さで引き返しました。図書館に着いてすぐに毎分90mの速さで再び出発したところ，公園で清子さんと出会いました。愛子さんは，図書館を出発して何分何秒後に引き返しましたか。

２０１５年度

ノートルダム清心中学校　入学試験問題

理　科

【４０分】

受験上の注意

（試験問題・解答用紙について）

1．試験を始める合図があるまで，試験問題を見てはいけません。

2．試験問題は 1 ページから 18 ページまであります。解答用紙は 1 枚あります。

3．解答は解答用紙に記入してください。

（試験について）

4．「始めてください」の指示で鉛筆をとり，「やめてください」の指示があったら すぐに鉛筆を置いてください。

5．試験が始まったら，最初に受験番号と名前を書いてください。

6．印刷のわからないところやページのぬけているところがあったら，手をあげて 監督の先生に知らせてください。

7．解答用紙を集めるまで席を立たないでください。

（その他）

8．試験問題は監督の先生の指示にしたがって持って帰ってください。

問題は次のページから始まります。

2015(H27) ノートルダム清心中
K 教英出版

1 次のⅠとⅡの文を読み，それぞれあとの問いに答えなさい。

Ⅰ．学校のまわりの植物を観察しました。

問1　日本では，季節によっていろいろな植物を観察することができます。秋に花を咲かせる植物を次のア〜キからすべて選び，記号で答えなさい。
　　ア．サクラ　　　イ．ヒマワリ　　ウ．ヒガンバナ　　エ．ヘチマ
　　オ．コスモス　　カ．ホウセンカ　　キ．ツバキ

問2　学校のまわりで観察された2種類の植物AとBについて，その植物が観察された場所を地図上に記録しました（図1）。この図からわかる植物AとBの特ちょうについて最も適切なものを下のア〜カから選び，記号で答えなさい。ただし，図に示す建物以外に，学校の近くには建物はありません。

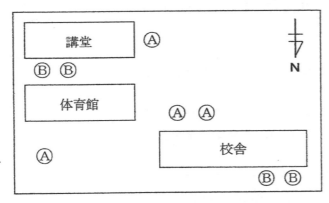

図1

　　ア．植物A，Bともに，主に日当たりのよい場所で育っている。
　　イ．植物A，Bともに，主に日当たりのよくない場所で育っている。
　　ウ．植物A，Bともに，主に乾燥した場所で育っている。
　　エ．植物A，Bともに，主にしめった場所で育っている。
　　オ．植物Aは主に日当たりのよい場所に分布し，植物Bは主に日当たりのよくない場所で育っている。
　　カ．植物Aは主に日当たりのよくない場所に分布し，植物Bは主に日当たりのよい場所で育っている。

問3　図2のように，タンポポを上から観察すると，葉は重ならないように広がってついています。その理由を説明したものとして最も適当なものを次のア～オから選び，記号で答えなさい。

図2

　　ア．動物や人間にふまれても生き残るため。
　　イ．1枚(まい)の葉それぞれが重いため。
　　ウ．土にふくまれる養分を葉から直接吸収(きゅうしゅう)するため。
　　エ．葉全体に水がいきわたるようにするため。
　　オ．葉に効率よく光があたるようにするため。

問4　でんぷんのでき方と日光の関係を調べるために，図3のような「ふ」（緑色をしていない部分）入りのアサガオの葉を用いて実験を行いました。次の(1)～(3)の問いに答えなさい。

図3

(1)　実験の操作を示した次のア～オを正しい順番に並べなさい。
　　ア．図4のようにアルミニウムはくを用いて，葉の一部を表も裏(うら)もおおい，葉全体に光を当てる。

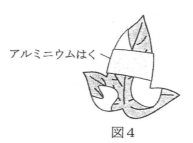

図4

　　イ．葉を，あたためたエタノールにつけたあと，水に入れ，エタノールを完全に取りのぞく。
　　ウ．葉をヨウ素液につけ，葉の色の変化を調べる。
　　エ．鉢植(はち)えのアサガオを1日暗いところに置く。
　　オ．アルミニウムはくをはずし，葉を熱湯に入れてやわらかくする。

(2)　アサガオを1日暗いところに置くのはなぜですか。簡単に答えなさい。

(3)　この実験でヨウ素液によって色が変わる部分はどこですか。解答らんの図に，色が変わる部分をぬりつぶしなさい。

Ⅱ. マルバアサガオは，赤色，桃色，白色の３色の花（それぞれ，赤花，桃花，白花とします。）が咲くことが知られています。どの色の花が咲くかは，おしべとめしべの組み合わせで予想することができます。そこで，次のような実験を行いました。

【実験】下の表のような組み合わせで受粉させ，それぞれ100個ずつ種をつくりました。次の年に，それらの種を１個ずつ別々の鉢に植えて育てました。１つの鉢に咲く花の色はどれも同じでした。そして，鉢ごとに咲いた花の色を調べた結果，下の表のようになりました。

表

		めしべ		
		赤花	桃花	白花
おしべ	赤花	① 赤花 100 鉢	赤花 50 鉢 桃花 50 鉢	桃花 100 鉢
	桃花	赤花 50 鉢 桃花 50 鉢	② 赤花 25 鉢 桃花 50 鉢 白花 25 鉢	桃花 50 鉢 白花 50 鉢
	白花	桃花 100 鉢	桃花 50 鉢 白花 50 鉢	白花 100 鉢

例えば，

① 赤花のめしべに赤花のおしべをつけて受粉させ，100個の種をつくりました。次の年にそれらの種をすべて育てると，咲いた花は全部赤色でした。

② 桃花のめしべに桃花のおしべをつけて受粉させ，100個の種をつくりました。次の年にそれらの種をすべて育てると，赤花が25鉢，桃花が50鉢，白花が25鉢でした。（図５）

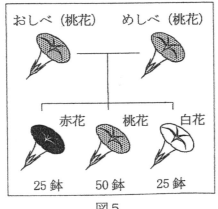

図5

問5　アサガオの種のスケッチとして正しいものを次のア～エから選び，記号で答えなさい。

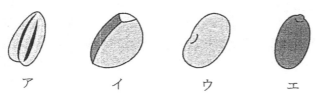

問6　受粉させるおしべとめしべの花の組み合わせはいろいろありますが，咲く花の色が１色だけになるような組み合わせは何通りありますか。

問7　次の手順で，アサガオを育てました。

　＜手順＞
　　（１年目）
　　・桃花のめしべに赤花のおしべを受粉させ，100個の種をつくる。
　　（２年目）
　　・１年目につくった種をすべて育て，花を咲かせる。
　　・咲いた花それぞれについて，自分のめしべに自分のおしべをつけて受粉させ，種をつくる。
　　（３年目）
　　・２年目につくった種をすべて育て，花を咲かせる。

　３年目には，赤花，桃花，白花は，いくつずつ咲くと考えられますか。実験と表を参考にして答えなさい。ただし，どの種から育てても花は４つずつ咲き，どの花からも６個ずつ種ができるものとします。

2 次のⅠとⅡの文を読み，それぞれあとの問いに答えなさい。

Ⅰ．地層と岩石の勉強のため，図1の地形図に示されたX，Y，Zの3地点でボーリング調査を行いました。地形図には標高が等しい位置を結んだ等高線が点線で描かれています。調査の結果を表したものが図2で，柱状図といいます。同じ模様で示した層はそれぞれつながっており，傾いているものもありますが，曲がったり断層などによってずれたりはしていません。また，それぞれの地層の厚さと傾きは火山灰以外の層は同じです。

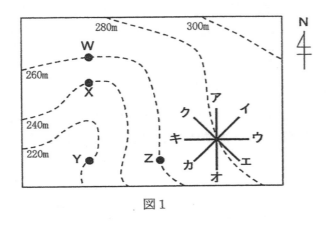

図1

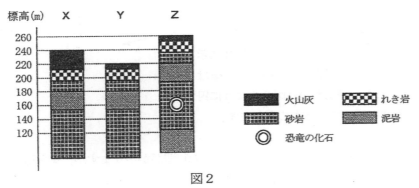

図2

問1　図2の柱状図で示したように，この地域には砂岩・れき岩・泥岩の3つの堆積岩が見られます。これらの岩石のうち，岩石をつくっている粒の大きさが最も小さいものを答えなさい。

問2　図2の砂岩からできている地層が傾いていく向きとして，最も適当なものを図1のア～クから選び，記号で答えなさい。

問3　図2のＺ地点では，◎の位置から恐竜の化石が見つかりました。その上の泥岩層に含まれるものとして，**適当でないもの**を次のア〜オからすべて選び，記号で答えなさい。

　　ア．アンモナイトの化石
　　イ．地球ができたころの岩石
　　ウ．Ｙ地点で見られるものと同じ時代の泥岩
　　エ．マンモスの化石
　　オ．Ｘ地点で見られるものと同じ時代のれき岩

問4　Ｘ地点から真北に位置するＷ地点でボーリング調査を行いました。はじめて泥岩の層が現れたのは地表から何ｍのところですか。

Ⅱ．地図や地形図を正確に作るために人工衛星を用いた測量が行われています。また，私たちの生活に必要な情報を伝える手段として，気象衛星や放送衛星など人工衛星を用いたものが多くあります。

問5　人工衛星の中には地上から見ると止まって見えるものがあり，静止衛星と呼ばれています。静止衛星は，赤道上空の約 35786km の位置で地球の周りを回っています。静止衛星の動きについて，次の(1)と(2)の問いに答えなさい。ただし，地球は図3に示すように１日で１回転しており，地球の半径は6378km とします。また，静止衛星は図3のように円を描いて一定の速さで動いているものとします。

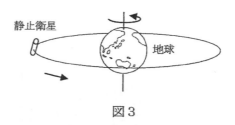

図3

(1)　静止衛星が地球の周りを１周するのにどれくらいの時間がかかりますか。最も適当なものを次のア〜カから選び，記号で答えなさい。
　　ア．8760 時間　　イ．4380 時間　　ウ．720 時間　　エ．24 時間
　　オ．12 時間　　カ．6 時間

(2)　静止衛星の速さは時速何 km ですか。四捨五入して整数で答えなさい。ただし，円周率を 3.14 とします。

問6　人工衛星はさまざまな経路で地球の周りを回っており，1周するのにかかる時間も異なります。次の①と②の人工衛星が地球の周りを1周したときの経路はどのようになりますか。その経路を地図上に示したものとして，最も適当なものを下のア〜カからそれぞれ選び，記号で答えなさい。

①　静止衛星
②　南極と北極を結ぶ方向を回る人工衛星（地球の周りを1周するのにかかる時間を1日とする）

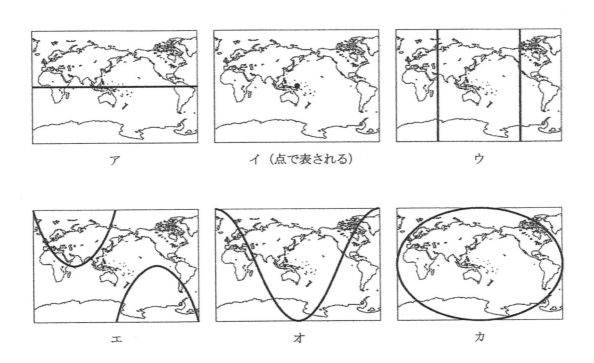

ア　　　　　　　　　イ（点で表される）　　　　　　ウ

エ　　　　　　　　　オ　　　　　　　　　　　カ

試験問題は次に続きます。

２０１５年度

ノートルダム清心中学校　入学試験問題

社　会

【４０分】

問題は次のページから始まります。

2015(H27) ノートルダム清心中

Ⓚ教英出版

1 長崎県についてまとめた次のA～Eの文章を読んで，あとの問いに答えなさい。

A　現在の長崎県にあたる地域には，10万年くらい前から人が生活していたことがわかっています。佐世保では，①約１万3000年前につくられた土器も見つかっています。古くから人々は海を渡り，積極的に各地と交易を行っていました。②大陸との交流の中継場所になり，中国や朝鮮に対する守りにつく③さきもりとよばれる兵がおかれ，航海の安全を祈るための④神社も祭られてきました。⑤鎌倉時代になると，交易や漁業を中心に活動する海の豪族が登場し，海賊としても恐れられるようになりました。

問1　下線部①について，このころの日本のようすとして最も適当なものを，次のア～エから１つ選び，記号で答えなさい。
ア．豪族たちは，古墳とよばれる大きな墓をつくって，自分の力の強さを示した。
イ．大陸から稲作が伝わり，鉄製の刃をはめたくわが使われた。
ウ．北九州の奴国の王は，中国に使いを送り，皇帝から金印を授けられた。
エ．人々は，海や川の近くの丘の上などで生活し，狩りや漁をしたり木の実や山菜をとったりしていた。

問2　下線部②に関連して，次の(1)・(2)の問いにそれぞれ答えなさい。
(1)　外国との交渉や西国の防衛の役割を持ち，九州全体を治めるためにおかれた役所として正しいものを，次のア～エから１つ選び，記号で答えなさい。
ア．正倉院　　　イ．大極殿　　　ウ．大宰府　　　エ．恭仁京

(2)　奈良の都には，中国と西アジアやヨーロッパをつなぐ交易路を通って，インドなどのものも伝わってきました。この交易路を何といいますか。

問3　下線部③について，さきもりがよんだ歌は，奈良時代に編さんされた歌集に収められています。この歌集の名を漢字で答えなさい。

問4　下線部④に関連して，平安時代の天皇や貴族は，紀伊山地の南部にある神社にさかんに詣でました。この神社のある場所として正しいものを，次のア～エから１つ選び，記号で答えなさい。
ア．熊野　　　イ．平泉　　　ウ．飛鳥　　　エ．難波

問5　下線部⑤に関連して，鎌倉幕府の説明として**誤っているもの**を，次のア～エから1つ選び，記号で答えなさい。

ア．源頼朝は，平氏のように朝廷の高い地位にはつかず，鎌倉で政治を行った。

イ．将軍の家来は御家人とよばれ，鎌倉や京都を守る役をつとめた。

ウ．守護は任命された国を自分の領地のように支配したため，大名とよばれた。

エ．政治や財政を担当する政所や，裁判を担当する問注所などの役所がおかれた。

B 1550年には，⑥ポルトガルの貿易船が平戸の港に現れ，貿易が始まりました。日本にキリスト教を伝えたザビエルも平戸を訪れています。教会が各地に建てられ，⑦村々にはキリスト教の信者が増えていきました。長崎の港がつくられ，貿易もさかんになりましたが，⑧豊臣秀吉は宣教師を海外に追放する命令を発し，長崎を自分で支配することにしました。⑨徳川家康は，初めはキリスト教の布教に目をつむっていましたが，しだいに弾圧を強めていきました。長崎県の島原半島と熊本県の天草地方では，キリスト教徒の農民たちを中心に，はげしい一揆もおこりました。⑩幕府が外国との自由な行き来を禁止し，交渉の場所を厳しく制限した後は，長崎が中国やオランダとの交流の窓口になり，⑪日本の文化がヨーロッパに伝わりました。そして長崎は，⑫ヨーロッパの進んだ知識や学問を学びたいと思う人にとってのあこがれの地となりました。

問6　下線部⑥について，次の(1)・(2)の問いにそれぞれ答えなさい。
 (1)　ポルトガルとの貿易は何とよばれましたか。

 (2)　右の地図は長崎県を表しています。平戸の位置を地図中のア～エから1つ選び，記号で答えなさい。

問7　下線部⑦に関連して，村に住み，農業や漁業・林業などのいろいろな仕事についた人々のことを何といいますか。

問8　下線部⑧について，豊臣秀吉の行ったこととして誤っているものを，次のア～エから1つ選び，記号で答えなさい。
 ア．中国を征服しようと考え，2度にわたり朝鮮半島に兵を送った。
 イ．三河（愛知県）で力をのばしていた徳川家康を，関東地方に移した。
 ウ．全国共通のますやものさしを定めて，全国の土地調査を行った。
 エ．天下統一の後，大名が住む城以外の城の破壊を命じた。

問9　下線部⑨について，徳川家康に関わる次のあ～うを年代の古い順に正しく並べたものを，下のア～カから1つ選び，記号で答えなさい。
　　　あ．征夷大将軍に任じられた。
　　　い．豊臣氏を滅ぼした。
　　　う．関ヶ原の戦いで勝利した。

　ア．あ → い → う　　　イ．あ → う → い　　　ウ．い → あ → う
　エ．い → う → あ　　　オ．う → あ → い　　　カ．う → い → あ

問10　下線部⑩について，幕府が外国との自由な行き来を禁止し，交渉の場所を厳しく制限した理由を，キリスト教を禁止するため以外に1つあげなさい。

問11　下線部⑪について，江戸時代の浮世絵は長崎からヨーロッパに伝わり，ゴッホなどの画家に大きな影響をあたえました。次のア〜エのうち，葛飾北斎の作品を1つ選び，記号で答えなさい。

問12　下線部⑫について，ヨーロッパの進んだ知識や学問は，オランダ語の書物を通して研究されたことから何とよばれましたか。

C　ペリーが浦賀に来航する以前に，ロシアやイギリスなどの船が通商を求めて長崎に来航しました。開国するとすぐ，幕府は長崎に海軍伝習所をつくり，⑬勝海舟たちがオランダ海軍の技術を学びました。欧米との貿易は長崎以外でも始まり，一番の貿易港は（　⑭　）となりましたが，イギリスなどの商人が長崎にやってきて，いろいろな事業を始めました。さらに，キリスト教の宣教師が長崎に教会を建てたことから，隠れて信仰を守り続けた信者が「発見」されました。今年は，それからちょうど（　⑮　）年目にあたります。

問13　下線部⑬について，勝海舟の行ったこととして正しいものを，次のア～エから1つ選び，記号で答えなさい。
　ア．薩摩藩と長州藩が幕府を倒すための同盟を結ぶ仲立ちをした。
　イ．新政府軍の西郷隆盛と交渉し，幕府軍が戦わずに江戸城を明け渡すことを申し入れた。
　ウ．大名が治めていた領地と領民を天皇に返させる版籍奉還を実現させた。
　エ．弟子の坂本竜馬に航海術を教え，明治の新政府で軍隊の整備を行わせた。

問14　（　⑭　）にあてはまる関東地方の港の名を答えなさい。

問15　（　⑮　）にあてはまる数字を，次のア～エから1つ選び，記号で答えなさい。
　ア．130　　　　　　　イ．150　　　　　　　ウ．170　　　　　　　エ．190

試験問題は次に続きます。

D ⑯文明開化が進むなか，土佐藩出身の岩崎弥太郎が三菱会社をおこし，長崎で造船業をさかんにしました。そのため，佐世保には海軍を支える基地がおかれ，日清戦争，⑰日露戦争では重要な軍事拠点としての役割を果たしました。しかし，⑱第一次世界大戦の後，世界的な不景気などのために造船所の事業は縮小されましたが，技術の開発は続けられました。⑲アジア・太平洋戦争の末期には，軍事施設も多かった長崎に原子爆弾が落とされ，日本は無条件降伏しました。戦後，⑳大陸から引きあげてきた人々は，佐世保や京都の舞鶴などの港に到着しました。

問16　下線部⑯に関連して，文明開化の時代，日本の文化が軽く見られるなかで，日本の伝統文化の保護と海外への紹介に力を入れた人物として最も適当なものを，次のア～エから1つ選び，記号で答えなさい。
　　　ア．岡倉天心　　　　イ．福沢諭吉　　　ウ．本居宣長　　　エ．伊藤博文

問17　下線部⑰について，日露戦争の結果，日本が獲得した鉄道として正しいものを，右の地図中のア～エから1つ選び，記号で答えなさい。

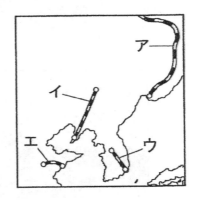

問18　下線部⑱について，次の(1)・(2)の問いにそれぞれ答えなさい。
（1）　第一次世界大戦で，日本と同じ側に立って戦った国として誤っているものを，
　　　次のア～エから１つ選び，記号で答えなさい。
　　ア．アメリカ　　　　イ．イギリス　　　　ウ．オーストリア　　　　エ．ロシア

（2）　第一次世界大戦のころの日本のようすを表す資料として最も適当なものを，次
　　　のア～エから１つ選び，記号で答えなさい。

ア

イ

ウ

エ
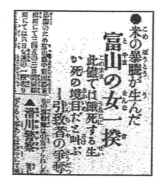

問19　下線部⑲について，アジア・太平洋戦争中の日本のようすの説明として**適当で
　　　ないもの**を，次のア～エから１つ選び，記号で答えなさい。
　　ア．アメリカ軍の上陸に備えて，一般の人たちは竹やりを使って戦う訓練にはげん
　　　だ。
　　イ．武器をつくる原料にするため，寺のつり鐘や銅像，なべややかんなどの金属が
　　　集められた。
　　ウ．農村の労働力不足を補うために，都市部の小学生が農村に集団で疎開させられ
　　　た。
　　エ．敗戦が重なり不利な状況になってくると，相手国の軍艦に飛行機などで体当た
　　　りする特攻隊が組織された。

問20　下線部⑳に関連して，戦争が終わってもすぐに日本に帰ってくることができな
　　　かった人々もいました。ソ連軍に抑留された人々が強制的に働かされたのは，お
　　　もに何とよばれる地域ですか。

E　長崎でも，㉑戦後の改革と復興が進みました。現在の長崎は，歴史都市，国際都市などさまざまな顔をもつ魅力的な街として，多くの観光客も訪れています。また，広島市と長崎市には，共通点がいくつもあります。例えば，軍事都市であったこと，今も路面電車が走っていること，そして原子爆弾の被害を受けたことです。㉒被爆から70年目の今年，２つの都市はいっそう連携して，核廃絶のための取り組みを進めています。

問21　下線部㉑に関連して，戦後の改革による教育や学校の変化の説明として**誤っているもの**を，次のア〜エから１つ選び，記号で答えなさい。

ア．戦前は男女共学だったが，戦後は男女別々の学校や教室で学ぶこととなった。

イ．戦前は先生が学級のリーダーを決めていたが，戦後は児童が話し合って決めるようになった。

ウ．戦前の義務教育は６年だったが，戦後は小学校６年，中学校３年の９年間となった。

エ．戦前からの戦争を支えてきた教育が禁止され，戦後は家庭科や社会科という新しい教科が誕生した。

問22　下線部㉒に関連して，核廃絶をめざす都市や国の取り組みの説明として**誤っているもの**を，次のア〜エから１つ選び，記号で答えなさい。

ア．広島市と長崎市の市長は，平和祈念式典で毎年，世界に向けて平和宣言を発している。

イ．広島市と長崎市が中心となって，世界の都市が連帯し，核の廃絶と平和の実現をめざす世界首長会議がつくられている。

ウ．日本国憲法の平和主義の実現にむけて，非核平和都市宣言をしている地方自治体がある。

エ．日本の国会は，核兵器をつくらない，使わない，使わせないという非核三原則を決議している。

試験問題は次に続きます。

2 清子さんは，全国にある県を，かたちや地形の特徴から，次の表のようにグループ分けをしてみました。表中の県について，あとの問いに答えなさい。

南－北の方向に長い県	東－西の方向に長い県	北東－南西の方向に長い県
宮崎県 秋田県	鳥取県 香川県	新潟県 （ Ａ ）
最も高い山の標高が 1500ｍ未満の県	中央に大きな湖のある県	南側に（　　Ｃ　　）県
茨城県 （ Ｂ ）	滋賀県 福島県	愛知県 鹿児島県

問1　（ Ａ ）にあてはまる県として最も適当なものを，次のア～エから１つ選び，記号で答えなさい。
　　ア．埼玉県　　　イ．大分県　　　ウ．福井県　　　エ．和歌山県

問2　（ Ｂ ）にあてはまる県として最も適当なものを，次のア～エから１つ選び，記号で答えなさい。
　　ア．千葉県　　　イ．奈良県　　　ウ．岩手県　　　エ．愛媛県

問3　（　　Ｃ　　）にあてはまる内容として最も適当なものを，次のア～エから１つ選び，記号で答えなさい。
　　ア．現在活動中の火山が１つある　　　イ．大きな半島が２つある
　　ウ．標高の高い山脈がある　　　　　　エ．さんご礁がみられる

問4　清子さんは，スーパーマーケットで宮崎県産のピーマンを見つけました。ピーマンの袋には右のようなＱＲコードがあり，これを携帯電話で読みとると，いつ，どこで，だれがつくったかなどの情報が表示されます。このような情報が分かることを何といいますか。次のア～エから１つ選び，記号で答えなさい。

　　ア．バイオテクノロジー　　　イ．トレーサビリティ
　　ウ．オーナー制度　　　　　　エ．環境マイスター

問5　次の図は，秋田県の「はたはた」という魚の水あげ量の変化を表しています。この図を見ると，1970年代後半から水あげ量が大きく減っています。そこで，ⓐの期間に，ある取り組みが行われました。その取り組みとはどのようなことですか。簡単に説明しなさい。

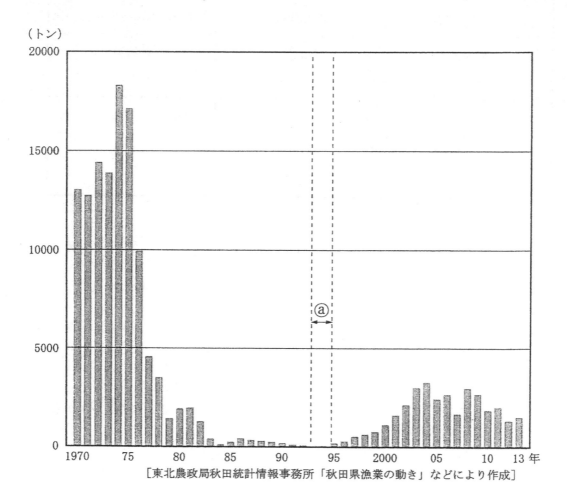

[東北農政局秋田統計情報事務所「秋田県漁業の動き」などにより作成]

問6　鳥取県の説明として正しいものを，次のア～エから1つ選び，記号で答えなさい。
　ア．県名と県庁所在地名が異なる。
　イ．世界遺産に登録されている砂丘がある。
　ウ．47都道府県の中で，ぶどうやなしの生産量が最も多い。
　エ．47都道府県の中で，人口が最も少ない。

受験番号		名 前	

2

(2) [式]

答＿＿＿＿＿＿＿＿

2
※

3

(1) [式]

答＿＿＿＿＿＿＿＿

(2) [式]

答＿＿＿＿＿＿＿＿

(3) [式]

答＿＿＿＿＿＿＿＿

3
※

合計
①＋②
※100点満点
(配点非公表)

3

問1	問2	問3	問4		
			(1)		(2)
					g

※

問5	問6	問7			
		①	②	③	④

※

4

問1	問2	問3	
		(1)	(2)

※

問4	問5	問6	問7				
			①	②	③	④	⑤

※

問6	問7			問8		※
	(1)	(2)	(3)	(1) 湖	(2)	

問9	問10	問11			※
		(1)	(2)	(3)	

3

問1	問2	問3	問4	問5	問6	問7	問8	※
			島					

4

問1	問2	問3	問4	問5	問6	※

問7	問8	問9	問10	※

問11	※

問12	問13	問14	問15	問16	※

受験番号		名　前	

２０１５年度　　入学試験問題　　社　会　　解答用紙

※印のところには，何も記入しないでください。

1

問1	問2		問3	問4	問5
	(1)	(2)			

※

問6		問7	問8	問9
(1)　　　　　　　貿易	(2)			

※

問10

※

問11	問12	問13	問14	問15	問16	問17

※

問18		問19	問20	問21	問22
(1)	(2)				

※

2

問1	問2	問3	問4	問5

受験番号		名 前	

※

※80点満点
（配点非公表）

２０１５年度　　入学試験問題　　理　科　　解答用紙

※印のところには，何も記入しないでください。

1

問1	問2	問3	問4
			(1)
			→ → → →

問4		(3)
(2)		

問5	問6	問7		
		赤花	桃花	白花
	通り	個	個	個

※

※

※

2

問1	問2	問3	問4

1

（1）［式］

答　＿＿＿＿＿＿＿＿＿＿

（2）［式］

答　＿＿＿＿＿＿＿＿＿＿

（3）［式］

答　＿＿＿＿＿＿＿＿＿＿

1
※

2

（1）［式］

答　＿＿＿＿＿＿＿＿＿＿

問7 次の地図は，愛知県を含んだある地域の地形図です。この地形図を見て，(1)
〜(3)の問いにそれぞれ答えなさい。

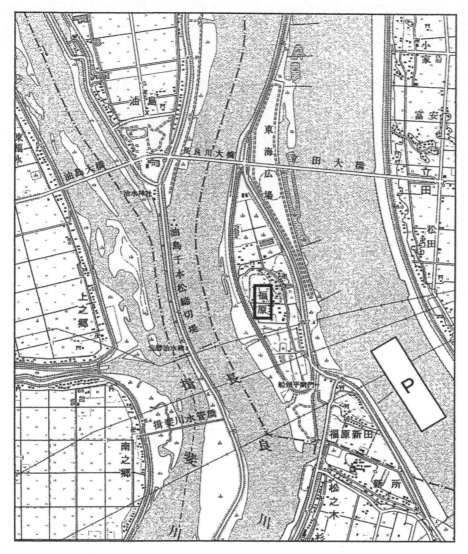

(注) 一部，加工しています。

(1) 地形図中の ☐ P ☐ にあてはまる川として正しいものを，次のア〜エから1つ
選び，記号で答えなさい。
ア．四万十川　　イ．木曽川　　ウ．筑後川　　エ．最上川

(2) 地形図中の「福原」という集落は，堤防で周囲が囲まれた地域です。このよう
な地域のことを何といいますか。漢字2字で答えなさい。

(3) 「福原」という集落のように堤防で周囲が囲まれた地域は，堤防を築く以外に，建物を建てる場所を工夫するなどして，水害からくらしを守ってきました。この地域の伝統的な土地利用を表した図として最も適当なものを，次のア〜エから1つ選び，記号で答えなさい。

（注1）洪水がおきた時に避難する建物。食料や家財道具などを保管するところ。
（注2）敷地の中の中心となる建物。家族がふだん生活するところ。

問8　滋賀県の中央にある大きな湖について，(1)・(2)の問いにそれぞれ答えなさい。

(1)　この湖を何といいますか。

(2)　この湖について述べた文として最も適当なものを，次のア～エから1つ選び，記号で答えなさい。

ア．陸地が大きく沈んでできた湖で，深さは日本一である。

イ．湖の生物を保護するため，ワシントン条約に登録されている。

ウ．滋賀県民だけでなく，大阪府民も生活用水として湖水を使用している。

エ．湖の周辺で，地球サミットが開かれたことがある。

問9　福島県内にある原子力発電所の位置として正しいものを，次のア～エから1つ選び，記号で答えなさい。

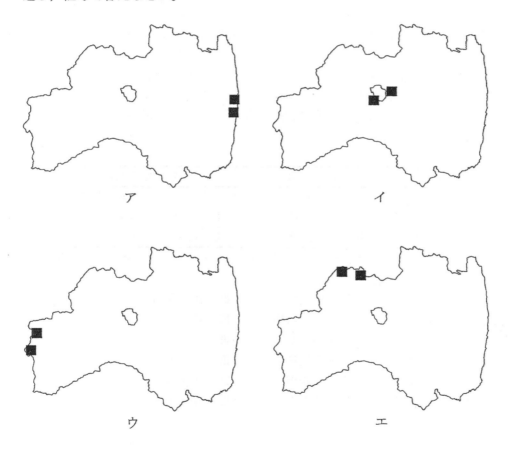

問10　茨城県鹿嶋市には，全国でも有数の大きな製鉄所があります。鹿嶋市に製鉄所がある理由を述べた次の**あ**，**い**について，その正誤の組み合わせとして正しいものを，下のア～エから１つ選び，記号で答えなさい。

　　　　あ．製鉄所の近くで，原料となる石炭や鉄鉱石がとれるから。
　　　　い．製鉄所でできた製品を，おもに飛行機で輸送するから。

　ア．**あ**，**い**はどちらも正しい。
　イ．**あ**は正しいが，**い**は誤っている。
　ウ．**あ**は誤っているが，**い**は正しい。
　エ．**あ**，**い**はどちらも誤っている。

問11　清子さんは，香川県，新潟県，鹿児島県について，さまざまな比較をしてみました。そのことについて，(1)～(3)の問いにそれぞれ答えなさい。

(1)　次の表は，３つの県の県庁所在地である高松市，新潟市，鹿児島市のいずれかの１月と７月の降水量を，東京（東京都千代田区）と比べて表したものです。表中のI～IIIにあてはまる都市名の組み合わせとして正しいものを，下のア～カから１つ選び，記号で答えなさい。

都市名	１月の降水量	７月の降水量
I	東京より　14.1mm少ない	東京より　　9.4mm少ない
II	東京より　133.7mm多い	東京より　38.6mm多い
III	東京より　25.2mm多い	東京より　165.4mm多い

［帝国書院『データブック・オブ・ザ・ワールド　2014年版』より作成］

　ア．I－高松市　　　　II－新潟市　　　　III－鹿児島市
　イ．I－高松市　　　　II－鹿児島市　　　III－新潟市
　ウ．I－新潟市　　　　II－高松市　　　　III－鹿児島市
　エ．I－新潟市　　　　II－鹿児島市　　　III－高松市
　オ．I－鹿児島市　　　II－高松市　　　　III－新潟市
　カ．I－鹿児島市　　　II－新潟市　　　　III－高松市

(2) 次の表は，香川県，新潟県，鹿児島県のいずれかの普通畑の面積，樹園地の面積，牧草地の面積，農業出荷額を表しています。表中の①～③にあてはまる県名の組み合わせとして正しいものを，下のア～カから１つ選び，記号で答えなさい。

（注１）麦類，豆類，いも類，野菜などの農作物を栽培している畑。

（注２）果樹，くわ，茶などの農作物を栽培している畑。

（注３）家畜のえさとなる牧草が生えている，あるいは栽培している土地。

県名	普通畑の面積 （ヘクタール）	樹園地の面積 （ヘクタール）	牧草地の面積 （ヘクタール）	農業出荷額 （億円）
①	16400	2590	985	2756
②	2310	3180	20	783
③	66900	14100	2330	4069

（注）１ヘクタールは，たて100m×横100mの面積のこと。

[帝国書院『データブック・オブ・ザ・ワールド　2014年版』より作成]

ア．①－香川県　　　②－新潟県　　　③－鹿児島県

イ．①－香川県　　　②－鹿児島県　　　③－新潟県

ウ．①－新潟県　　　②－香川県　　　③－鹿児島県

エ．①－新潟県　　　②－鹿児島県　　　③－香川県

オ．①－鹿児島県　　　②－香川県　　　③－新潟県

カ．①－鹿児島県　　　②－新潟県　　　③－香川県

(3) 次の表は，3つの県の代表的な空港である高松空港，新潟空港，鹿児島空港の
いずれかの，定期便（国内）の1日あたりの便数を表しています。表中のX～Z
にあてはまる空港名の組み合わせとして正しいものを，下のア～カから1つ選び，
記号で答えなさい。

行き先	X	Y	Z
新千歳空港(札幌)	1日6便	なし	なし
成田国際空港	1日1便	1日2便	1日3便
東京国際空港	なし	1日23便	1日13便
中部国際空港	1日2便	1日6便	なし
関西国際空港	なし	1日2便	なし
大阪国際空港	1日10便	1日13便	なし
福岡空港	1日3便	1日2便	なし
那覇空港	1日1便	1日3便	1日1便
その他の空港	1日1便	1日30便	なし

(注) 2014年9月1日時点。毎日運航していない路線は除く。

[各空港のホームページより作成]

ア．X－高松空港　　　　　Y－新潟空港　　　　　Z－鹿児島空港
イ．X－高松空港　　　　　Y－鹿児島空港　　　　Z－新潟空港
ウ．X－新潟空港　　　　　Y－高松空港　　　　　Z－鹿児島空港
エ．X－新潟空港　　　　　Y－鹿児島空港　　　　Z－高松空港
オ．X－鹿児島空港　　　　Y－高松空港　　　　　Z－新潟空港
カ．X－鹿児島空港　　　　Y－新潟空港　　　　　Z－高松空港

3　愛子さんは，日本の地図をかこうとしています。次の図は，緯線と経線の上に，日本の領土のはしとなる与那国島，沖ノ鳥島，南鳥島の位置に印をして，北海道までかいたものです。この図を見て，あとの問いに答えなさい。

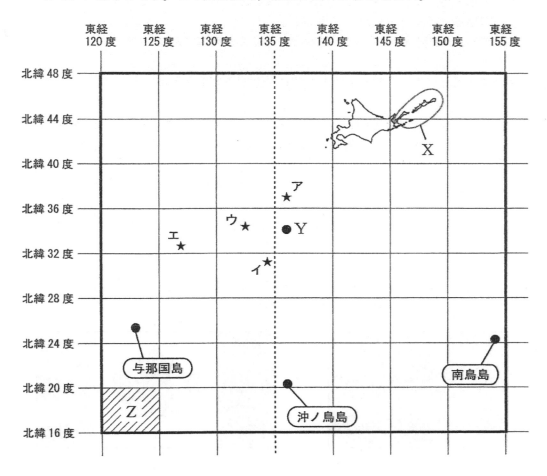

問1　この図に四国をかきこむと，どのくらいの大きさになりますか。最も適当なものを，次のア～エから1つ選び，記号で答えなさい。

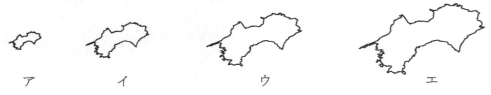

ア　　　　　イ　　　　　　　ウ　　　　　　　　　　エ

問2　この図に本州をかきこむと，広島市の位置はどこになりますか。最も適当なものを，図中のア～エから1つ選び，記号で答えなさい。

問3　図中の与那国島と南鳥島について述べた文として最も適当なものを，次のア〜エから1つ選び，記号で答えなさい。

　ア．与那国島は，長崎県に属する。

　イ．与那国島には，定住している人がいない。

　ウ．南鳥島は，一年中暖かい気候である。

　エ．南鳥島の領土をめぐって，日本とアメリカ合衆国が対立している。

問4　図中のXの中で，最も面積が広い島の名前を答えなさい。

問5　地球の全周を約4万kmとして考えると，図中のYと沖ノ鳥島との直線距離（きょり）は約何kmになりますか。最も適当なものを，次のア〜エから1つ選び，記号で答えなさい。

　ア．約560km　　　イ．約1550km　　　ウ．約2220km　　　エ．約3770km

問6　図中のZの部分にみられる島は，どこの国の領土ですか。国の名前を答えなさい。

問7　東経135度の経線が通る国で，南半球にある国の国旗として正しいものを，次のア〜エから1つ選び，記号で答えなさい。

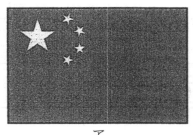

ア

イ

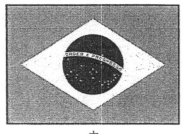

ウ

エ

問8　図中の太線の枠（わく）の中にある海洋として誤っているものを，次のア〜エから1つ選び，記号で答えなさい。

　ア．太平洋　　　イ．インド洋　　　ウ．オホーツク海　　　エ．東シナ海

試験問題は次に続きます。

4　次の１～８は，花子さんが社会科の勉強をしていたときに書いた質問と，それ
　らに対する先生からの回答です。よく読んで，あとの問いに答えなさい。なお，
　１～７は日本に関すること，８は世界に関することです。

　１．法律は，法務省がつくるのですか？

　回答：いいえ，①法律は国会でつくられます。法務省や他の省庁は，つくられ
　　　　た法律の実施に関わっています。たとえば，選挙に関する法律であれば
　　　　おもに（　②　），学校での教育に関する法律であればおもに文部科学
　　　　省というように，それぞれの省庁が，その省庁の仕事に関係する法律
　　　　の実施に関わっています。

問１　下線部①について，日本で国会に法律案を提出できる機関や人たちとして正し
　　いものを，次のア～エから１つ選び，記号で答えなさい。
　　ア．内閣　　　　イ．天皇　　　　ウ．警察　　　　エ．地方自治体の首長

問２　（　②　）にあてはまる語として最も適当なものを，次のア～エから１つ選び，
　　記号で答えなさい。
　　ア．財務省　　　　イ．総務省　　　　ウ．経済産業省　　　　エ．国土交通省

　２．弁護士になるためには，どうすればいいのですか？

　回答：弁護士になるためには，法科大学院などで勉強し，（　③　）試験とい
　　　　う国家試験に合格する必要があります。この試験は，④裁判官や検察
　　　　官になるためにも合格しなければならない試験です。

問３　（　③　）にあてはまる語を漢字で答えなさい。

問４　下線部④に関連して，裁判官や裁判所についての説明として最も適当なものを，
　　次のア～エから１つ選び，記号で答えなさい。
　　ア．すべての都道府県庁所在地には，地方裁判所と高等裁判所が存在する。
　　イ．裁判官をやめさせるかどうかは，国民投票によって決められる。
　　ウ．最高裁判所には，15人の裁判官全員が参加する大法廷と，５人の裁判官が参加
　　　する小法廷がある。
　　エ．裁判員制度による裁判では，参加する裁判官は５人である。

> 3. ⑤バリアフリーとは，どのようなことですか？
>
> 回答：「バリアフリー」とは，高齢者や障がい者などが快適な社会生活を送れ
> るよう，社会に存在するさまざまな壁（バリア）を減らしていくこと
> です。これに対し，すべての人にとって使いやすい形や機能を考えた
> デザインを「（ ⑥ ）デザイン」といいます。

問5　下線部⑤について，具体的なバリアフリーの例として最も適当なものを，次の
　　　ア～エから１つ選び，記号で答えなさい。

　　ア．美しいデザインにするために，建物の中に，らせん階段を多くつくる。

　　イ．ベビーカーが出入りしやすいように，建物の入り口を広くする。

　　ウ．街の中で自動車を利用しやすいように，車道の幅を広げていく。

　　エ．インターネット上で，思ったことを何でも表現できる自由を保障していく。

問6　（ ⑥ ）にあてはまる語を答えなさい。

> 4. ⑦識字学級では，どのようなことを学んでいるのですか？
>
> 回答：大人の人たちが読み書きを学んでいます。差別や貧しさなどのために
> 学校に行けなかった人たちや，外国から日本に来た人たちにとって，
> 読み書きの力を身につけることは，社会に自ら参加する知識や技能を
> もつことにつながります。このように⑧学校や公民館などで読み書き
> を学ぶことは，基本的人権として，すべての人に保障されています。

問7　下線部⑦について，読みかたをひらがなで答えなさい。

問8　下線部⑧について，次の文は，このことを保障した日本国憲法第26条の一部で
　　　す。┌─────┐にあてはまる内容を，６字で答えなさい。

　　　「すべて国民は，法律の定めるところにより，その能力に応じて，ひとしく
　　　┌─────┐権利を有する。」

> 5. 家族の人数は，どのように変化していますか？
>
> 回答：1970年に平均3.41人だった一世帯あたり人数は，2010年には（ ⑨ ）
> 　　　人となり，⑩いっしょに暮らしている家族の規模が変化しています。
> 　　　夫婦だけの世帯や，親と子どもの世帯がだんだん多くなり，最近では，
> 　　　一人暮らしの世帯も増えています。

問9　（ ⑨ ）にあてはまる数字として正しいものを，次のア〜エから1つ選び，
　　記号で答えなさい。

　　ア．1.42　　　　イ．2.42　　　　ウ．3.92　　　　エ．4.92

問10　下線部⑩に関連して，次のグラフは，世帯構成の変化を表しています。グラフ
　　中のあ〜うは，一人暮らしの世帯，親と子どもの世帯，夫婦だけの世帯のいずれ
　　かを表しています。一人暮らしの世帯にあてはまるものをあ〜うから1つ選び，
　　記号で答えなさい。

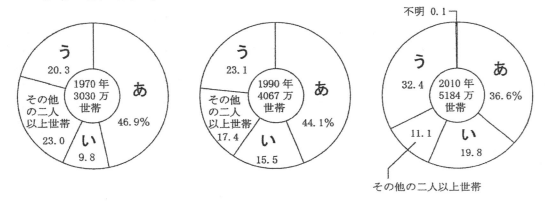

[『日本のすがた 2014』より作成]

6．会社で働く人たちの中で，正社員の割合は減ってきているのですか？
　　　(注) 会社に正式にやとわれている社員。

　回答：はい。次のグラフＡ・Ｂは，会社で働く人の内訳を表しています。
　　　　グラフＡを見ると，今から30年前には正社員の割合が全体の約8割を
　　　　しめていましたが，最近では減っています。一方で，非正社員の割合
　　　　は30年前に比べて，　　　⑪　　　ということがわかります。
　　　　また，⑫グラフＢを見ると，男女の違いがあることがわかります。

A

	役員 6.1	非正社員
1985年	正社員 78.5	15.4
2012年	6.7 60.5	32.8

0　　20　　40　　60　　80　　100
　　　　　　　　　　　　　　(%)

B

	役員 8.9	非正社員
男 (2012年)	正社員 73.1	18.0
女 (2012年)	3.7 43.8	52.5

0　　20　　40　　60　　80　　100
　　　　　　　　　　　　　　(%)

[『日本のすがた 2014』より作成]

問11　　　⑪　　　にあてはまる内容を，グラフＡから読みとり，数字を使って答え
　　なさい。

問12　下線部⑫について，グラフＢから読みとれる内容と，その理由の説明として最
　　も適当なものを，次のア〜エから1つ選び，記号で答えなさい。
　ア．女性の非正社員の割合が，男性の非正社員の割合の約3倍になっているのは，
　　　パートタイム労働やアルバイトの女性が多いからである。
　イ．女性の非正社員の割合が，男性の非正社員の割合の約2倍になっているのは，
　　　男性の方が女性よりも能力的，体力的に優れているからである。
　ウ．女性の非正社員の割合が，女性の正社員の割合と比べて約30％多いのは，女性
　　　が最初に就職するときから，パートタイム労働やアルバイトを望むからである。
　エ．女性の非正社員の割合が，女性の正社員の割合と比べて約20％多いのは，法律
　　　で女性が正社員になれる割合を定めているからである。

7. ⑬公害の問題は，もう解決したのですか？

回答：いいえ，まだ解決していません。しかし，さまざまなところで，公害を二度と起こさないための努力が続けられています。例えば，2013年10月には，約140の国と地域の代表が熊本県に集まって，「水銀に関する（　⑭　）条約」を採択しました。この条約は，水銀による健康被害などを防ぐために，水銀の生産や使用，貿易を規制する内容となっています。

問13　下線部⑬に関連して，右のグラフは，公害に対する苦情の内訳を表しています。Ｘにあてはまる内容として最も適当なものを，次のア～エから1つ選び，記号で答えなさい。

ア．土のよごれ　　　イ．振動
ウ．地盤沈下　　　　エ．そう音

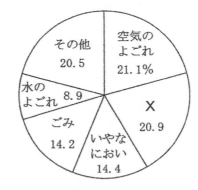

[『日本のすがた 2014』より作成]

問14　（　⑭　）にあてはまる地名を答えなさい。

8. 世界には，分裂しそうな国がありますか？

回答：イラクや（　⑮　）が，紛争により分裂しそうな国として注目されています。一方，平和的な手段で国が分かれそうになったのがイギリスです。イギリス北部の（　⑯　）では，2014年9月に独立をめぐる住民投票が実施されました。その結果，独立を希望しない人の方が少し多く，イギリスは分裂しませんでした。

問15　（　⑮　）には，ロシアとの対立が起きている国が入ります。あてはまる国名として正しいものを，次のア～エから1つ選び，記号で答えなさい。
ア．アフガニスタン　　イ．スーダン　　ウ．ウクライナ　　エ．ベトナム

問16　（　⑯　）にあてはまる地名を答えなさい。

3 次のⅠとⅡの文を読み，それぞれあとの問いに答えなさい。

Ⅰ．電磁石の強さがコイルの巻き数によってどのように変わるかを調べるため，実験１を行いました。

【実験１】巻き数が 50 回，100 回，150 回，200 回，250 回の５つの電磁石を，次のような条件で作りました。

<条件>
- ・鉄しんは，太さと長さが同じものを使う。
- ・エナメル線は，太さが同じものを使う。
- ・エナメル線は，コイルのはばが等しくなるように，同じ向きに巻く（図１）。
- ・エナメル線を巻いた後は，両端ともコイルの端から20cm のところで切る（図１）。

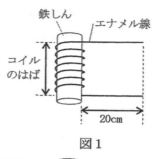

図１

図２のように，これらの電磁石に電池を１個または２個直列につないで，ねん土をつけたくぎをおもりとして，電磁石が持ち上げることのできるおもりの重さを調べました。その結果が表１です。

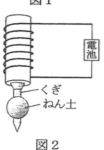

図２

表１　持ち上げることのできるおもりの重さ(g)

巻き数（回）	50	100	150	200	250
電池１個	26	53	68	73	75
電池２個	52	106	136	146	150

問１　エナメル線についての説明として，最も適当なものを次のア〜オから選び，記号で答えなさい。
　　　ア．電流が流れやすいエナメルでできた線。
　　　イ．電流が流れないエナメルでできた線。
　　　ウ．銅がさびないように，エナメルのまくをつけた線。
　　　エ．銅のまわりに，電流が流れやすいエナメルのまくをつけた線。
　　　オ．銅のまわりに，電流が流れないエナメルのまくをつけた線。

問2　電磁石の横に方位磁針を置いたときのようすは，図3のようになりました。次のア～エのうち，方位磁針のN極がさす向きとして最も適当なものはどれですか。記号で答えなさい。

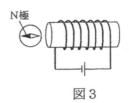

図3

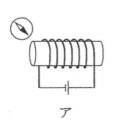
ア

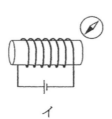
イ

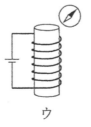
ウ

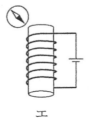
エ

問3　実験1の結果から，電磁石が持ち上げることのできるおもりの重さとコイルの巻き数の関係を表すグラフは，どのようになると考えられますか。最も適当なものを次のア～エから選び，記号で答えなさい。

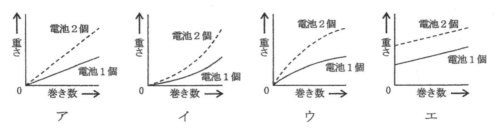

問4　実験1の方法では，ある条件がそろっていなかったため，電磁石の強さと巻き数の関係を正しく調べられていません。そこで，その条件をそろえて実験しなおすと，表2のような正しい結果が得られました。次の(1)と(2)の問いに答えなさい。

表2　持ち上げることのできるおもりの重さ(g)

巻き数（回）	50	100	150	200	250
電池1個	3	12	27	48	75
電池2個	6	24	54	96	150

(1) 下線部について，条件をどのようにそろえましたか。簡単に答えなさい。

(2) 巻き数が300回の電磁石に電池を2個直列につなぐと，持ち上げることのできるおもりの重さは何gになると考えられますか。

Ⅱ. 電磁石が磁石におよぼす力（引き付けたり，退けたりする力）が距離(きょり)によってどのように変わるかを調べるため，実験2を行いました。

【実験2】N極を上に向けた磁石A（Aとする）を電子てんびんにはり付けて，電子てんびんの示す値を調べると 8.1g でした。次に，図4のように，Aの真上でいろいろな距離に電磁石B（Bとする）を固定し，次の操作1〜3を行い，電子てんびんの示す値をそれぞれ調べました。その結果が表3です。

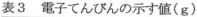

　　操作1：電池をつながない。
　　操作2：電池1個をある向きにつなぐ。
　　操作3：電池1個を操作2とは反対向きにつなぐ。

表3　電子てんびんの示す値（g）

距離(cm)	1.0	1.5	2.0	2.5	3.0
操作1	6.0	7.7	7.9	8.0	8.1
操作2	3.2	6.5	7.2	7.6	7.8
操作3	8.8	8.9	8.6	8.4	8.4

問5　操作1の結果からわかることは何ですか。最も適当なものを次のア〜エから選び，記号で答えなさい。
　　ア．Bの鉄しんとAが引き合う力は，距離が近づくほど大きい。
　　イ．Bの鉄しんとAが引き合う力は，距離が近づくほど小さい。
　　ウ．Bの鉄しんとAが退け合う力は，距離が近づくほど大きい。
　　エ．Bの鉄しんとAが退け合う力は，距離が近づくほど小さい。

問6　操作3の結果から，電子てんびんの示す値が 8.1g よりも大きくなっていることがわかります。これは，BとAとの間に退け合う力がはたらいたためだと考えられます。問2も参考にすると，このときBに流れた電流の向きは，図4のア，イのどちらですか。記号で答えなさい。

問7　次の文は，実験2の結果から考えられることをまとめたものです。文中の（　①　）
　　〜（　④　）にあてはまる数値を答えなさい。

操作1の結果から，電子てんびんの示す値は距離によってちがうことがわか
る。この値は，距離が 1.0cm のときには，Aの重さより（　①　）gだけ軽く
なっている。このように，Bの鉄しんとAが引き合う力は，Aの重さとの差に
よって表すことができる。

操作2や操作3の結果からだけでは，BがAにおよぼす力と距離の間の規則
性はわからない。これは，操作1の結果から求められるBの鉄しんとAが引き
合う力が，電流が流れているときにも，同じようにはたらいているためだと考
えられる。そこで，操作1と操作2の結果の差，操作3と操作1の結果の差を
それぞれ調べてみると，同じ距離では同じ値になっていることがわかる。つま
り，この値が，BがAにおよぼす力を表していると考えることができる。この
値は，距離が1.0cmのとき（　②　）gであり，2.0cmのとき（　③　）gであ
る。

以上のことから，BがAにおよぼす力は，距離が2倍になると（　④　）倍
になることがわかる。

試験問題は次に続きます。

4 次のⅠとⅡの文を読み，それぞれあとの問いに答えなさい。

Ⅰ．次の操作1～3を行い，3種類の気体を発生させました。

操作1：塩酸を加熱した。
操作2：炭酸水を加熱した。
操作3：二酸化マンガンに（　　　）を加えた。

問1　操作1では，塩酸に溶けていた気体が発生します。この気体は何ですか。気体の名前を答えなさい。

問2　操作2で発生した気体が何であるかを確認する方法として，最も適当なものを次のア～エから選び，記号で答えなさい。
　　　ア．においをかぐ。
　　　イ．マッチの火を近づける。
　　　ウ．火のついた線香を近づける。
　　　エ．石灰水に通す。

問3　操作2で発生した気体の性質を調べるために，次の実験1を行いました。下の(1)と(2)の問いに答えなさい。

【実験1】操作2で発生したものと同じ気体の入ったボンベを準備しました。そして，水が半分入ったペットボトルに，ボンベから気体を十分ふきこみ，ふたをしっかり閉め，よくふりました。

---

(1) 実験1の結果，ペットボトルにどのような変化がみられますか。

(2) 実験1の結果から，この気体にはどのような性質があることがわかりますか。

問4　操作3で発生した気体は酸素でした。（　　　）にあてはまる液体として最も適当なものを次のア～オから選び，記号で答えなさい。
　　　ア．うすい塩酸　　　イ．オキシドール　　　ウ．うすい食塩水
　　　エ．うすい水酸化ナトリウム水溶液　　　オ．石灰水

Ⅱ. 金属に水溶液を加えることで発生する気体について，次の実験2を行いました。

【実験2】アルミニウム，鉄，銅の粉末を準備し，それに水溶液（うすい塩酸・うすい水酸化ナトリウム水溶液）をそれぞれ加えて，気体が発生するかどうかを調べました。その結果が表1です。また，気体が発生した場合は，金属の重さと発生した気体の体積との関係を調べました。その結果が表2〜表4です。

表1

	アルミニウム	鉄	銅
うすい塩酸	○	○	×
うすい水酸化ナトリウム水溶液	○	×	×

○…気体発生あり　　×…気体発生なし

表2　アルミニウムにうすい塩酸を加えた場合

重さ（g）	0.1	0.2	0.3	0.4
体積（cm³）	124	248	372	496

表3　アルミニウムにうすい水酸化ナトリウム水溶液を加えた場合

重さ（g）	0.1	0.2	0.3	0.4
体積（cm³）	124	248	372	496

表4　鉄にうすい塩酸を加えた場合

重さ（g）	0.1	0.2	0.3	0.4
体積（cm³）	40	80	120	160

問5　右の図のような方法で，発生した気体を集めたところ，その体積は112cm³でした。このとき，気体を集めたメスシリンダーと液面のようすとして最も適当なものを次のア〜エから選び，記号で答えなさい。

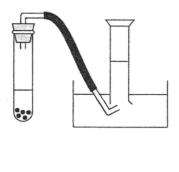

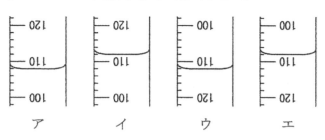

ア　　　　イ　　　　ウ　　　　エ

問6　実験2の結果からわかることを述べた次のア〜オの文のうち，正しいものを2つ選び，記号で答えなさい。

　　ア．アルミニウムにうすい塩酸を加えたときより，鉄にうすい塩酸を加えたときの方が，気体は勢いよく発生する。

　　イ．アルミニウムにうすい塩酸を加えたときより，アルミニウムにうすい水酸化ナトリウム水溶液を加えたときの方が，気体は勢いよく発生する。

　　ウ．同じ重さのアルミニウム，鉄，銅の粉末にうすい塩酸をそれぞれ加えると，最も多くの気体が集まるのは銅にうすい塩酸を加えたときである。

　　エ．同じ重さのアルミニウム，鉄，銅の粉末にうすい水酸化ナトリウム水溶液をそれぞれ加えると，最も多くの気体が集まるのはアルミニウムにうすい水酸化ナトリウム水溶液を加えたときである。

　　オ．うすい塩酸を用いた場合，同じ体積の気体を発生させるためには，鉄はアルミニウムの3.1倍の重さが必要である。

試験問題は次に続きます。

アルミニウムと鉄と銅の粉末を混ぜてつくった試料Xがあります。清子さんは先生から，「実験2を参考にして，試料Xにそれぞれの金属が何gずつ入っているかを実験から調べなさい。」といわれました。清子さんの実験とその結果を次に示します。

【実験】1.0gの試料Xを2つ準備し，一方にはうすい塩酸を，もう一方にはうすい水酸化ナトリウム水溶液を加えました。すると，どちらの試料も，初めのうちは気体を発生させながら溶けていきましたが，気体の発生が止まっても試料の一部が残っていました。このとき発生した気体の体積を調べた結果が表5です。

表5

	発生した気体の体積(cm^3)
うすい塩酸	686
うすい水酸化ナトリウム水溶液	508

問7 次の会話文は，清子さんと先生による，実験に関するやり取りです。文中の①と②
にあてはまる最も適当なことばを下のア～キからそれぞれ選び，記号で答えなさい。
また，③～⑤にはあてはまる数値を答えなさい。

> 先生：「清子さんは，うすい塩酸とうすい水酸化ナトリウム水溶液を加えたと
> きに発生した気体の体積を調べましたが，そこから何がわかります
> か。」
>
> 清子さん：「実験2を参考にして，発生した気体の体積から溶けた金属の重さがわ
> かると思いました。うすい塩酸を加えた実験結果からは（ ① ）の
> 重さが，うすい水酸化ナトリウム水溶液を加えた実験結果からは
> （ ② ）の重さがわかるはずです。」
>
> 先生：「その2つの実験では，気体の発生が止まっても試料の一部が残ってい
> ましたね。実は，清子さんが行った実験では正確な答えが出てこない
> 可能性があります。つまり，気体の発生が止まる理由には，水溶液に
> 溶ける金属がすべて溶けてなくなってしまったか，水溶液の量が足り
> なくて，金属がすべて溶けてしまう前に気体の発生が止まってしまっ
> たか，この2つのどちらかが考えられるからです。」
>
> 清子さん：「では，さらにそれぞれの水溶液を加えてみます。あっ！うすい塩酸を
> 加えた方は変化がなかったですが，うすい水酸化ナトリウム水溶液を
> 加えた方からは，さらに50cm³の気体が集まりました。」
>
> 先生：「このことから何がわかりますか。」
>
> 清子さん：「うすい塩酸を加えた方からは，試料Xに入っていた（ ① ）がすべて
> 溶けていたことがわかりました。一方，うすい水酸化ナトリウム水溶
> 液を加えた方からは，まだ（ ② ）が溶けずに残っていたことがわ
> かりました。」
>
> 先生：「これで正確な答えが出そうですね。では，それぞれの水溶液を加えて
> 発生した気体の体積から，1.0gの試料Xにアルミニウムと鉄と銅がそ
> れぞれ何gずつ入っていたかを求めてください。」
>
> 清子さん：「アルミニウムは（ ③ ）g，鉄は（ ④ ）g，銅は（ ⑤ ）g
> 入っていたことがわかりました。」

ア．アルミニウム　　　イ．鉄　　　ウ．銅　　　エ．アルミニウムと鉄
オ．鉄と銅　　　カ．アルミニウムと銅　　　キ．アルミニウムと鉄と銅

2 底面の半径が 3 cm の円柱の容器 A と，底面の半径が 4 cm の円柱と円すいをつ
なぎ合わせた容器 B があります。容器 A に水を入れ，かたむけると図 1 のように
なりました。その後，容器 A の水を，まっすぐに立てた容器 B に移し，さらに水を
加えると図 2 のようになりました。そして，容器 B にふたをして逆さまにしたとこ
ろ，図 3 のようになりました。下の問いに答えなさい。

　　ただし，円周率は 3.14 とします。

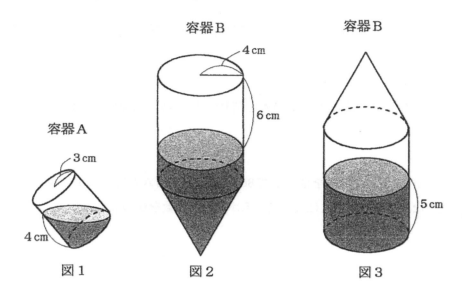

図 1　　　　　　図 2　　　　　　図 3

（1）容器 A に入れた水の体積を求めなさい。

（2）容器 B の容積を求めなさい。

3 2つの箱AとBの中に，それぞれ360個，220個のボールが入っており，次の2種類の操作を何回かくり返します。下の問いに答えなさい。

> **ア** 箱Aから箱Bに，3個のボールを移す
> **イ** 箱Aと箱Bのどちらからも，2個のボールを取り出す

（1）**ア** の操作だけをくり返すと，箱Aと箱Bのボールの個数の比が 3：17 になりました。何回くり返しましたか。

（2）**イ** の操作だけをくり返すと，箱Aと箱Bのボールの個数の比が 3：1 になりました。何回くり返しましたか。

（3）**ア** の操作と **イ** の操作を合わせて80回行うと，箱Aと箱Bのボールの個数の差が4個となりました。箱Aに残っているボールの個数を求めなさい。

（15分）　　　　　※印のところには，何も記入しないでください。

1　次の計算をしなさい。

（1）　$3.4 \div 5\dfrac{2}{3} - 2\dfrac{3}{5} \div \left(3.2 - \dfrac{1}{6}\right) \times \dfrac{1}{2}$

答　＿＿＿＿＿＿＿＿＿＿＿

（2）　$125.6 \div 8 - 31.4 \times 0.3 \times 1.6$

答　＿＿＿＿＿＿＿＿＿＿＿

2　縮尺 が２万５千分の１の地図上で，9.6cmの長さは，実際には何kmですか。

答　＿＿＿＿＿＿＿km

3　清子さんとお母さん２人でそうじをすると12分かかりますが，お母さんだけですると21分かかります。清子さんだけでそうじをすると，何分かかりますか。

答　＿＿＿＿＿＿分

4　男子２人と女子３人の身長の平均は 150.7 cmです。男子２人の身長の平均は 154.3 cmです。女子３人の身長の平均は何cmですか。

答　＿＿＿＿＿＿cm

　ある容器に，水が $\frac{1}{3}$ 入っているときの全体の重さは310gで，水が $\frac{4}{5}$ 入っている
ときの全体の重さは520gでした。容器の重さは何gですか。

[答]

　　　　　　　　　　g

　A，B，C，D，Eの5人が100m競走の結果について，次のように言いました。

　　A「私は1位です。」　　　　　　B「私は5位ではありません。」
　　C「私は2位か3位です。」　　　D「私は4位でも5位でもありません。」
　　E「私はAより速かったです。」

全員がウソを言っているとき，正しい結果を答えなさい。

[答]

1位（　　　）2位（　　　）3位（　　　）4位（　　　）5位（　　　）

]　下の方眼に，直線アイが対称の軸となるように，線対称な図形をかきなさい。

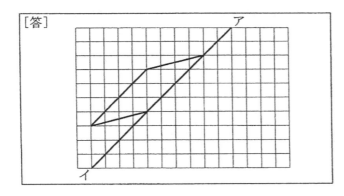

]　下の図で，三角形BDEの面積は三角形ABCの面積の何倍ですか。

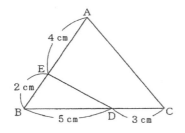

[答]

　　　　　　　　　　倍

２０１６年度

ノートルダム清心中学校　入学試験問題

算　数　その②

【３５分】

受験上の注意

（試験問題・解答用紙について）

1．試験問題は，１ページから３ページまで３問あります。

2．解答用紙は，問題用紙とは別に１枚あります。

3．問題用紙を切り取ることは，しないでください。

4．この表紙と問題用紙は，監督の先生の指示にしたがって持って帰って
　ください。

1 下の表は，ある小学校の6年生80人の算数と国語の小テストの結果をまとめたものです。表の中の「＊ 3」は，算数が4点で国語が1点の人が3人いることを表しています。下の問いに答えなさい。

国　語

	0点	1点	2点	3点	4点	5点
0点	0	0	0	0	0	0
1点	0	1	0	2	1	2
2点	0	1	1	2	4	1
3点	0	1	3	㋐	3	㋑
4点	0	＊ 3	1	3	10	4
5点	0	0	4	4	5	5

算数

（1）算数が3点の人は何人ですか。

（2）算数の平均点を求めなさい。

（3）算数と国語の合計点の平均は7.1点でした。表の中の㋐と㋑にあてはまる数を求めなさい。

２０１６年度

ノートルダム清心中学校　入学試験問題

理　科

【４０分】

受験上の注意

（試験問題・解答用紙について）

1. 試験を始める合図があるまで，試験問題を見てはいけません。

2. 試験問題は1ページから14ページまであります。解答用紙は1枚あります。

3. 解答は解答用紙に記入してください。

（試験について）

4. 「始めてください」の指示で鉛筆をとり，「やめてください」の指示があったら すぐに鉛筆を置いてください。

5. 試験が始まったら，最初に受験番号と名前を書いてください。

6. 印刷のわからないところやページのぬけているところがあったら，手をあげて 監督の先生に知らせてください。

7. 解答用紙を集めるまで席を立たないでください。

（その他）

8. 試験問題は監督の先生の指示にしたがって持って帰ってください。

1 次のⅠ～Ⅲの文を読み，それぞれあとの問いに答えなさい。

Ⅰ．地球は太陽という自ら光り輝く星（恒星）の周りを１年かけて一周しています。そして太陽のような恒星は，夜空の星として数多く見られます。これらの恒星には明るい星や暗い星，赤い星や青白い星などさまざまなものがあります。

夜空の星を観察するときに，目印となるのが星座です。それらの星座を見つけるときに星座早見を使うと便利です。また，夏には「夏の大三角」，冬には「冬の大三角」といったようにいくつかの星からなる特ちょう的な形も，星を見るのに大きな助けとなっています。

問１　星座早見を使うときに必要なものを次のア～オからすべて選び，正しい順番に並べて手順を完成させなさい。

　　ア．その日の天気を記録する。
　　イ．方位磁針で観察する方位を調べて，その方位に向く。
　　ウ．星座早見を上方にかざして，夜空の星と比べる。
　　エ．観察する場所の温度を計る。
　　オ．星座早見の目盛りを，観察する時刻に合わせる。

問２　西の空の星座を，星座早見を使って観察します。このときの星座早見の持ち方として，最も適当なものを次のア～クから選び，記号で答えなさい。

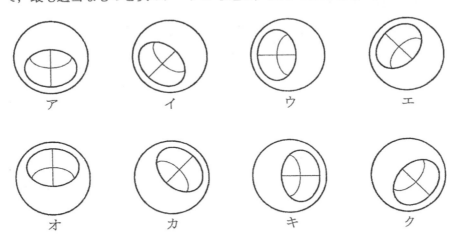

問３　七夕の物語で出てくる「おりひめ星」と「ひこ星」について，次の(1)と(2)の問いに答えなさい。

　(1)　「おりひめ星」と「ひこ星」は何という星座にありますか。それぞれの星座の名前を答えなさい。

　(2)　「おりひめ星」と「ひこ星」は「夏の大三角」をつくる星です。「夏の大三角」をつくるもう一つの星の名前を答えなさい。

Ⅱ．清子さんは，自分の生まれた 11 月の夜にさそり座を見ようと思いました。しかし，11 月の真夜中ごろには，南の空にさそり座は見えず，おうし座やおひつじ座が見えていました。

　次の図は，地球が太陽の周りをまわるようすと星座の位置を示しており，ア～クは地球の位置を示しています。ただし，図では星座の位置は地球の近くに示していますが，実際には地球から遠い位置にあります。

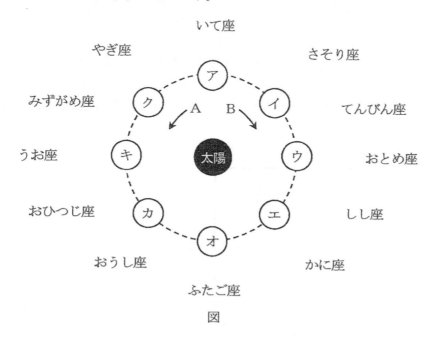

図

問４　上の図は地球をどちらの方向から見たものですか。また，地球は図のＡ，Ｂどちらの向きにまわりますか。これらのことを述べた文のうち，最も適当なものを次の①～④から選び，番号で答えなさい。

　　①　図は地球を北側から見たもので，地球がまわる向きはＡである。
　　②　図は地球を北側から見たもので，地球がまわる向きはＢである。
　　③　図は地球を南側から見たもので，地球がまわる向きはＡである。
　　④　図は地球を南側から見たもので，地球がまわる向きはＢである。

問５　11 月の地球の位置として最も適当なものを，図のア～クから選び，記号で答えなさい。

問６　地球がどの位置にあれば，真夜中ごろの南の空にさそり座が見えますか。最も適当なものを図のア～クから選び，記号で答えなさい。また，それは何月ごろになりますか。最も適当なものを次の①～⑤から選び，番号で答えなさい。

　　①　1 月　　　②　3 月　　　③　6 月　　　④　9 月　　　⑤　12 月

Ⅲ. 今から 2000 年以上前にギリシャの学者ヒッパルコスは，目で見える最も明るい恒星を１等級の星，最も暗い恒星を６等級の星として恒星の明るさを６等級に分けました。これを「見かけの等級」といいます。しかし，目で見える恒星の明るさは，その星が発している光の強さと地球からの距離によって決まります。例えば，本来はとても明るい恒星でも遠くにあれば暗く見えます。そのため，恒星の本来の明るさを比べるために，すべての恒星が地球から約 300 兆 km 離れた位置で輝いていると仮定した明るさを考えます。そして，この明るさを「見かけの等級」と同じように６等級に分けます。これを「絶対等級」といいます。したがって，「見かけの等級」は「目で見える明るさ」を，「絶対等級」は「本来の明るさ」を表す基準と考えることができます。そして，現在では，１等級の差で約 2.5 倍明るさが異なることがわかっています。

次の表は，ある５つの恒星A～Eについて，それぞれの「見かけの等級」と「絶対等級」を表したものです。

表

恒星	見かけの等級	絶対等級
A	2	3
B	6	4
C	1	5
D	6	2
E	2	5

問７　「絶対等級」を考えるときに仮定した，地球から約 300 兆 km 離れた位置に，最も近い恒星はA～Eのうちどれですか。記号で答えなさい。

問８　恒星A～Eのうち，最も地球から離れている恒星はどれですか。また，その理由を簡単に答えなさい。

2 次の文を読み，あとの問いに答えなさい。

　　人のからだには，さまざまなしくみがあります。例えば，食べ物を消化，吸収した
り，血液に酸素や養分などを取り入れて運んだりします。また，不要な物質について
は分解したり，からだの外に排出したりしています。これらのことは，消化管や血
管をはじめ，いろいろな臓器で行われています。

問1　図1は人のからだを正面から見たところを表していま
　　す。図の「◯」で示した部分の腹側から背中側にかけて
　　は，おもにどのような臓器が存在しますか。臓器が存在す
　　る順番として最も適当なものを次のア～カから選び，記号
　　で答えなさい。

　　　ア．肺 → 心臓　　　イ．心臓 → 肺
　　　ウ．胃 → じん臓　　エ．じん臓 → 胃
　　　オ．かん臓 → じん臓　カ．じん臓 → かん臓

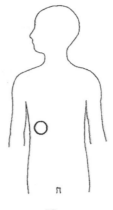

図1

問2　食べ物にふくまれているでんぷんは，口に入れたときから消化されはじめます。
　　でんぷんが消化されるしくみについて，次の実験を行いました。下の(1)と(2)の問
　　いに答えなさい。

【実験】でんぷん液を入れた試験管に，だ液とヨウ素液を加え，約 40℃のお湯につけて
　　　　しばらく観察しました。

(1)　この実験で，試験管を約 40℃のお湯につけた目的は何だと考えられますか。簡単
　　に答えなさい。

(2)　実験の結果について，試験管の液の色はどのように変化しましたか。また，このと
　　き，液の中ではどのようなことが起こりましたか。色の変化のようすと，液の中で
　　起こったことを述べた次のa～dについて，正しい組み合わせを下のア～エから選
　　び，記号で答えなさい。

　　　a．しだいに，青むらさき色に変わっていった。
　　　b．しだいに，青むらさき色が消えていった。
　　　c．でんぷんが，水に溶けにくい物質に変化した。
　　　d．でんぷんが，水に溶けやすい物質に変化した。

　　　ア．aとc　　イ．aとd　　ウ．bとc　　エ．bとd

- 4 -

問3　心臓は図2のように，厚いかべに囲まれた4つの部屋
　　に分かれています。そして，図2の矢印で示された部屋
　　は，特に厚いかべで囲まれています。この部屋のかべ
　　が，特に厚い理由は何だと考えられますか。最も適当な
　　ものを次のア～エから選び，記号で答えなさい。ただ
　　し，図2は心臓をからだの正面から見たところを表して
　　います。

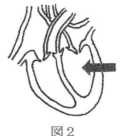

図2

　　　ア．ここには酸素を多くふくむ血液が流れており，その酸素がにげないようにする
　　　　ため。
　　　イ．ここには二酸化炭素を多くふくむ血液が流れており，その二酸化炭素がにげな
　　　　いようにするため。
　　　ウ．ここから全身へ血液が流れ出ており，その血液をより強い力で送り出すため。
　　　エ．ここへ全身の血液が流れこんでおり，その勢いで破裂しないようにするため。

問4　かん臓には，心臓から流れてきた血液が直接流れこむ血管と，心臓へもどる血液が
　　流れ出る血管のほかに，もう一本，太い血管がつながっています。これについて説
　　明した次の文の（　①　），（　②　）にあてはまる最も適当なものを，それぞれ下
　　のア～ケから選び，記号で答えなさい。

　　　　かん臓には（　①　）の一部をたくわえるはたらきがある。そのため，
　　　（　②　）太い血管がもう一本つながっている。

　　　（　①　）にあてはまるもの
　　　　ア．酸素　　　イ．水分　　　ウ．養分

　　　（　②　）にあてはまるもの
　　　　エ．おもに肺を通ってきた血液が直接流れこむ
　　　　オ．おもに小腸を通ってきた血液が直接流れこむ
　　　　カ．おもに大腸を通ってきた血液が直接流れこむ
　　　　キ．おもに肺へもどる血液が流れ出る
　　　　ク．おもに小腸へもどる血液が流れ出る
　　　　ケ．おもに大腸へもどる血液が流れ出る

問5 じん臓は，血液に溶けている不要な物質や余分な水分をこし出すことで，尿をつくっています。図3は，じん臓とその内部のつくりを模式的に示したものです。模式図のAの部分へ流れこんだ血液のうち，その血液をつくる水分の一部が，からだに必要な物質や不要な物質とともに，血管のすき間からBの部分へ流れ出します。Cの部分では，流れてきた液体のうち，大部分の水分を再び血管にもどします。このとき，からだに必要な物質が選び出され，水分とともに血管にもどされます。そして，不要な物質の多くと水分の一部は，このままDの部分へ流れ，これが尿となり排出されます。下の(1)～(3)の問いに答えなさい。

内部の模式図

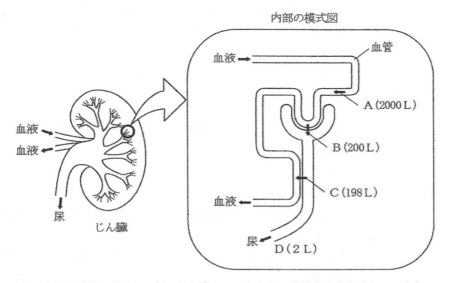

図の血液や液体の量は，2個のじん臓で1日あたりに移動する量を示しています。

図3

(1) ある不要な物質は，図3のBの部分に流れ出た液体100mLあたり，0.01gふくまれていました。この不要な物質の排出について述べた次の文の（ ① ），（ ② ）にあてはまる数値を，それぞれ答えなさい。ただし，この不要な物質は，Cの部分で血管にもどらないものとします。

尿が100mLつくられたとき，Bの部分には（ ① ）Lの液体が流れ出ている。よって，この不要な物質は，尿100mLあたりに（ ② ）gふくまれていることになる。

(2) 尿をつくるしくみは，まず，必要な物質も不要な物質も血管から出し，その後，必要な物質を選んでもどすことで，不要な物質だけを排出する方法（方法X）といえます。一方，不要な物質を排出する方法には，血液から直接，不要な物質を選び，そのまま尿として排出する方法（方法Y）も考えられます。方法Xと方法Yの特ちょうについて，次の事実をもとに考えようと思います。

「物質を選んで移動させるとき，その物質の量が多すぎる場合には，そのすべてを移動させきれないことがある。」

この事実から考えたとき，方法Xと方法Yでは，必要な物質をからだに残す効率と，不要な物質を排出する効率にちがいがあることがわかります。それはどのようなちがいですか。また，人のじん臓はどちらの効率を優先したしくみといえますか。これらのことを述べた次のa～fについて，正しい組み合わせを下のア～クから選び，記号で答えなさい。

  a．方法Xは，方法Yと比べて，必要な物質をからだに残す効率は良いが，不要な物質を排出する効率は悪い。
  b．方法Xは，方法Yと比べて，必要な物質をからだに残す効率は悪いが，不要な物質を排出する効率は良い。
  c．方法Xは，方法Yと比べて，必要な物質をからだに残す効率，不要な物質を排出する効率，どちらも良い。
  d．方法Xは，方法Yと比べて，必要な物質をからだに残す効率，不要な物質を排出する効率，どちらも悪い。
  e．じん臓は，必要な物質をからだに残す効率を優先しているといえる。
  f．じん臓は，不要な物質をからだから排出する効率を優先しているといえる。

  ア．aとe　　　イ．aとf　　　ウ．bとe　　　エ．bとf
  オ．cとe　　　カ．cとf　　　キ．dとe　　　ク．dとf

(3) じん臓には，からだの中にふくまれる水分の量を一定に保とうとするはたらきもあります。これは，図3のCの部分で血管にもどす水分の量を変化させることで行われます。からだの中にふくまれる水分が不足したとき，①Cの部分で血管にもどす水分の量，②Dの部分で排出される尿の量，③尿の濃さは，水分が不足していないときに比べ，それぞれどのようになると考えられますか。①～③について，最も適当なものをそれぞれ選び，記号で答えなさい。ただし，Bの部分に流れ出る液体の量と，Cの部分における水以外の物質を血管にもどす量は変わらないものとします。

  ①　ア．増える　　　イ．減る
  ②　ア．増える　　　イ．減る
  ③　ア．濃くなる　　　イ．変わらない　　　ウ．薄くなる

２０１６年度

ノートルダム清心中学校　入学試験問題

社　会

【４０分】

問題は次のページから始まります。

2016(H28) ノートルダム清心中

教英出版

1 次のＡの会話とＢの文章を読んで，あとの問いに答えなさい。

Ａ　小学６年生の愛子さんと先生が，社会科の資料集を見ながら話しています。

愛子：女性だけでなく，男性もピアスやネックレス，ブレスレットなどのアクセサリーをつけていたなんて，縄文時代の人たちは，おしゃれだったのですね。

先生：おしゃれのためだけではなく，魔よけの意味があったのかもしれません。次の①弥生時代になると，アクセサリーは，力の象徴にもなりました。そういえば愛子さんは，冬休みに奈良に行ったのでしたね。

愛子：はい。②奈良のお寺にお参りし，平城京の復元された建物を見てきました。お寺の建物は，もともと柱が赤色，壁は白色で，とてもあざやかな色合いだったそうですね。

先生：ええ。大陸から③仏教の教えといっしょに，お寺の建築の技術も伝わりました。それまでの建物とはまったくちがう形や色の寺を見た人々は，とても驚いたはずです。色から歴史を考えてみると，いろいろな発見があります。

愛子：昔，赤は魔よけの色だったので，④古墳のなかの棺は真っ赤にぬられていたことや，平安時代の貴族が，衣装の色を楽しんだことは知っています。

先生：武士たちも色を使いました。源氏は白旗，平氏は赤旗をかかげて戦い，いろいろな色の「おどし」という武具を身につけていました。鎌倉時代の武士たちは，特に藍色を好んだようです。先生は，冬休みに鎌倉に行ってきました。⑤源頼朝が，⑥鎌倉の街づくりに工夫をしていたことがわかり，とても勉強になりました。

愛子：次の室町時代は，⑦水墨画の黒や，金閣の金が印象的ですね。

先生：織田信長や豊臣秀吉のころには，建物のなかを飾る絵にも，金や銀が使われるようになります。信長は自まんの⑧安土城をライトアップしたり，庶民に公開したりしました。

愛子：すごい。信長も秀吉も派手好みでしたね。でも，庶民の服の色はどうだったのでしょうか。

先生：もともと庶民は，木の繊維や麻などで織った布の服を着ていましたが，それは染まりにくかったようです。室町時代には，朝鮮から（　⑨　）が輸入され，戦国時代には，日本でも（　⑨　）の栽培が始まりました。このため，はだざわりがよくて染まりやすい布をたくさん作れるようになりました。⑩江戸時代になると，流行の色も生まれ，人々はいろいろな柄を楽しむようになりました。

愛子：どんな柄が，はやったのでしょうか。自分で調べてみようと思います。

問1　下線部①について，弥生時代の集落を描いた絵は，次の**あ・い**のどちらですか。
　　記号で答えなさい。また，それを選んだ理由を１つあげなさい。

あ

い

問2　下線部②について，奈良県にある寺として誤っているものを，次のア～エから
　　１つ選び，記号で答えなさい。
　　ア．龍安寺　　　　イ．薬師寺　　　　ウ．東大寺　　　エ．唐招提寺

問3　下線部③について，日本の仏教に関する説明として正しいものを，次のア～エ
　　から１つ選び，記号で答えなさい。
　　ア．仏教が正式に日本に伝わったのは，今から約1600年前のことである。
　　イ．聖徳太子は，十七条憲法で仏教をあつく信仰することを役人に求めた。
　　ウ．天智天皇は，仏教による国づくりをめざし，全国に国分寺・国分尼寺を建てる
　　　　よう命じた。
　　エ．藤原道長は，平等院鳳凰堂を建てて，極楽浄土を形にあらわそうとした。

問4　下線部④に関連して，右の写真は，埼玉県稲荷山古墳から出土
　　した鉄剣で，両面に金文字がうめこまれています。□□□□の部
　　分には，剣の持ち主が仕えた「獲加多支鹵〔　　　〕」という人物
　　の名が記されています。〔　　　〕にあてはまる語を漢字で答えな
　　さい。

問5　下線部⑤に関連して，源頼朝は朝廷から征夷大将軍に任命され
　　ました。この役職はもともと，どのような仕事をしていました
　　か。最も適当なものを，次のア～エから１つ選び，記号で答えな
　　さい。
　　ア．兵を率いて，天皇の身のまわりを警備する。
　　イ．兵を率いて，都のある京都の周辺を警備する。
　　ウ．兵を率いて，東北地方の人々を武力で従わせる。
　　エ．兵を率いて，九州南部の人々を武力で従わせる。

問6　下線部⑥について，鎌倉に関する説明として正しいものを，次
　　のア～エから１つ選び，記号で答えなさい。
　　ア．鎌倉の中央には，南北にのびる幅の広いまっすぐな道がつくら
　　　　れた。
　　イ．各地の御家人たちが兵を率いてかけつけやすいように，鎌倉へ
　　　　の入り口には幅の広い道が整備された。
　　ウ．源氏の将軍が３代で絶えたあと，将軍の地位をめぐる承久の乱
　　　　が鎌倉を戦場にしておこった。
　　エ．元軍が攻めてきたとき，御家人の力を使って鎌倉のまわりに
　　　　石るいを築いた。

問7　下線部⑦について，次の絵は，室町時代に描かれた水墨画です。作者の名前を
　　答えなさい。

問8　下線部⑧について，安土城が築かれた場所
　　として正しいものを，右の地図中の**ア～エ**か
　　ら1つ選び，記号で答えなさい。

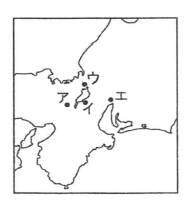

問9　（　⑨　）にあてはまる語を答えなさい。

問10　下線部⑩に関連して，江戸時代の生活や文化のようすの説明として**誤っている
　　もの**を，次のア～エから1つ選び，記号で答えなさい。
　　ア．歌舞伎は幕府から弾圧を受けたが，舞台の装置を工夫した芝居小屋が各地につ
　　　くられ，人気役者もあらわれた。
　　イ．江戸城を起点に五街道が整備され，箱根などの関所では，武士以外の人々の通
　　　行が厳しく取りしまられた。
　　ウ．江戸では，すしやそば，天ぷらなどを売る屋台が登場し，人々が食事を楽しむ
　　　よゆうが生まれた。
　　エ．武士や僧，庄屋などが開いた寺子屋が全国各地に広がり，町人や百姓の子ども
　　　たちが日常生活や商品の取り引きに必要なことを学んだ。

B ⑪江戸時代の日本では，幕府が外国との自由な行き来を禁止し，交流の場所を厳しく制限しました。しかし，幕末に国が開かれ，明治の新政府は国づくりのために，海外の知識や技術，制度を積極的に導入し，生活様式も取り入れていきました。アメリカやヨーロッパに渡り，外国の制度を学んだ⑫伊藤博文は，明治の新しい国づくりで活躍しました。一方，幕末に結ばれた⑬不平等条約を改正する交渉は，ねばり強く続けられ，欧米と対等な立場に立つことに成功しました。

また日本は，日清戦争・日露戦争で大国を破り，⑭台湾，朝鮮などを植民地にしました。そして，第一次世界大戦にも参戦し，勢力範囲を拡大していきましたが，戦後，日本は不景気になり，⑮関東大震災によって大きな打撃をうけました。さらにアメリカで始まった不景気もおしよせました。そのようななか，満州（中国東北部）を日本のものにすることが問題解決の糸口だとする考え方が強まり，日本軍によって，⑯満州国という新たな国がつくられました。その後，日本と中国の全面戦争が始まり，さらにアメリカとの対立は，アジア・太平洋戦争へと発展しました。戦争が長引くなか，⑰日本の勢力範囲は，連合国の攻撃で少しずつせばめられていき，⑱日本が無条件降伏して戦争は終わりました。

戦後，⑲日本は，連合国軍に占領されて，新しい国づくりをめざしました。その後，連合国の国々と平和条約を結んだことにより，⑳占領は終わり，独立を回復しました。日本が独立を回復してからもアメリカに統治されていた沖縄，小笠原諸島や（ ㉑ ）は，その後の交渉によって日本への返還が実現されました。日本は，戦争によって焼け野原になった国土を復興させ，㉒高度経済成長も実現しました。現在は，経済だけでなく知識や技術，文化などの面でも世界への進出や交流を続けています。

問11　下線部⑪に関連して，このような制限があるなかで，幕府から許されて毎年外国に船を送り貿易を行っていた藩があります。この藩として正しいものを，次のア〜エから1つ選び，記号で答えなさい。

　ア．松前藩　　　　イ．長州藩　　　　ウ．佐賀藩　　　　エ．対馬藩

問12　下線部⑫について，伊藤博文の説明として誤っているものを，次のア〜エから1つ選び，記号で答えなさい。

　ア．日本初の政党である自由党を結成した。
　イ．初代の内閣総理大臣となった。
　ウ．大日本帝国憲法の草案作成の中心となった。
　エ．初代の貴族院議長となった。

問13　下線部⑬について，不平等条約の改正に関する説明として**誤っているもの**を，次のア～エから１つ選び，記号で答えなさい。

ア．政府は条約改正のため，日本の近代化を欧米諸国に印象づけようと，鹿鳴館を建てて，外国人を招いた舞踏会を開いた。

イ．政府は法律を定め，裁判のしくみなど近代的な制度を整えながら，条約改正交渉を進めた。

ウ．外務大臣の小村寿太郎がアメリカとの交渉を進め，関税自主権の回復に成功した。

エ．関税自主権の回復に成功して，安い輸入品から国内の産業を保護できるようになったことで，日本の軽工業の発展が始まった。

問14　下線部⑭について，日本が植民地化した台湾に関する説明として**誤っているもの**を，次のア～エから１つ選び，記号で答えなさい。

ア．台湾は日本が初めて獲得した植民地で，約50年にわたり日本が支配を続けた。

イ．台湾が日本領になることに不満をもったロシアは，ドイツ・フランスとともに清に返すよう日本に強く求めた。

ウ．学校では日本語や日本の歴史の授業が行われ，台湾独自の教育を行うことは難しかった。

エ．アジア・太平洋戦争のときに徴兵が行われ，台湾の若者が日本兵として戦場に送られた。

問15　下線部⑮について，関東大震災に関する説明として**正しいもの**を，次のア～エから１つ選び，記号で答えなさい。

ア．関東大震災の被害のようすは，ラジオ放送で日本中に伝えられた。

イ．関東大震災がおこったときには，25才以上のすべての男子が選挙権をもっていた。

ウ．震災の混乱のなかで，朝鮮人が暴動をおこすといううわさが流され，多数の朝鮮人や中国人が殺される事件がおこった。

エ．被災者となった都市の人々に農村の土地をあたえるため，農地改革が実施された。

問16 下線部⑯について，満州国に関する説明として**誤っているもの**を，次のア〜エから１つ選び，記号で答えなさい。

　ア．満州国の首都はペキン（北京）で，警備のため日本からたくさんの軍隊が派遣された。

　イ．満州国の建国に反対だった犬養毅首相は，軍人に暗殺された。

　ウ．満州国を認めない決議を行った国際連盟から，日本は脱退した。

　エ．満州国への移民団が日本各地で結成され，農業研修や軍事的な訓練を受けて移住した。

問17 下線部⑰に関連して，日本は，右の地図中のぬりつぶされた地域にも軍隊を進めました。この地域は，日本が占領する前は，どこの国の植民地だったでしょうか。正しいものを，次のア〜オから１つ選び，記号で答えなさい。

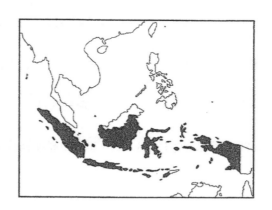

　ア．アメリカ

　イ．イギリス

　ウ．オーストラリア

　エ．オランダ

　オ．フランス

問18 下線部⑱に関連して，次の表は，満州国建国からアジア・太平洋戦争で日本が降伏するまでのできごとを，おこった順に左から並べたものです。日本がドイツ・イタリアと軍事同盟を結んだのは，いつですか。正しいものを，表中の**ア〜エ**から１つ選び，記号で答えなさい。

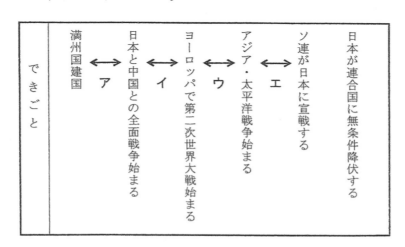

できごと	満州国建国	←ア→	日本と中国との全面戦争始まる	←イ→	ヨーロッパで第二次世界大戦始まる	←ウ→	アジア・太平洋戦争始まる	←エ→	ソ連が日本に宣戦する	日本が連合国に無条件降伏する

問19　下線部⑲に関連して，新しい国づくりが始まったころの日本のようすとして最
　　も適当なものを，次のア～エから１つ選び，記号で答えなさい。

　ア．日本政府が，連合国軍総司令部から指令を受けて，改革を進めた。

　イ．農村の人々が生活に必要なものを買うために，屋根の上にまで人が乗るくらい
　　満員の列車で都市におしよせた。

　ウ．たくさんの男性が戦争に行って帰ってこなかったので，都市に工場や会社が復
　　活しても労働力が足りなかった。

　エ．経済の立て直しに協力させるために，特定の大会社が保護された。

問20　下線部⑳について，占領が終わり日本が独立を回復したのは，西暦何年ですか。

問21　（　㉑　）にあてはまる地域として正しいものを，次のア～エから１つ選び，
　　記号で答えなさい。

　ア．歯舞群島　　　　イ．奄美諸島　　　　ウ．樺太　　　　エ．竹島

問22　下線部㉒について，日本の高度経済成長が終わるきっかけとなったできごとを
　　答えなさい。

2 次のＡ～Ｇは，清子さんたちが社会科の授業を通して活動したことです。よく読んで，あとの問いに答えなさい。

Ａ　古い道具で昔のくらしを体験する

清子さん：洗たく板とたらいを使って，ソックスを洗たくする。

愛子さん：蓄音機（ちく）のハンドルを手でまわして，レコードの音楽を聞く。

和子さん：火のついた炭を中に入れたアイロンで，服のしわをのばす。

問１　３人の体験に共通していることの１つに，あるものを使っていないことがあげられます。それは何ですか。漢字で答えなさい。

Ｂ　農業や漁業に親しむ活動をする

清子さん：農家に数日間泊（と）めてもらい，「子ども農業体験」を行う。

愛子さん：漁村に行って，「地引き網（あみ）体験」を行う。

和子さん：観光農園に行って，「果物（くだ）狩（が）り」を楽しむ。

問２　３人が行ったような，農業や漁業に親しむ活動を何といいますか。カタカナで答えなさい。

Ｃ　情報化社会で気をつけることについて意見を出し合う

清子さん：「一度インターネットを通して流れてしまった情報は，とめることが難しいです。個人情報の取りあつかいには注意が必要です。」

愛子さん：「情報を発信するときは，その情報によってきずつく人がいないように，よく考えなくてはいけません。」

和子さん：「メディアが伝える情報の中から必要な情報を自分で選び出し，内容の正しさを確認（にん）し，活用する能力や技能である（　　　）を身につけたいと思います。」

問３　文中の（　　　）にあてはまる語をカタカナで答えなさい。

Ｄ　スーパーマーケットが工夫していることを発表する

清子さん：「地元の生産者に喜ばれるように，地元の商品を多く仕入れます。」

愛子さん：「消費者に喜ばれるように，良い製品を安く売ります。」

和子さん：「ゴミを減らす取り組みとして，[　　　　　　　　　]。」

問４　文中の[　　　　　　　　　]にあてはまる内容を，１つ答えなさい。

E　世界遺産に登録されている国立公園の写真を見る

1

2

3

4

問5　上の1〜4は，どの国の国立公園の写真ですか。写真と国名の組み合わせとして最も適当なものを，次のア〜エから1つ選び，記号で答えなさい。

ア．1−スイス　　　　　　　イ．2−ケニア
ウ．3−カナダ　　　　　　　エ．4−シンガポール

F　地球儀で方位を調べる　　　　　　　図1　　　　図2

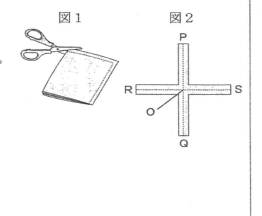

1．図1のように，紙を四つに折り，折ったほうのふちをはさみで切り取る。
2．図2のように，広げると，十字の形の細長い紙になる。P−QとR−Sは直角に交わっている。
3．地球儀上で方位を調べたい地点にOを置き，P−Qを（　①　）に合わせると，南北が示される。Pが北を示すとき，Sは（　②　）を示す。

問6　次のア〜エのうち，上の文中の（　①　）・（　②　）にあてはまる語の組み合わせとして正しいものを1つ選び，記号で答えなさい。

ア．①−緯線　　②−東　　　　イ．①−緯線　　②−西
ウ．①−経線　　②−東　　　　エ．①−経線　　②−西

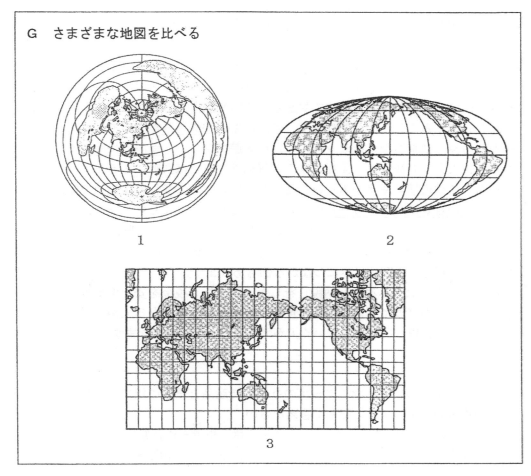

G　さまざまな地図を比べる

1

2

3

問7　次のあ〜うは，上の地図1〜3のいずれかについて説明したものです。地図と説明の組み合わせとして正しいものを，下のア〜カから1つ選び，記号で答えなさい。

　　　あ．角度は正しく表されるが，面積は正しく表されない。
　　　い．面積は正しく表されるが，距離は正しく表されない。
　　　う．中心からの距離と方位は正しく表されるが，面積は正しく表されない。

ア．1−あ　　2−い　　3−う
イ．1−あ　　2−う　　3−い
ウ．1−い　　2−あ　　3−う
エ．1−い　　2−う　　3−あ
オ．1−う　　2−あ　　3−い
カ．1−う　　2−い　　3−あ

3 次のA・Bの文章を読んで，あとの問いに答えなさい。

A　住民が少ない地方自治体の収入を増やす目的で，2008年に「ふるさと納税」という制度が始まり，この制度を利用する人が増えています。その人気の理由に，「ふるさと納税」をした地方自治体で生産される肉や魚，米といった①特産品などが返礼品としてもらえることがあります。ほかにも，②群馬県富岡市ではクラシックカーの利用券と食事券などをセットにした市周遊プラン，③新潟県長岡市では長岡まつり大花火大会の観覧券，④栃木県下都賀郡壬生町では同町にあるおもちゃ工場でつくられる鉄道模型やゲームを返礼品にしています。⑤愛知県豊田市では，⑥環境にやさしい自動車（エコカー）の１日貸し出しも行われました。また，広島県神石郡神石高原町では，「ふるさと納税」で集まったお金で，広島県内の犬の殺処分をゼロにする活動を支援しました。このように，「ふるさと納税」が，⑦地方自治体がかかえる課題への取り組みにつながる例もあります。

　　昨年度末までは「ふるさと納税」をした人が支払う税金を安くする場合は，⑧税務署で手続きが必要でしたが，今年度から手続きが簡単になる人がいます。これから「ふるさと納税」を活用していく人が増えていくと予想されます。

問１　下線部①について，次のア～エのうち，特産品と県名の組み合わせとして誤っているものを１つ選び，記号で答えなさい。
　　ア．鳴子こけし－宮城県　　　　　　イ．伊万里焼－佐賀県
　　ウ．輪島ぬり　－富山県　　　　　　エ．紅型　　　－沖縄県

問２　下線部②について，次のア～エのうち，群馬県が生産額で上位３位以内の農産物（2013年）を１つ選び，記号で答えなさい。
　　ア．キャベツ　　　イ．ピーマン　　　ウ．みかん　　　エ．りんご

受 験 番 号		名　前	

2

(3) ［式］

答 _____

2
※

3

(1) ［式］

答 _____

(2) ［式］

答 _____

(3) ［式］

答 _____

3
※

合計
※
①+②
※100 点満点
(配点非公表)

問4		問5					
①	②	(1)		(2)	(3)		
		①	②		①	②	③

※

3

問1	問2	問3	
		(1)	(2)

※

問4	問5	
	(1)	(2)
	mg	粒

※

4

問1	問2				問3	問4
	①	②	③	④		

※

問5	問6	問7	問8
	秒	秒後　向き	秒ごと

3

問1	問2	問3	問4	問5	問6	問7	問8

問9		問10	問11		問12	問13
	山		(1)	(2)		

問14

4

問1	問2	問3	問4	問5

問6	問7	問8	問9	問10	
			オ	X	Y

問11
あ
い

問12	問13	問14	問15

※ ※ ※ ※ ※ ※ ※

受験番号		名　前	

2016年度　　入学試験問題　　社　会　　解答用紙

※印のところには，何も記入しないでください。

1

問1	
記号	理由

※

問2	問3	問4	問5	問6	問7	問8

※

問9	問10	問11	問12	問13	問14	問15	問16	問17

※

問18	問19	問20	問21	問22
		年		

※

2

問1	問2	問3

※

問4	問5	問6	問7

※

※

※80点満点
（配点非公表）

2016年度　　入学試験問題　　理　科　　解答用紙

※印のところには，何も記入しないでください。

1

問1	問2	問3		
		(1)		(2)
		おりひめ星	ひこ星	

問4	問5	問6		問7
		位置	月	

※

問8	
恒星	理由

※

2

| 問1 | 問2 | 問3 |

※印のところには，何も記入しないでください。

1

（1）［答］

（2）［式］

答＿＿＿＿＿＿＿＿

（3）［式］

答　⑦＿＿＿＿＿　④＿＿＿＿＿

1
※

2

（1）［式］

答＿＿＿＿＿＿＿＿

（2）［式］

答＿＿＿＿＿＿＿＿

問3　下線部③について，次のア～エは，長岡市，長野市，静岡市，稚内市（北海道）
　　のいずれかの月別降水量と平均気温を表しています。長岡市にあてはまるグラフ
　　を1つ選び，記号で答えなさい。

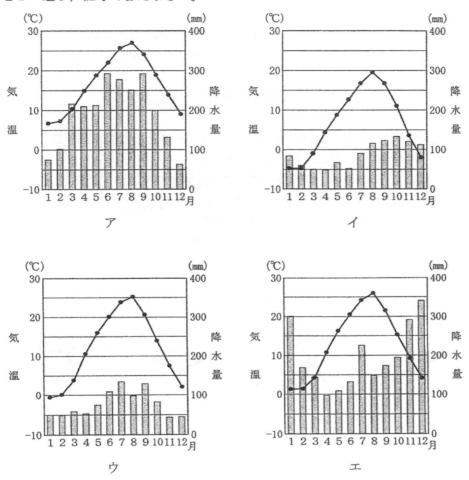

［二宮書店『データブック・オブ・ザ・ワールド　2015年版』などにより作成］

問4　下線部④について，栃木県の県庁所在地名を漢字で答えなさい。

問5　下線部⑤に関連して，愛知県は中京工業地帯の中心です。中京工業地帯の説明
　　として正しいものを，次のア～エから1つ選び，記号で答えなさい。
　ア．愛知県から岐阜県，福井県にかけての，工場が多く集まる地域をいう。
　イ．工業生産額の内訳は，機械工業と化学工業がほぼ同じくらいである。
　ウ．関東内陸工業地域の発展により，最近，工業出荷額が減り続けている。
　エ．陶磁器だけでなく，ニューセラミックスの生産もさかんである。

問6　下線部⑥について，エコカーのことを述べた文として**誤っているもの**を，次の
　　ア～エから1つ選び，記号で答えなさい。
　ア．ガソリンエンジンと電気モーターを組み合わせて走る自動車を，ハイブリッド
　　カーという。
　イ．水素と酸素から電気をつくって走る自動車を，燃料電池自動車という。
　ウ．天然ガスを燃料とするエンジンで走る天然ガス自動車は，水以外の排出物を出
　　さない。
　エ．電気モーターで走る電気自動車は，排出ガスを出さない。

問7　下線部⑦について，地方自治体に関するニュースとして波線部が正しいものを，
　　次のア～エから1つ選び，記号で答えなさい。
　ア．北海道では今年の春，新幹線が東京から札幌まで開通予定である。
　イ．大阪市では昨年，「大阪都構想」の賛否を問う住民投票が行われた。
　ウ．宮崎県の川内原子力発電所は，昨年，運転が再開された。
　エ．広島市で昨年の8月6日に行われた平和祈念式典に，アメリカ合衆国の大統領
　　が出席した。

問8　下線部⑧について，税務署の地図記号として正しいものを，次のア～エから1
　　つ選び，記号で答えなさい。

ア 　　イ 　　ウ 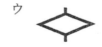　　エ

B　最近，各地で火山の噴火があいつぎ，昨年も，鹿児島県の桜島，口永良部島の新岳，群馬県と長野県にまたがる浅間山，神奈川県と静岡県にまたがる箱根山，熊本県の（　⑨　）山と続きました。口永良部島では，⑩自然災害から人々を守る取り組みが日ごろから行われており，５月の爆発的噴火では，１人の犠牲者も出さずに全員無事に島外へ避難することができました。

　　地球の表面は「プレート」とよばれる，分厚い岩でできた板におおわれています。プレートは少しずつ動いていますが，日本のまわりには⑪太平洋プレート，北アメリカプレート，ユーラシアプレート，フィリピン海プレートの４枚のプレートがあります。４枚のプレートが出合う日本列島は，⑫地震や火山活動が世界で最も活発な地域の１つとなっています。⑬火山はおそろしい被害をもたらす一方，ふだんは恵みをもたらします。また，⑭火山灰が降り積もった土地では，産業が工夫されています。

問９　（　⑨　）にあてはまる語を答えなさい。

問10　下線部⑩について，自然災害から人々を守る取り組みとして**適当でないもの**を，次のア〜エから１つ選び，記号で答えなさい。
　ア．災害のとき協力するため，住民に町内会や自治会に加入することを強制する。
　イ．学校や地域で避難訓練を重ねて，逃げ道を確認しあう。
　ウ．学校で防災給食を食べて，防災への関心を高める。
　エ．防災行政無線システムや，防災メール配信サービスのしくみを広める。

問11　下線部⑪に関連して，次の(1)・(2)の問いにそれぞれ答えなさい。
（1）　右の表は，世界の水域別漁獲量の変化を表しています。表中のＸ〜Ｚには，太平洋，大西洋，インド洋のいずれかがあてはまります。組み合わせとして正しいものを，次のア〜カから１つ選び，記号で答えなさい。

	1980年（万トン）	2011年（万トン）
X	2320	1901
Y	415	1143
Z	3347	5146

［帝国書院『地理統計　2014年版』より作成］

　ア．Ｘ－太平洋　　　Ｙ－大西洋　　　Ｚ－インド洋
　イ．Ｘ－太平洋　　　Ｙ－インド洋　　Ｚ－大西洋
　ウ．Ｘ－大西洋　　　Ｙ－太平洋　　　Ｚ－インド洋
　エ．Ｘ－大西洋　　　Ｙ－インド洋　　Ｚ－太平洋
　オ．Ｘ－インド洋　　Ｙ－太平洋　　　Ｚ－大西洋
　カ．Ｘ－インド洋　　Ｙ－大西洋　　　Ｚ－太平洋

(2) 太平洋に面した遠洋漁業の基地である焼津港には，漁業に関するさまざまな施設があります。その施設として最も適当なものを，次のア～エから1つ選び，記号で答えなさい。

ア．貯氷庫　　　　　　　　　　　イ．石油精製工場
ウ．カントリーエレベーター　　　エ．マザーファクトリー

問12　下線部⑫に関連して，昨年，世界でおきた地震の1つにネパールの大地震があります。ネパールの位置を次の地図中のア～エから1つ選び，記号で答えなさい。

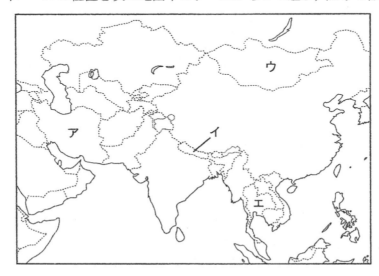

問13　下線部⑬に関連して，火山の恵みのことを述べた次のあ，いについて，その正誤の組み合わせとして正しいものを，下のア～エから1つ選び，記号で答えなさい。

　　あ．火山の噴火によってできた高原や湖は，観光に利用されている。
　　い．火山の地下にあるエネルギーを利用して，バイオマス発電を行う。

ア．あ，いはどちらも正しい。
イ．あは正しいが，いは誤っている。
ウ．あは誤っているが，いは正しい。
エ．あ，いはどちらも誤っている。

問14　下線部⑭に関連して，北海道の火山灰地が広がる地域の産業について，次の5つの語から3つの語を選び，その3つの語を使って説明しなさい。

　　稲作　　畑作　　十勝平野　　庄内平野　　規模

4 次のA～Eの文章を読んで，あとの問いに答えなさい。

> A 2014年4月から消費税の税率が8％になりました。税率が引き上げられた理由の1つとして，①少子高齢化が進んで，②国家予算に占める③社会保障費の割合がますます高まっていることがあげられます。今後，消費税の税率は10％へと引き上げられる予定ですが，税金の負担が大きくなることで景気の悪化も心配されています。

問1　下線部①に関連して，現在，日本の総人口に占める65才以上の高齢者の割合はどれくらいですか。最も適当なものを，次のア～エから1つ選び，記号で答えなさい。

ア．10人に1人　　　　　　　　イ．4人に1人
ウ．3人に1人　　　　　　　　エ．2人に1人

問2　下線部②に関連して，次の図は，日本の国家予算の内訳（2014年度）を示したものです。図中の（　X　）にあてはまる語を答えなさい。

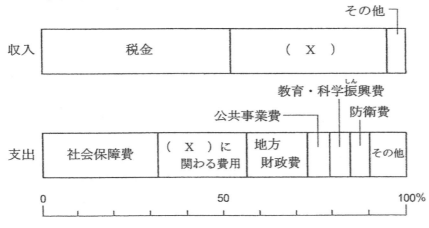

［財務省資料より作成］

問3　下線部③に関連して，国や地方自治体が行う社会保障の仕事として**適当でないもの**を，次のア～エから1つ選び，記号で答えなさい。
ア．伝染病の予防
イ．障がいのある人の生活の支援
ウ．中小企業に対する融資
エ．ユニバーサルデザインを取り入れた町づくり

B　④国際連合の専門機関の１つである（　⑤　）は，人類の共通の宝として
　未来に引き継ぐべき文化的建造物や自然環境などを，世界遺産として保護す
　る取り組みを行っています。日本では最近，⑥富士山や富岡製糸場，⑦「明
　治日本の産業革命遺産」などが，世界遺産に登録されました。

問４　下線部④に関連して，国際連合の機関の１つに国連難民高等弁務官事務所があ
　　　ります。その高等弁務官を10年間にわたって務めた人物として正しいものを，次
　　　のア〜エから１つ選び，記号で答えなさい。
　　ア．緒方貞子　　　　　　　　　　イ．明石　康
　　ウ．市川房枝　　　　　　　　　　エ．新渡戸稲造

問５　（　⑤　）にあてはまる語をカタカナで答えなさい。

問6　下線部⑥について，富士山周辺の20万分の1の地形図として正しいものを，次のア〜エから1つ選び，記号で答えなさい。

問7　下線部⑦について，「明治日本の産業革命遺産」の施設として**誤っているもの**を，次のア〜エから1つ選び，記号で答えなさい。
　　ア．松下村塾_{じゅく}　　　　　　　　イ．旧グラバー住宅
　　ウ．八幡製鉄所_{やはた}　　　　　　　　エ．東京駅

C　今年の７月に実施される⑧参議院の選挙から，選挙制度が大きく変わることになりました。まず，選挙権をもつ年齢が（　⑨　）才以上になります。この改正には，⑩国の政治に対する若者の関心を高めるなどのねらいがあります。また，⑪選挙区の分け方や，１つの選挙区から選ぶ議員の数（定数）が，一部変更されました。

問８　下線部⑧について，参議院のことを述べた文として誤っているものを，次のア〜エから１つ選び，記号で答えなさい。

　　ア．満30才以上の国民が選挙に立候補できる。

　　イ．議員の任期は６年である。

　　ウ．選挙のたびに議員の半数が改選される。

　　エ．予算案を衆議院より先に審議する。

問９　（　⑨　）にあてはまる数字を答えなさい。

問10　下線部⑩に関連して，次の図は，国の政治と国民との関わりを示したもので，図中のａ〜ｃは内閣，国会，裁判所のいずれかです。図中の　Ｘ　と　Ｙ　にあてはまる文として正しいものを，下のア〜カから１つずつ選び，記号で答えなさい。

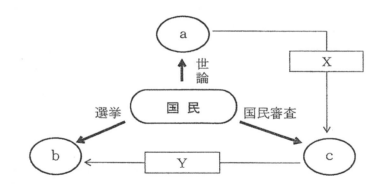

　　ア．政治が憲法に違反していないかを調べる。

　　イ．法律が憲法に違反していないかを調べる。

　　ウ．内閣を信任しないことを決議する。

　　エ．内閣総理大臣を任命する。

　　オ．最高裁判所の長官を指名する。

　　カ．裁判官を辞めさせるかどうかの裁判を行う。

問11　下線部⑪について，次の図は，選挙区の分け方や議員定数の変更を表したものです。図を見て，下の文中の　あ　と　い　にあてはまる内容を，それぞれ答えなさい。

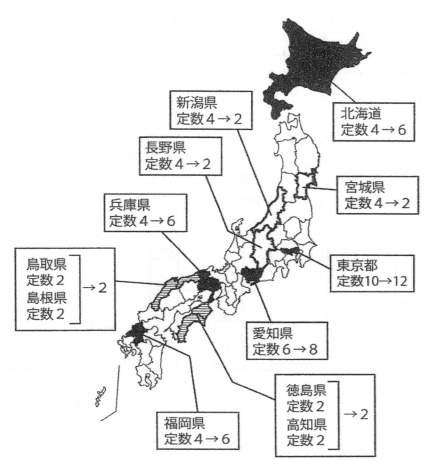

「鳥取県と島根県，徳島県と高知県は　あ　。宮城県，新潟県，長野県の各選挙区の定数は減り，北海道，東京都，愛知県，兵庫県，福岡県の各選挙区の定数は増えた。この変更が行われたのは，　い　ためである。」

D　現在，貿易などによって世界の経済は深く結びついています。そのため，各国の経済政策には国際的な協力が必要とされ，⑫サミット（主要国首脳会議）や⑬ＡＰＥＣ（アジア太平洋経済協力会議）の首脳会議などが開かれています。また，より貿易をしやすくするためのルール作りも進んでいます。

問12　下線部⑫について，今年，日本でサミットが開かれます。開催地はどこですか。都道府県名で答えなさい。

問13　下線部⑬に関連して，次のグラフは，ＡＰＥＣに参加しているアメリカ合衆国，オーストラリア，ニュージーランド，日本の農業従事者１人あたりの農地面積を示したものです。グラフ中の**あ・い・う**の国名の組み合わせとして正しいものを，下のア〜カから１つ選び，記号で答えなさい。

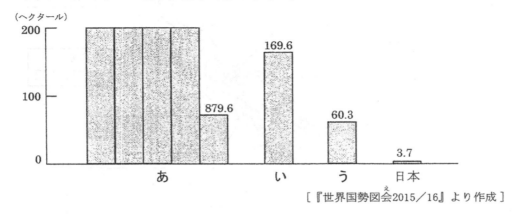

（ヘクタール）

879.6
169.6
60.3
3.7

あ　　い　　う　　日本

［『世界国勢図会2015／16』より作成］

ア．**あ**−アメリカ合衆国　　　**い**−オーストラリア　　　**う**−ニュージーランド
イ．**あ**−アメリカ合衆国　　　**い**−ニュージーランド　　　**う**−オーストラリア
ウ．**あ**−オーストラリア　　　**い**−アメリカ合衆国　　　**う**−ニュージーランド
エ．**あ**−オーストラリア　　　**い**−ニュージーランド　　　**う**−アメリカ合衆国
オ．**あ**−ニュージーランド　　　**い**−アメリカ合衆国　　　**う**−オーストラリア
カ．**あ**−ニュージーランド　　　**い**−オーストラリア　　　**う**−アメリカ合衆国

E　最近，日本を訪れる外国人旅行者が増え，2014年には過去最高の1341万人
　を記録しました。その理由として，⑭円安が進んだことがあげられます。ま
　た，日本に居住する外国人は，現在200万人を超えています。国際化や情報
　化，産業の発達などの社会の変化にともなって，⑮基本的人権の内容が，よ
　り広くとらえられるようになっています。

問14　下線部⑭について，次の文は円安のことを述べたものです。文中の　X　と
　　　Y　にあてはまる数字や語の組み合わせとして正しいものを，下のア～エか
　　ら1つ選び，記号で答えなさい。

　　「ドルなどの外国のお金に対して，円の価値が下がることを円安といいます。例
　えば，1ドル＝100円で交換できていたものが1ドル＝　X　円になると，
　1ドルが20円高くなったことになります。これは言いかえると，円の価値が1
　ドルあたり20円下がったことになります。円安が進むと，海外の人たちが日本
　を訪れる際の費用は　Y　なります。」

　　ア．X－80　　　　　Y－高く　　　　　　イ．X－120　　　Y－高く
　　ウ．X－80　　　　　Y－安く　　　　　　エ．X－120　　　Y－安く

問15　下線部⑮について，次の❶・❷の文は人権に関わるできごとを述べたものです。
　　それぞれ，どのような人権と関わるものですか。その組み合わせとして正しいも
　　のを，下のア～エから1つ選び，記号で答えなさい。

　　❶　ある小説が特定の人物をモデルとした内容だったため，裁判で出版差し止
　　めを命じられた。
　　❷　ある町の住民たちが，日当たりが悪くなるとして高層ビルの建設中止を求
　　めた。

　　ア．❶－プライバシーの権利　　　❷－より良い環境を求める権利
　　イ．❶－プライバシーの権利　　　❷－自由に居住・移転できる権利
　　ウ．❶－知る権利　　　　　　　　❷－より良い環境を求める権利
　　エ．❶－知る権利　　　　　　　　❷－自由に居住・移転できる権利

3 次のIとIIの文を読み，それぞれあとの問いに答えなさい。

I．ものの溶け方や，水溶液について調べました。

問1 ものが水に溶けて粒が見えなくなり，十分に時間が経過しました。そのときのようすを表した図として，最も適当なものを次のア〜カから選び，記号で答えなさい。ただし，図の「。」は見えなくなった粒を表しています。

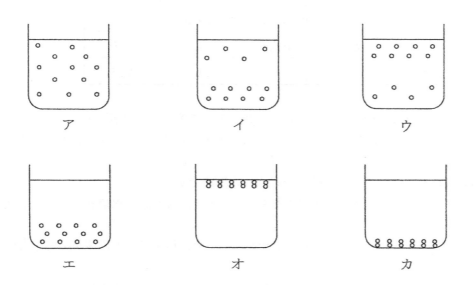

問2 次のア〜キの文は，ものが水に溶けることについて述べたものです。正しいものを3つ選び，記号で答えなさい。
　　ア．ものを水に溶かしたとき，その液体がすき通っていても，色がついている場合は水溶液といえない。
　　イ．水100gにミョウバン50gを加えてよくかき混ぜるとすべて溶けた。このときの水溶液の重さは100gである。
　　ウ．水150gに食塩60gを加えてよくかき混ぜると3gの食塩が溶け残った。このときの水溶液の重さは207gである。
　　エ．二酸化炭素が溶けている水溶液（炭酸水）をあたためると，二酸化炭素が水溶液から出ていく。
　　オ．水の重さが同じとき，水の温度を高くしても，ミョウバンの溶ける量は変わらない。
　　カ．水の温度が同じとき，水の量を3倍にすると，ホウ酸の溶ける量も3倍になる。
　　キ．水の温度が同じとき，水の量を3倍にしても，食塩の溶ける量は変わらない。

問3　4種類の物質A〜Dが，100gの水にそれぞれ最大何g溶けるかを，温度ごとに示したものが表1です。下の(1)と(2)の問いに答えなさい。

表1　100gの水に溶ける最大量（g）

	0℃	20℃	40℃	60℃	80℃
A	13.3	31.6	63.9	109.2	168.8
B	37.6	37.8	38.3	39.0	40.0
C	73.0	88.0	105.0	124.0	148.0
D	2.8	4.9	8.9	14.9	23.5

(1)　80℃の水100gに物質A〜Dを溶ける最大量まで溶かした水溶液をそれぞれつくりました。これらの水溶液について述べた次のア〜エの文のうち，正しいものをすべて選び，記号で答えなさい。

　　ア．80℃のとき，最も濃い水溶液はAの水溶液である。

　　イ．それぞれの水溶液を 40℃まで冷やしたとき，最も濃い水溶液はAの水溶液である。

　　ウ．それぞれの水溶液を 40℃まで冷やしたとき，最も多くの固体が出てきたのはAの水溶液である。

　　エ．BとDの水溶液を 20℃まで冷やしたとき，出てきた固体の量を比べると，Dの水溶液の方がBの水溶液よりも少ない。

(2)　物質A〜Dのうちいずれかの物質 30gを，80℃の水 120gに加え，よくかき混ぜるとすべて溶けました。この水溶液を0℃まで冷やしても固体は出てきませんでした。次に，この水溶液を加熱し，水を 50g蒸発させた後，60℃まで下げると固体が 2.7g出てきました。このことから，加えた物質はA〜Dのどれだと考えられますか。記号で答えなさい。

Ⅱ．ある日，清子さんはおかしの箱の中から，たくさんの粒が入っている図1の写真のような小さなふくろを見つけました。ふくろの中の粒を拡大した写真が図2です。この粒について調べてみると，シリカゲルという物質で，湿気（空気中の水蒸気）を取りのぞくはたらきがあることがわかりました。ただし，このシリカゲルには下のような特ちょうがあります。

図1

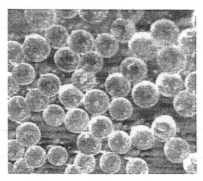

図2

〔シリカゲルの特ちょう〕
　　・表面には，目に見えないたくさんの小さな穴が空いている。
　　・表面に水蒸気をくっつけることで，水蒸気を取りのぞいている。
　　・表面の面積 1 m² あたり 0.02mg の水蒸気をくっつける。

問4　シリカゲルは，下線部のようなつくりによって，その表面にたくさんの水蒸気をくっつけることができます。それはなぜですか。理由を簡単に答えなさい。

問5　おかしを長期間おいしく保つには，箱の中の湿度を高くしないことが大切です。湿度とは，ある温度である体積の空気がふくむことのできる水蒸気の最大量（mg）に対して，実際にふくまれている水蒸気の量（mg）を割合（%）で表したものです。

$$湿度（\%）= \frac{実際にふくまれている水蒸気の量（mg）}{空気がふくむことのできる水蒸気の最大量（mg）} \times 100$$

　　表2は，20℃，1000Lの空気について，湿度と実際にふくまれている水蒸気の重さとの関係を表しています。下の(1)と(2)の問いに答えなさい。

表2　湿度と実際にふくまれている水蒸気の重さ（20℃，1000Lの空気）

湿度（%）	0	20	40	60	80	100
水蒸気の重さ（mg）	0	3460	6920	10380	13840	17300

(1)　20℃，10Lの空気について，湿度が68%のとき，何mgの水蒸気がふくまれていますか。

(2)　箱の中に湿度68%の空気が10L入っています。ここにシリカゲルを入れて，箱の中の湿度を20%まで下げます。シリカゲル一粒の表面の面積を12m²とするとき，シリカゲルは何粒必要ですか。ただし，箱の中の空気は出入りせず，20℃に保たれているものとします。また，シリカゲルの体積は考えないものとします。

4 次の文を読み，あとの問いに答えなさい。

　図1のようにスタンドに支持棒を取り付け，その支持棒におもりをつけた糸をつるし，ふりこを作ります。おもりの重さ，ふりこの長さ，ふれはばを下の表のA〜Hのように変えて，ふりこの1往復する時間（周期）を調べました。ただし，ふりこの長さとふれはばとは，図2に示したものとします。

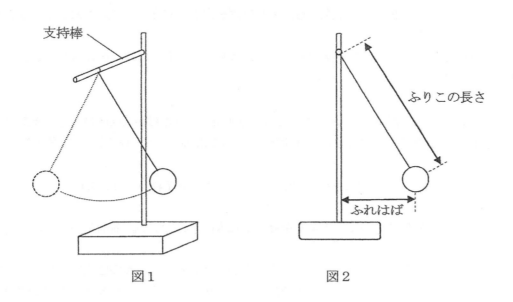

図1　　　　　　　図2

表

	A	B	C	D	E	F	G	H
おもりの重さ(g)	80	40	20	80	40	20	80	40
ふりこの長さ(cm)	50	100	50	100	25	100	150	50
ふれはば(cm)	10	10	15	20	10	15	15	10
周期(秒)	1.4	2.0	1.4	2.0	1.0	2.0	2.5	1.4

問1　ふりこの長さとふりこの周期の関係を調べるためには，どのふりこの実験結果を比べるとよいですか。表のA〜Hから3つ選び，記号で答えなさい。

問2　次の①～④は，表の実験結果からわかることを述べたものです。それぞれについて，正しければ○，まちがっていれば×を書きなさい。
　　①　EとFの実験結果から，おもりの重さを半分にすると，周期は2倍になることがわかる。
　　②　AとHの実験結果から，おもりの重さを変えても，周期は変わらないことがわかる。
　　③　C，D，Eの実験結果から，ふれはばを大きくすると，周期は大きくなることがわかる。
　　④　B，D，Fの実験結果から，ふれはばを変えても，周期は変わらないことがわかる。

問3　おもりの重さが60g，ふりこの長さが200cm，ふれはばが10cmのとき，周期は何秒になると考えられますか。最も適当なものを次のア～オから選び，記号で答えなさい。
　　　ア．1.9秒　　イ．2.1秒　　ウ．2.8秒　　エ．3.7秒　　オ．4.0秒

問4　ふりこの周期についてのきまりを発見した人はだれですか。名前を書きなさい。

　　図3は，ふりこをふらせたときのようすを表したものです。aの位置でおもりをはなすとa→b→c→d→eの順にeまで動き，その後，e→d→c→b→aの順に動いて再びaまでもどり，これをくり返します。aとb，bとc，cとd，dとeの間を動く時間はどれも同じです。

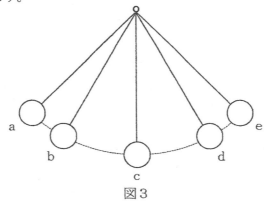
図3

問5　おもりが最も速く動いているのは，図3のa～eのどの位置にあるときですか。記号で答えなさい。

問6　表のBのふりこの場合，aの位置でおもりをはなしてから初めてcの位置を通るまでに何秒かかりますか。

図1の支持棒に，表のAとEのふりこをずらしてつるします。それを横から見たものが図4，正面から見たものが図5です。図5のように，Aのふりこのおもりを右から，Eのふりこのおもりを左から，同時にはなします。

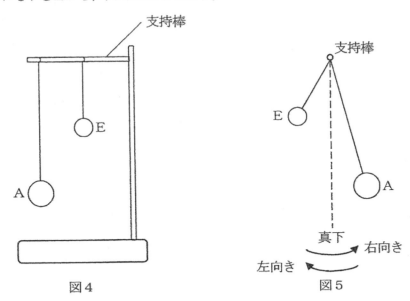

図4   図5

問7　両方のおもりが初めて同時に支持棒の真下を通るのは，おもりをはなしてから何秒後ですか。またこのとき，AとEのおもりは左右どちら向きに動いていますか。最も適当なものを次のア〜エから選び，記号で答えなさい。

　　　ア．どちらのおもりも右向きに動いている。
　　　イ．どちらのおもりも左向きに動いている。
　　　ウ．Aのおもりは右向き，Eのおもりは左向きに動いている。
　　　エ．Aのおもりは左向き，Eのおもりは右向きに動いている。

問8　両方のおもりが同時に支持棒の真下を通るのは何秒ごとですか。

2 ゴンドラが 40 台ついている観覧車があります。ゴンドラには 1 から 40 までの番号が図のような順についていて，観覧車が 1 回転するのに 12 分かかります。偶数番号のゴンドラには 4 人，奇数番号のゴンドラには 3 人の客が乗ることにします。ちょうど 10 時に 18 番のゴンドラから最初の客が乗り始めます。ゴンドラの乗り場は観覧車の一番低い位置にあり，ゴンドラの乗り降りにかかる時間は考えないことにします。下の問いに答えなさい。

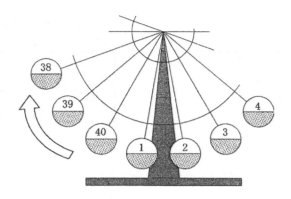

（1） ゴンドラは乗り場を何秒ごとに通過しますか。

（2） 6 番のゴンドラが，10 時を過ぎて最初に一番高い位置に来るのは，何時何分何秒ですか。

（3） 10 時 40 分までに何人の客がゴンドラに乗りますか。

3 立体Aは，1辺の長さが10cmの立方体から，図1の正面から見た図のような位置に，半径2cmの円形の穴をまっすぐくりぬいたものです。立体Bは，1辺の長さが10cmの立方体から，図2の正面から見た図のような位置に，1辺の長さが4cmの正方形の穴をまっすぐくりぬいたものです。下の問いに答えなさい。

ただし，円周率は3.14とします。

【図1】　　　　　　　　　　　　　　【図2】

穴の円の中心

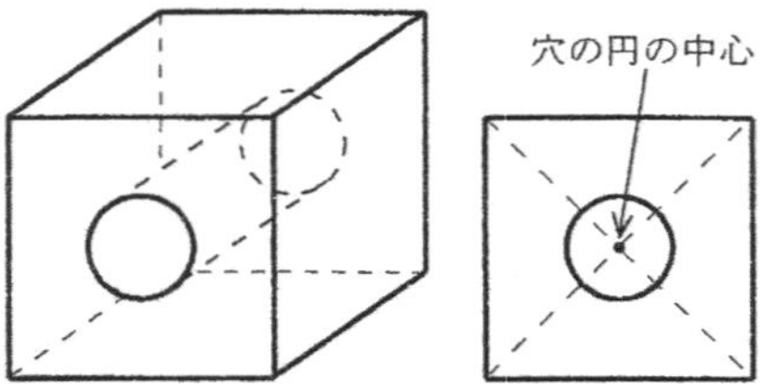

立体A　　　　正面から見た図　　　　立体B　　　　正面から見た図

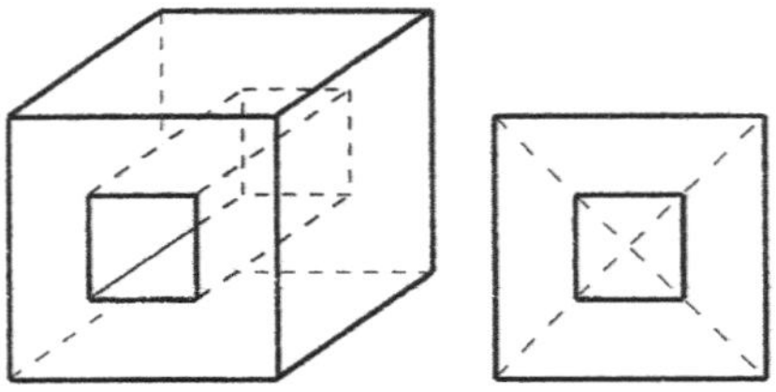

（1）立体Aの体積を求めなさい。

（2）立体Bの上の面から，図3の位置に，
1辺の長さが4cmの正方形の穴をまっ
すぐくりぬこうとしました。しかし，
図4のように，くりぬく位置が左にず
れてしまったため，できた立体の体積
は予定よりも20cm³小さくなってしま
いました。左に何cmずれたか答えな
さい。

【図3】　　　　　　【図4】

立体Bを上から見た図

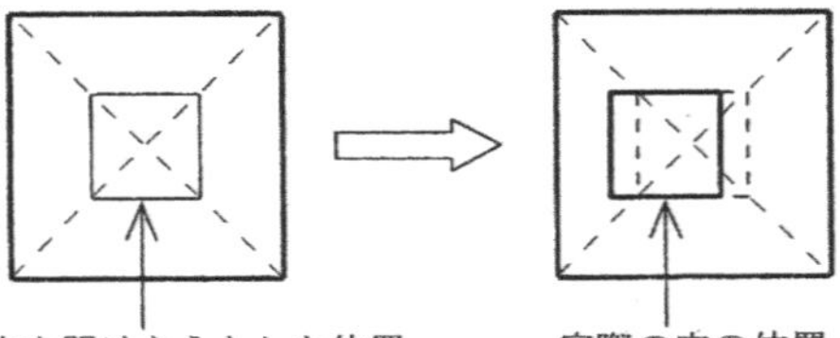

穴を開けようとした位置　　　実際の穴の位置

（3）立体Aの上の面から，図5の位置に
1辺の長さが4cmの正方形の穴をまっ
すぐくりぬきました。できた立体の体
積を求めなさい。

【図5】
立体Aを上から見た図

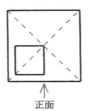

正面

(15分)　　　　┃※印のところには，何も記入しないでください。┃

1　次の計算をしなさい。

（１）　$32.13 \div 4.5 + 7.85 \times 1.4 \div 3.5$

[答]

（２）　$\left(\dfrac{7}{12} - \dfrac{2}{15}\right) \div 0.75 - 0.35 \div 4\dfrac{1}{5}$

[答]

2　$\dfrac{2}{3} + 3\dfrac{1}{3} \div \left(\square - \dfrac{5}{4}\right) = \dfrac{6}{5}$　のとき，$\square$ にあてはまる数を求めなさい。

[答]

3　100 m を 16 秒で走りました。時速何 km で走ったことになりますか。

[答]
時速　　　　　　　km

4　家から学校まで，時速 6 km の速さで行くと，時速 4 km で行くより 7 分早く着きます。家から学校までの道のりは何 km ですか。

[答]
km

5　清子さんと愛子さんの持っているお金の合計は 3000 円です。清子さんの持っているお金の $\dfrac{1}{3}$ と愛子さんの持っているお金の $\dfrac{1}{5}$ が等しいとき，清子さんの持っているお金は何円ですか。

[答]
円